U0940128

系统的逻辑

—— 卢曼思想研究

秦明瑞 著

2019年 · 北京

图书在版编目(CIP)数据

系统的逻辑:卢曼思想研究/秦明瑞著.—北京:商务印书馆,2019
ISBN 978-7-100-17108-3

Ⅰ.①系… Ⅱ.①秦… Ⅲ.①尼克拉斯·卢曼(1927-1998)—社会学—思想评论 Ⅳ.①C91-095.16

中国版本图书馆CIP数据核字(2019)第034751号

系统的逻辑
——卢曼思想研究
秦明瑞 著

商 务 印 书 馆 出 版
(北京王府井大街36号 邮政编码100710)
商 务 印 书 馆 发 行
北京艺辉伊航图文有限公司印刷
ISBN 978-7-100-17108-3

2019年10月第1版　　开本880×1230 1/32
2019年10月北京第1次印刷　　印张11¼

定价:45.00元

目　录

导　言

当今世界，风云变幻，动多于静。这个“动”既包括基于暴力的重大事件，如持续了七年多的叙利亚战争、巴黎恐怖袭击、布鲁塞尔恐怖袭击等，也包括各种外交风波和贸易摩擦，还包括新兴媒体上的各种令人眼花缭乱甚至心烦意乱的事件炒作和唱衰文章。若以这些事件和现象为基础，人们可能会得出一个结论：当今世界上已无秩序可言。另一方面，无论是在东方还是西方，在非洲还是南美，绝大多数人都过着平常的、相对安静的生活；世界上绝大多数国家又都按照自身独特的秩序在运行；国家间、民族间、文化间的往来和交流比以往任何时候都要多，但并没有引起太大的混乱，甚至可以说在很大程度上是按照规则和秩序要求在进行。尤其是在西方国家，我们可以观察到，尽管经历了2008年前后的金融危机和频繁出现的大大小小的其他经济和社会危机，这里的社会仍然在有序运转：人们在上学、上班、旅游、度假、进教堂、打官司、选举和被选举等。虽然西方国家的秩序是在漫长的历史演化过程中接受和融化了许多来自其他地区和文化的元素而形成的[①]，并且在近几十年来的全球化过程中继续接受和学习其他文化而调整和发展着自身。但是，作为现代社会，西方国家的秩序呈现着相对较大的稳定性，这一点应该无可争议。

另一个现象是，近几十年来在世界经济和政治舞台上扮演愈加重要角色的后发展国家如中国、印度、俄罗斯、巴西、南非等，在很大程度上都是在学习和引进西方国家重要制度的过程中发展起来的。如果说这些国家的发展过程是现代化进程，那么现代化这个概念本身源自西方，描写的首先是西方社会的形态。这一事实说明，这些国家今天的发展与西方国家近几百年来创建的制度密切相关，这种关系既包括模仿和学习，也包括创新[②]。

如果说西方社会与其他社会——尤其是上述新兴国家——相比在经济发展水平方面正在失去几十年前的绝对优势，从而研究西方社会的意义有所减小，那么新兴国家借鉴和学习西方国家的制度（包括市场经济制度、法律制度、社

① 关于欧洲秩序的形成是一个接受或获得其他文化一些要素的过程之观点，可参见 Klaus Herbers, 2014, *Alte Welten-Neue Welten. Grenzerfahrungen und Entgrenzungen durch die Europäische Expansion*, p.7.

② 关于欧洲、亚洲、美洲等地现代化的关系，可参见 Wolfgang Knöbl, 2007, *Die Kontingenz der Moderne. Wege in Europa, Asien und Amerika*, pp.10−19.

会福利和保障制度、教育制度等）而取得发展成就的事实，却又恰恰提升了研究西方社会的意义。

西方社会有哪些结构特征呢？仅是在社会科学中，探讨过这个问题的学者就不计其数，他们提出过的概念和理论方案也十分多样，写出的著作也已经汗牛充栋。其中，影响最大的有韦伯的理性化方案、涂尔干的劳动分工论、帕森斯的结构功能主义方案和本书将介绍和探讨的卢曼的社会系统理论。

韦伯在1903—1905年发表的几篇文章（后以《新教伦理与资本主义精神》为名的专著形式出版）中，揭示了新教伦理与理性的资本主义之间存在的因果关系，并在后来的研究中揭示了西方社会的政治、法律、科学、建筑、艺术等领域所呈现的理性特征[①]。因此，对韦伯来说，现代社会的主要特征是理性化：理性化的经济、理性化的政治和管理体制、理性化的法律、理性化的科学制度、理性化的教育等。

法国社会学家涂尔干则纯粹从现象层面描写了现代社会的特征。他认为，传统社会的主要特征是区隔分化，而现代社会的主要特征则是劳动分工。在传统社会中，人们生活在边界清晰的群体或氏族（部落）中，这些群体与其他群体之间只存在较少的联系。因此，涂尔干认为，传统社会是由

① 比较 Max Weber, 1984, *Die protestantische Ethik I. Eine Aufsatzsammlung*, pp.6, 9–25, 35.

一些同质的、互相类似的区隔构成的。在这种简单的、原始的社会中，劳动分工很少，每个社会成员基本上都能完成用于生产自己的各种生活用品所需要的劳动。社会成员互相之间都很相似：他们有着相同的世界观和宗教信仰。由于认为这些世界观和信仰是自然的、一直存在的，所以他们机械地接受它们。涂尔干因此称传统社会为机械团结的社会：共同的生活方式、世界观和宗教信仰使所有成员有共属感和相似感，能够机械地互相团结[①]。

但是，随着人口和社会密度的增加，这种劳动分工程度低的社会逐渐被劳动分工程度高的社会——即现代社会——所取代。人口和社会密度的增加直接导致了联络和交通途径的增加和复杂化，也导致了新的需求和人与人之间新的依赖关系的产生；社会中功能分化意义上的劳动分工逐渐增加；社会成员不再像以前那样是相同的，而是根据每个人对社会的功能贡献而不同；由此，社会中形成了个体性。但是，个体性和个体意识并不会使社会解散，而是会促成一种新的团结出现：由于每个人只为社会整体发挥一种功能，所以每个人都在依赖他人而生存，社会中出现了一种“有机团结”或功能性的团结[②]。

因此，对涂尔干来说，现代社会的主要特征是发达的劳动分工和成员间较大的相互依赖；社会是一个由许多部门构

① Emile Durkheim, 1992, *Über soziale Arbeitsteilung*, pp.102, 156, 237.

② 同上书，第183、228、478页。

成的系统，而每一个部门又由许多部分构成；这些部门和部分都发挥着专门的功能；社会中的功能联系是由契约性的规定来调控的，等等①。

涂尔干的这种概括虽然不能说完全符合现代社会的真实，但它触及了现代社会的核心基础，即劳动分工和功能分化。他未能完成的任务是，发展出某种具有普遍有效性的理论方案并用于描写社会的主要构成部门和部分。

美国社会学家塔尔科特·帕森斯似乎将完成这一任务当成了自己的使命。他发展出了一般系统理论（general system theory），并用这种理论描写和分析了现代社会。他的系统理论包括的主要观点为：世界上的事物总是互相联系在一起的，它们既非互不相关，也非处于偶然的关系中；事物间的这种特有的联系形式被称为系统。所有的社会现象——包括个人、个人的行动、个人所创建的制度、他们所寓于其中的文化等——都是系统。这些社会现象是系统，因为构成它们的要素处在一定的、不随环境而变化的关系模式中。这种关系模式被帕森斯称为结构，因而，在他那里系统和结构有时在相同意义上被使用②。

对帕森斯来说，行动总是发生在一些特定组织化的条件中。这些条件又被归类为四种系统：有机系统（个体的生

① Emile Durkheim, 1992, *Über soziale Arbeitsteilung*. p.237.

② Talcott Parsons, 1964a, *Beiträge zur soziologischen Theorie*, p.54; Talcott Parsons, 1964b, *Zur Theorie sozialer Systeme*, pp.16ff.

理构成以及欲望和身体需求)、个性系统(need-disposition system of the individual actor)、社会系统(比如家庭,由互动和特定的角色构成)、文化系统(由社会成员共有的价值和规范构成)①。

帕森斯将社会看作一种特殊的社会系统,认为其特征是面对环境——包括其他社会系统——的高度的独立性。由于帕森斯关注的是系统的存续问题,即系统的构成要素如何发挥相应的作用(功能)而使系统或结构处于一种平衡状态的问题,所以他的社会理论被称为结构功能主义理论。他将社会看作一种绩效的编织体,认为社会形成和存续需要四个基本条件,即宗教、语言沟通、以亲属关系为基础的社群组织和技术。在他看来,人类社会至今经历了五种形态:原始社会、古代社会、历史上居间的帝国(中华帝国、古印度、古罗马、伊斯兰帝国等)、苗床社会(即孕育了现代西方文化和社会的以色列和古希腊社会)和现代社会。从原始社会到古代社会的过渡由以威望为标准的社会分层方面的发展所导致,而这种威望不是像在原始社会中那样建立在出身的基础上的一种被赋予的威望,而是建立在绩效的基础上。从古代社会或传统社会(包括帝国、苗床社会)到现代社会的过渡则由传统这一社会秩序的有效性基础被文化合法化所取代而推动,而文化合法化又是以普遍有效的价值为基

① Talcott Parsons, 1966, *The Social System*, pp.7, 11, 15.

础的。这种过渡的结果是现代社会的产生，即官僚政治组织、市场和货币、普遍适用的规范以及民主思想和制度的被生产[①]。

对帕森斯来说，现代社会秩序的主要特征是“社会的共同体”的存在，即社会成员之间的团结关系超越单个的群体、阶级和阶层而存在，传统社会中的“群体独特主义”被“公民共同体”所取代。在这种共同体中，单个的个体间的团结建立在互相尊重他者权利的基础上，而与个人的出身和特殊群体的属性无关。在此，帕森斯强调了以公民共同体为基础的现代社会的两个基本特征：结构分化和价值普世化。在结构层面，现代社会由许多异质的专门化的群体、联合会和组织构成；个体以独特的方式参与其活动，以至于群体团结被打碎、对公民共同体的忠诚不再受到较强的群体忠诚的干扰。另一方面，在公民共同体中，普世价值如个体自由、个体权利和民主等被其成员普遍接受和内化，使得特殊的生活世界之外的个体之间的理解成为可能——在此意义上，帕森斯将现代社会中的个体主义称为“制度化的个体主义”[②]；同时，由于这一共同体运用资本、知识和技术解决自身面临的问题，所以其适应能力也很强。在此，由于帕森斯强调个体的群体参与对现代社会的建构性作用，其早期系统理论的

① Talcott Parsons, 1967, *Sociological Theory and Modern Society*, pp.490−520.

② Talcott Parsons, 1964c, *Social Structure and Personality*, pp.183−235; François Bourricaud, 1977, *L'individualisme institutionel. Essai sur la sociologie de Talcott Parsons.*

基础“唯意志论”就逻辑地运用到了社会秩序的解释上。

除了强调公民共同体的整合能力之外，帕森斯还描写了现代社会的经济、政治、文化等领域的特征。他认为，现代资本主义冲破了主要寓于行会秩序中的传统社会的经济束缚，具有较强的适应能力和解决紧缺问题的能力。同时，封建的和绝对主义的统治秩序被民主和法制所取代，以至于现代社会政治的型构能力得以大大提升。而通过持续的启蒙而形成的普世主义价值体系则为社会秩序的合法化提供了基础，等等。

帕森斯的建树无疑使社会学描写和分析社会——尤其是现代社会——的能力得以大大提升。但是，除了概念模糊缺陷之外，其理论还包含认识论和方法论的反思短缺、框架不完整和不严密、对构成社会这一实体的诸多主要系统如政治、经济、法律、教育、科学、宗教等未做系统的分析等弱点①。

在克服这些缺陷和弱点的基础上，帕森斯的弟子、德国社会学家尼克拉斯·卢曼（Niklas Luhmann, 1927—1998）创建了一种全新的社会系统理论。在近 40 年的学术生涯中，卢曼建筑了一座思想大厦。这座大厦的基础由他在哲学、社会学、法学、政治学、经济学、宗教学等学科已有的一些核心概念的基础上分析、拓展和修正的新概念构成，其主要柱

① Heinz Abels, *Einführung in die Soziologie*, Band 1, p.202; Richard Münch, 2002, *Talcott Parsons (1902—1979)*, pp.45–46.

石由他发展出的关于法律、政治、经济、科学、宗教、教育等社会系统的理论塑成，其屋顶则是他的以功能分化为主要观点的社会（系统）理论。本书探讨了他这三个方面的思想观点。

本书第一章在厘清卢曼理论中基本概念的基础上介绍和分析了其系统理论的特征。首先，本章在三个层面（即主观旨意层面、社会结构层面和功能分化层面）揭示了复杂性概念的含义。我们认为，由于科学的任务在于理解和减少复杂性，而科学在至今占主导地位的本体论认识论指导下无法满足这一要求，卢曼提出了他的差异论的认识论根据。在这一认识论的视景中，人类的实践活动和科学研究本身被理解为建构系统的活动，而建构系统的活动又被界定为设定和标示差异的活动。

第二章则专门探讨了卢曼的认识论思想。在建构其社会理论的过程中，卢曼批判了作为“旧欧洲传统”主要内容的本体论的认识论，指出其根本缺陷在于在做出存在 / 不存在的区分时，将被区分的两边中的一边即不存在完全排除，而只关注存在这一边。在此基础上，他得出的结论是，本体论的世界描写只能是单值的、单方面的，尽管它是完美的、完整的、一致的；这种描写与前现代社会的分化形式相一致：在前现代社会，社会被划分为中心（城市）/ 边缘（农村）或者不同的等级；社会主要是从中心或者社会上层的位置被不对称地描写的。但是，他认为，到了近代，适合中心 / 边缘分化（区隔分化）及等级分化社会的语义学受到了严重的挑战，因为社会结构已经发生了显著的变化；社会已经明显地进入了功能分化的时代。这种社会结构只能由另一种语义学来描写，而这种语义学的基础则是另一种认识论，即差异论的建构论。

第三章研究的是卢曼的方法论思想。通过厘清卢曼的社会学方法论反思的理路，本章阐释了其所提出的等值功能主义的主要观点和内涵：在扬弃帕森斯等社会学家的以因果解释的单面性为特征的传统功能主义的同时，卢曼全新地将功能定义为一种调控性的意义图式，认为等值功能主义的指向不在于确认一些功能绩效在事实上的出现，而在于确认很多可能性、确认系统或结构用以稳定其与外部环境界线的等值的绩效。本章还进一步探讨了卢曼关于系统理论与等值功能主义的方法论之间的适洽性思想，并以国家起源和中国发展成就的解释为例简单说明了等值功能主义方法论的应用意义。

第四章探讨了卢曼关于社会学的一个经典问题，即社会秩序的可能性问题的思想。本章的主要观点是，卢曼从西方思想传统中理出了一条关于社会秩序思考的线索，并认为是欧洲（西方）不同历史时期的社会结构导致了关于社会关系的不同解释模式的出现；随着现代社会结构取代传统社会结构，原有的解释模式显得不合时宜，一种新的即系统论的模式似乎更加适用于解释现代社会的秩序。通过分析卢曼的研究，本章还尝试挖掘了不同历史时期的西方社会思想家的相关思想精华，并且从其洞见和局限中洞察这些思想所折射的社会结构和社会状况。

第五章探讨了卢曼运用其社会系统理论分析世俗化现象时形成的一些主要思想，试图理解在经验层面难以解释的世俗化现象。卢曼认为，在以功能分化为主要形式的现代社会演化过程中，宗教早已丧失了以前的地位且不再扮演整合全社会的系统的角色，而是演变成了与经济、政治、法律、教育、科学等系统具有相似地位的一个功能系统。他进一步指出，在今天的社会中，宗教系统所发挥的功能甚至不像一些主要的功能系统（如政治系统、经济系统、法律系统等）的功能那样不可或缺。本章认为，作为一种从社会结构转型的层面分析世俗化和宗教处境的新范式，卢曼的理论既给宗教系统带来了压力，又可以被视为一种中肯的“危机感知”。

第六章首先总结和讨论了卢曼关于超级理论的道德无涉的思想，揭示了其中作为社会子系统的科学系统无法为全社会提供运行基础，而只能按照自身的真理追求之逻辑考察其他社会系统或现象（如道德现象）的要旨。进而，本章厘清了被宣称为能够满足道德无涉之要求的社会系统理论对道德产生的原因和基础的分析，探讨了卢曼关于道德的社会功能、道德与自由的关系以及现代社会中道德的功能等值体的思想。本章最后讨论了中国解决当下诸多“道德”问题的系统建构路径的必要性和可能性问题。

第七章论证的基本观点是，卢曼运用社会系统理论对环境问题的分析在于告诉人们，指望某种跨人群、跨系统的统一东西的培养（如道德、环境意识、政治的中心作用等）来解决环境问题，已经变得不现实了。当社会中的各功能系统具有高度自治能力时，它们会在对环境问题过强和过弱的反应间找到平衡。我们认为，如果我们接受卢曼的观点，那么只有在中国社会的各功能系统具有越来越大的自主权和自身动力时，它们关注环境问题的能量才会增加，社会解决环境问题的可能性也会更大。

第八章跟踪了卢曼关于后现代和全球化的讨论。卢曼认为，后现代话语的产生是因为人们过低估计了现代社会的动力，同时也因为关于现代社会的描写过于静止。因而，他认为有必要将对现代社会的理解和对现代社会的描写动态化。在将现代社会描写为功能分化的社会后，卢曼认为，世界社会的形成即全球化是不可避免的。这一论点的理由建立在一种基本理论假设之上，这就是所有功能系统都趋向于全球化，并且，向功能分化的过渡只能在一种世界社会系统的建立上终结。这就是说，卢曼视全球化为功能关联作用的结果。现代社会本身所包含的潜力和价值都会继续保存和发挥作用，并且，在全球化给人类带来了许多新的秩序要求的情况下，这些潜力和价值会帮助人们应对这些问题和要求、建构新的秩序。因此，本章认为，在某种意义上说，卢曼与哈贝马斯一样，在某种高度的文化自信的支持下对人类未来持乐观主义的态度。

第九章探讨了卢曼关于个体与社会的关系的思想。本章认为，在将个体定义为封闭的、自我指涉地自我生产的心理系统以后，卢曼强调了个体在建构与社会（环境）的关系时所具有的主动和能动作用。通过对社会提出期待乃至要求，心理系统持续地生产着自己的要素，也建构和维持着与社会的各类关系。随着社会本身的演化，个体的要求变得越来越重要、越来越具有合法性，以至于在现代社会中，各社会子系统的正常运行在某种程度上都以个体能够提出和实现自己的要求，即具有个体性为前提和基础。

第一章　复杂性与社会系统

一　卢曼对复杂性概念的定义

复杂性是一个十分复杂、模糊、难以把握的概念。在关于复杂性问题的研究中，至今没有人给出准确的定义。要给出一个涵盖诸多领域（如物理世界、生物世界、社会世界等）中的复杂性现象、同时被多种涉足复杂性研究的学科所认可的定义，难度的确很大。虽然至今已经出现的关于复杂性概念的定义已近五十种，但复杂性概念的统一定义“现在不会有，也许将来也没有”[①]。但是，就社会世界而言，而且是就西方的社会世界而言（卢曼研究的主要是西方世界的复杂性和社会系统问题），卢曼还是尝试过定义复杂性概念。卢曼认为，复杂性和功能分化现象是现代西方社会的两大特

① 苗东升：“复杂性研究的现状与展望”，《系统辩证学学报》2001 年第 4 期。

征，而他建构社会系统理论的目的是要建构一种能够恰当地描写现代西方社会的工具[①]。

因此，卢曼首先要做的事情是比较详细地描写现代西方社会的特征。而这种描写包含了复杂性概念的定义。在卢曼的著作中，虽然找不到一种清晰、一致和贯穿始终的复杂性概念的定义，但可以确定的是，卢曼所指的社会复杂性包含三个层面：由主观旨意的不确定性导致的社会复杂性、社会结构层面的复杂性和由功能分化导致的复杂性。

1. 由主观旨意的不确定性导致的社会复杂性

就主观旨意（subiektiver Sinn）的不确定性导致的社会复杂性而言，卢曼基本上接受了帕森斯的观点，认为人的旨意具有随意性、或然性、多样性、不可预测性等特征，这些特征随着社会的进化变得越来越极端。基于旨意的这些特征，也由于旨意是人的行动和沟通的基础，由这些行动和沟通构成的社会情景就显得非常复杂[②]。正是因为每一个人的思想、观点、立场、目的的不同，价值观的不同，选择的视景不同，甚至感知的可能性（Wahrnehmungsmöglichkeiten）不同，人们在互动中总面临这么一个问题，即在和其他人经历事物和进行互动时永远处于不确定状态，永远只能将自己的选择决定建立在或然性基础之上。

---

① Niklas Luhmann, 1987c, *Rechtssoziologie*, pp.18, 23–24.

② Niklas Luhmann, 2000c, *Vertrauen*, pp.6–8.

2. 社会结构层面的复杂性

关于社会结构层面复杂性的论述，我们在卢曼 20 世纪 60 年代的著作中就已经找到。在卢曼看来，复杂性概念的内涵与“现代性”或“现代化”概念的内涵是一致的。复杂性就是多层次性和异质性。现代社会比传统社会的异质性要大得多。传统社会的社会结构主要以简单的“上”“下”关系为特征；而在现代社会，工业化和社会分工使生产和消费得以大规模地扩大，受教育的机会增加、程度提高，人口和职业流动加大，宗教信仰被知识和科学取代，等等。这些变化使现代人具有前所未有的行动可能性，也使生活和社会变得复杂。在高度工业化和科学化的现代世界，社会的功能方式和结构涉及多个层面（比如，一次法律诉讼会涉及律师事务所、法院、检察院和心理工作者及其他相关专家群体等），而一个系统中的各种组成要素却越来越难以协作。在这种情况下，现代人越来越需要取向来帮助，需要被赋予秩序和意义，需要建立一些机构来帮助他将现实结构化。而这些需求又导致相应系统的形成，导致已经存在的系统不断分化，也就是导致复杂性的增加。卢曼认为，系统的建构是为了减少复杂性，同时系统的建构又增加复杂性。因此，现代社会的主要特征是它包含的复杂性，而现代社会面对的主要任务和难题又是减少复杂性，且它处于持续的选择强制中。关于这一点，卢曼写道：“世界的复杂性不仅必须被想象地把握，而且【必须】进入【人们的】经历和行动，也就是【必须】被减少。”①

3. 由功能分化导致的复杂性

卢曼描写的现代社会的另一特征是功能分化，这也是导致复杂性增加的一种因素。功能分化作为现代社会的特征也是通过与前现代社会的主要特征相比较而得以凸显的。在卢曼看来，在前现代社会中存在两种分化。第一种是古代社会的分化形式，其典型分化形式是区隔分化或块状分化（segmentierende differenzierung）。就是说，古代社会只包含少量的几种社会群体如军事家、牧师、农牧人群体等。第二种是传统社会的分化，其形式表现为阶层分化。根据收入、受教育程度、获得权力的机会等指标，社会成员可以被分为上层、中层、下层等阶层的成员。而到了现代社会，这种纵向的社会分化虽然还存在，但已经不是现代社会的主要特征。在现代社会中，阶层分化的意义已经越来越小，功能分化的程度却越来越高，而且没有功能分化也就没有高度的复杂性。关于这一点，卢曼写道：“更为复杂的社会依赖于功能分化。因此，就它们的子系统的关系而言，它们必须同时预先规定更多的依赖性和更多的独立性。由于复杂性的增加，即由于子系统相互依赖和相互独立的方面的增加，这一点原

① Niklas Luhmann, 1991a, *Soziologische Aufklärung*, Bd.1, p.73.【 】中的内容系本书作者添加，下同。

则上是可能的。但是，这一点却提出了很高的行为要求，比如对辨析的清晰度【的要求】。系统的边界和社会过程是靠它【指辨析的清晰度】得以感知的”①。

正是因为复杂性已经成为现代社会的主要特征之一，所以卢曼认为，描写现代社会的理论也应该是高度抽象的、普遍适用的和独立于单个社会的理论。在他看来，在社会学理论思考的历史上，至今只有帕森斯做过这种尝试②。但是，由于帕森斯过于强调价值和规范对系统存续的作用，所以他创建的结构–功能主义的系统理论没有满足这些要求。为了弥补这一不足，卢曼一生尝试了建立一种新的理论类型。这一理论概括地看可以被称为自我指涉的理论，它具有以下几种特征。（1）这一理论本身被作为自己的研究对象之一看待。（2）这一理论要求自己具有普遍有效性。这种普遍有效性并不意味着只有这一理论才是真理，而是意味着其研究对象的范围更大，可以涉及所有社会现象和社会领域。（3）这一理论不以某种毋庸置疑的认识论标准为前提，而是认同一种自然主义的认识论。“这又意味着：对它来说，它自己的认识方法和它对【于这一方法】有效标准的取或舍是某种事件；这种事件发生于它自己的研究范围中，【发生于】作

① Niklas Luhmann, 1971, *Moderne Systemtheorie als Form gesamtgesellschaftlicher Analyse*, p.23.

② Niklas Luhmann, 1985, *Soziale Systeme. Grundriss einer allgemeinen Theorie*, p.1.

为现代社会子系统的科学的一门学科【即社会学】中。”[①]

要建立这种全新的理论，卢曼实际上必须与传统理论决裂。而他自己反复强调的“克服旧欧洲传统”的企图，指的就是他的理论思考与传统理论的这种关系。

二　通过对先验哲学的批判导出差异理论根据

在卢曼看来，旧欧洲的传统首先是一种本体论的认识论。这种认识论设定，所有存在者（alles Seiende）都具有某种本质内核（Wesenskern）[②]，认识的目的就是认识和理解这一“本质内核”。那么，为什么必须克服这种认识论呢？

首先，卢曼认为，欧洲自亚里士多德以来的两千多年的思想实践并没有找到这种“本质内核”。这就说明，本体论的认识论难以实现自己的认识目的。当然，人们可以认为，继续用本体论的方法去思考世界、探索世界，说不定可以找到这种“本质内核”。

但是，卢曼发现了另一个问题：本体论思考的结果在应用和空间上的局限性。卢曼认为，至少在西方，人们至今实际上还在依照本体论的逻辑思考问题。人们在思考时，总是设定了一种“事物图式”（Dingschema），并且将世界按

---

① Niklas Luhmann, 1985, *Soziale Systeme. Grundriss einer allgemeinen Theorie*, p.90.

② Niklas Luhmann, 1991a, *Soziologische Aufklärung*, Bd.1, p.77; Helga Gripp-Hagelstange, 2000, *Niklas Luhmanns Denken. Interdisziplinäre Einflüsse und Wirkungen*, p.8.

照“存在 | 不存在–公式”（Sein|Nichtsein-Formel）进行分类和规整。存在是什么，这一点人们在考察世界之前已经“知道”。也就是说，当人们接近世界时，已经认为世界具有这种存在或“物的特征”（Dingcharakter）。人们相信，世界上的事物是按照“原因 | 后果–图式”进行的，即一切事物的存在都基于某种可以辨识的原因。当人们找到原因时，就可以影响结果。[①]

基于这种认识，西方人利用自然、建构科学、组织生活世界。但是，人们发现，在自然、科学和生活三个领域，这种认识论得出的结论都与预期目标相去甚远。也就是说，对自然的不合理利用导致了环境问题，科学结论的有效期越来越短，而在社会领域获得的知识并不具有跨文化的有效性——因为其他的文化和民族按照其世界观和生活方式也可以幸福地生活。这些现象表明，本体论的认识论得出的结论具有很大的局限性。

对这种局限的认识会引起两种反应。一种是“旧欧洲式的”反应，主要认为要以更大的努力寻找正确的“存在设想”（Seinsvorstellung），寻找正确的因果关系。另一种是“新欧洲式的”反应，要求改变提问方式：即不再问“是什么”（was ist），而应该问“在哪些建构条件下某种事物才能理解为实存的或是由什么样的因果关系决定的？”基于这一

① Niklas Luhmann, 1991a, *Soziologische Aufklärung*, Bd.1, p.9.

观点，存在和因果性假设本身应该理解为建构。卢曼即是这种观点的代表人物之一[①]。

在卢曼看来，在现代哲学中，康德虽然提出了先验领域和经验领域的区分，但他的认识论仍然具有很大的局限性。康德以及后来的胡塞尔认为，主体在外部世界中辨识的一切对象实际上都是他自己的建构，实体作为原本的实体是不可能进入主体的视界的。因此，如果说康德以来的哲学首先应该被理解为认识论，那么这种哲学感兴趣的问题仅仅关联着主体及其认识能力（Potenzen）[②]。康德哲学认为，虽然认识的主体无法得出什么有关认识对象即实体的真实认识，却可以想象出主体具有的一种普遍有效的认识的规则结构。这种规则结构表明了一种用于判断认识的普遍有效性的标准原则上是存在的。

卢曼发现，哲学的这一认识论模式最多只能用于解释主体的认识现象。哲学最多只能论证，主体可以通过反思来满足它自己认识世界的条件，而这些条件即认识的规则结构又决定了主体本身。但是，一旦涉及主体间性（lntersubjektivität），哲学的这种认识论即失去了解释能力。因为对任何一个主体来说，其他主体作为他要认识的对象实际上是作为外在世界的实体存在的。这样，认为主体从认清自

① Niklas Luhmann, 2000, *Vertrauen*, p.3.

② Helga Gripp-Hagelstange, 2000, *Niklas Luhmanns Denken. Interdisziplinäre Einflüsse und Wirkungen*, p.10.

己内在的认识结构而能推论出其他主体的内存的认识结构，哲学的认识论就要犯逻辑错误。卢曼写道:“确实有这么一个问题：另一个人是否和我经历同样的【东西】，看见同样的东西，赞同同样的价值，以同样的时间节奏生活，具有同样的历史。”①

卢曼由此提出了两种质疑:（1）如果无法论证从一个主体自身到其他主体的类比推论的正确性，主体认识模式的普遍有效性如何才能得到论证？（2）如果这一普遍有效性得不到论证的话（这种情况在卢曼看来已经出现），思考认识论问题的思想家是不是可以无可奈何地说，谁愿意怎么想就怎么想？卢曼认为，在日常生活中，这种态度恐怕无可厚非，但是一种理论如果对认识论基础作了这么多反思，那么它此时必须思考自己的理论基础。正是这种思考使卢曼提出了其差异理论根据。在详细介绍这一理论根据之前，我们可以先在表 1 中看出卢曼的认识论与欧洲传统的认识论的区别。但在一些著作——尤其是其晚期著作中（这些著作中表达的观点对他的思想最具有代表性），卢曼十分明确地阐明了他反对后现代思想的态度②。因此，我们在表 1 中用“当代”概念取代了“后现代”概念。关于卢曼对后现代思想的批判，可参看本书的专门章节和相关文献。

① Niklas Luhmann, 1991a, *Soziologische Aufklärung*, Bd.1, p.7.

② Niklas Luhmann, 1992, *Beobachtungen der Moderne*, pp.7–8.

表 1　认识类型的转变[①]

时代	认识的类型	区分的范畴	
旧欧洲	本体论	思想	存在
现代	认识论（康德）	先验领域	经验领域
当代（后现代）*	认知（卢曼）	观察	操作

注释：* 为原表中使用的术语。

差异理论最基本的假设是，差异构成了一切开端（Am Anfang ist Differenz）[②]。但是，卢曼所指的差异并不是一种存在者（ein Seiendes），一种静止的东西，而是一种操作，一种设定差异的操作（eine differenzsetzende Operation）。设定一种差异或区别是任何一种现实建构开始时的决定性因素。如果将设定差异的操作出现之前的世界看成一片暗淡的空间，那么设定差异的操作及其后的各种操作却照明了世界。设定差异的操作是人们认识世界和建构理论的基本因素。

那么，设定差异的操作是怎样进行的呢？实际上，设定差异就是找出一物与所有他物之间的区别，如果一物构成了一边，那么所有他物则构成了另一边。这一点我们可以从以下例子中看得比较清楚。我们可以想象，一块没有书写任何文字或画上任何图案的黑板上贴了一张白色的纸片。要辨认

---

① Walter Reese-Schäfer, 1999, *Niklas Luhmann zur Einführung*, p.71.

② Niklas Luhmann, 1985, *Soziale Systeme. Grundriss einer allgemeinen Theorie*, p.556.

这张纸片，我们必须找出纸片与黑板间的界线。这一找出界线的行为就是一次设定差异的操作。如果我们要继续观察的话，这一操作又强迫作为观察者的我们做出下一次行动，即做一个决定，在我们的知觉过程中决定选择黑板和纸片这两边中的哪一边用于继续观察。如果我们要使我们的第一次行动——即划出界线的行动——获得视觉效果，我们必须标示（bezeichnen）二者中的一边[①]，因为同时观察两边（比如黑板和纸片）是不可能的。

设定差异和标示差异是两次不同的操作，几乎是在同一步中进行的。它们共同构成了一个操作单位。因此，这两次操作构成了一种“二重区分”的操作（doppeldifferentielle Operation）。这一二重区分的操作被卢曼称为“观察”（Beobachtung）。这种基本的观察操作在卢曼看来又是一种“自我指涉的操作”（selbstreferentielle Operation）。因为这一观察过程中的第二次操作实际上是第一次区分的再区分，它反涉到第一次操作。而当这一基本的、自我指涉的操作完成后出现与其相关的其他操作时，则形成了一个操作网络。这一网络被卢曼称为系统。由于系统中的每一个操作单位都是一种自我设定和标示的操作，并且这些操作单位每一个都与它的上一个相联结，即它们反涉前一个操作单位，所以这些操作是自我指涉的，由这些操作构成的系统在卢曼看来也是

---

① Niklas Luhmann, 1997, *Die Gesellschaft der Gesellschaft*, p.60.

自我指涉的。一个系统中的操作单位之间的这种自我指涉的关系使卢曼认为，系统具有自我生产的特征（autopoietischen Charakter）。因此，正是这些操作单位的网络化构成了系统中的操作的生产和再生产条件。

如果我们再从认识论的角度考察卢曼的这些思想，我们可以认清，卢曼的这一视角已经拒绝了所有先验论的立场，并已经转向了一种经验的认识论。这一转变意味着，在实体理论层面，他用“观察”取代了传统意义上的“认识”，从而彻底放弃了旧欧洲意义上的寻找真理的方式和要求。在卢曼那里，存在者（比如说社会）被理解为一种自我生产、自我延存的系统地结构化的事件联系（Geschenszusammenhang）。这种事件联系不仅包含了被观察的事件，而且建构性地包含了所有观察活动本身。比如，在卢曼的视角下，社会学家观察社会事件的活动就是社会事件的一部分，因为他的观察结果直接或间接影响着社会事件。

卢曼的理论假设中真正具有突破性意义的一点还在于主体的优势地位（Primat）被取消了。在卢曼将自我指涉作为理解系统的内在统一的条件时，他已经否定了先验哲学中主体的特殊权能，即只有作为实体的意识才具有自我指涉的能力。在卢曼那里，意识并不是唯一的一个自我指涉的系统，它只是一种特殊的自我指涉的系统。它的特殊性表现在他的操作方式中，而并不寓于它的自我指涉能力中。自我指涉并不是意识特有的，而是一种存在范畴。

这一认识在理论建构层面意味着一种全新理论的提出。通过自我指涉作为一种存在范畴的发现，卢曼提出了自我指涉地自我生产的系统理论。在这一理论中，意识的特殊权能被自我指涉本身的特殊权能所取代。根据卢曼的社会系统理论，社会已经不再能够被理解为人的产物、人的行动的产物，只能理解为自我关联的沟通操作（Kommunikationsoperationen）的构成物。在《生态沟通》一书中，卢曼写道："当一种自我生产的沟通联系形成并且通过界定合适的沟通来界定自己与某种环境的界线时，就出现了一个社会系统。因此，社会系统不是由人，也不是由行动，而是由沟通构成的"[①]。

卢曼的认识论可以使人们更恰当地研究经验世界中的自我指涉，因为它剥夺了主体自我指涉的特权，从而突破了对自我指涉现象进行考察的限制。另外，卢曼的视角对理解世界也有一定的后果。最主要的后果是，在这一视角上建构的理论使世界变得深不可测、变得无底了。因为按照卢曼的理论，我们"认识"的总是世界的一个方面，与这个方面联在一起的另一面是黑暗的、不被认识的[②]。认识作为自我指涉的观察操作是设定差异和标示差异的操作，这种操作是或然性的。这就是说，我们标示一个面而不标示另一个面，这不是一种必然的选择，而是一种或然的选择。不标示一个面是为

---

① Niklas Luhmann, 1986, *Ökologische Kommunikation*, pp.7–8.

② Niklas Luhmann, 1985, *Soziale Systeme. Grundriss einer allgemeinen Theorie*, p.565.

了认识另一个面。因此，这种不标示和标示都是建构性的，是为了使一个面在事实、时间和社会层面得以观察、得以照明[①]。卢曼这一关于建构性的、或然性的思维逻辑的结论是，一方面，我们必须将所有被我们所设定的存在物视为可能的建构；另一方面，我们又必须承认，原则上它们也可能是另一种建构。我们也必须承认，我们观察的盲点，即未被标示的一面，恐怕建构性地永远无法被接近。而这种无法接近也是建构性的。

三　从认识论到社会学理论

在卢曼将认识的开端设定为自我指涉的观察操作，并且将一切世界设想、时间设想和社会设想理解为建构（Konstruktionen）时，他实际上已经提出了如下命题：每一种理论都必须被理解为一种进行观察的系统的理论。每一种理论都是主体起源和客体起源意义上的系统理论。在主体起源意义上，每一种理论所进行的操作都构成了一种建构世界的所有观察系统中的一种特定的系统形式，它本身可以被观察。在客体起源意义上，每一种理论观察的对象都是一种由观察事件（Beobachtungsgeschehen）构成的系统。因此，每一种理论都必须确定自己的系统指涉，即它所要研究的系

① Niklas Luhmann, 1997, *Die Gesellschaft der Gesellschaft*, p.48.

统、所要研究的对象，同时也确定对象的环境。对社会学来说，它的研究对象只能是社会系统，而不可能是细胞、大脑或者意识。因为这些存在者虽然是系统，但不是通过社会性的操作进行自我生产和再生产的系统①。

在确定社会学的研究对象时，卢曼有一个普遍的假设：具有基本意义的观察操作进行着塑造世界的活动，这些活动总是借助某种由一些基本要素构成的媒介而进行的。这些基本媒介是生命（Leben）、意识（Bewusstsein）和沟通（Kommunikation），这三种要素构成了三种卢曼意义上的系统，即自我指涉和自我生产的系统：生物系统、心理系统和社会系统。其中每一种系统都依靠自身的动力自主地建构它的现实，所以都具有“操作性地封闭的”特征。但是，这三者之间又存在某种联系乃至依赖关系。比如，心理系统要生产思想就必须以大脑的神经活动为前提，而心理系统生产的思想又给人的沟通活动提供条件。在这种意义上，生理、心

---

① Niklas Luhmann, 1995, *Soziologische Aufklärung*, Bd.6, p.166. 卢曼将社会性操作设定为社会学的研究对象，这一点显然受了韦伯的影响。韦伯在旨意（意义）概念的基础上区分了行为、行动和社会行动。在他看来，行为是人的外在或内在的举动、放弃或忍受。这些举动不是在主观旨意的驱动下产生的。一旦主观旨意进入人的行为，这种行为即变成行动。社会行动则是“这样一种行动，这种行动就其行动者所指的意义而言关联着其他人，并且在其进行过程中以此为取向”。在韦伯看来，只有由社会行动构成的社会关系才是社会学的研究对象（Max Weber, 1980, *Wirtschaft und Gesellschaft*, p.6, p.11ff.）。由此可见，卢曼所使用的社会性的操作概念与韦伯的社会行动概念具有基本一致的内涵。

理和社会系统之间存在着耦合关系（Kopplung）。但是，心理系统生产什么思想，并不是大脑神经活动决定的，而是心理系统内在的运动规律决定的。同样，一个沟通事件的进行过程也不依赖心理系统的决定，而是由沟通系统的内在规律控制的。用卢曼的话说即是，思想本身并不沟通，只有沟通才沟通①。也就是说，沟通的并不是人，而是作为操作的沟通本身。

卢曼将沟通定义为一种独立的、自我生产的操作，这种操作将三种不同的选择（Selektsionen）连接成一个共生的单位（emergente Einheit）。这三种选择即为信息、传递和理解（lnformation, Mitteilung und Verstehen）②。一次沟通要想引起下一次沟通，被招呼者（der Angesprochene）必须在信息和传递之间进行一次区分并且辨识出信息和传递（或招呼者）中的一面。只有我（Ego）观察到了信息和传递之间的差异、能够期待这种差异（即可以辨认“他者”=Alter也设定了这种差异）、理解了这一差异，并且能够在这一差异的基础上选择自己的反应行为时，才能出现沟通③。用通俗的话表达即是，在正常情况下，当一个人意识到了某种信息，而没有确定这一信息被传递给他时，他不会也不应该做出反应。当他

① Gripp-Hagelstange, Helga, 2000, Niklas Luhmanns Denken. *Interdisziplinäre Einflüsse und Wirkungen*, p.15.

② Luhmann Niklas, 1985, *Soziale Systeme. Grundriss einer allgemeinen Theorie*, pp.567–568.

③ Luhmann Niklas, 1984, *Soziale Systeme. Grundriss einer allgemeinen Theorie*, p.568.

意识到了某种信息，并且确认了这一信息被传递给他，但是没有理解这一信息的内容时，他恐怕也不会做出反应。只有当他意识到了某种信息，确认自己是这一信息的接受者，并且理解了信息时，他才会做出反应。只有在这时，才会发生沟通。

由于卢曼将沟通视为社会系统的构成要素，所以在他把沟通定义为自成一类的事件时，社会系统也就变成了自成一类的事件。这样，他在认识论层面对主体的解读就被托升到了具有特定研究对象的理论层面。也就是说，社会学的研究对象应该是由沟通构成的社会系统。

但是，就连卢曼本人也不争的一个事实是，离开了人，任何沟通事件都不可能发生。任何社会系统也就不可能出现。那么，既然沟通系统离不开人，卢曼是怎样处理沟通系统和人的关系的呢？实际上，卢曼将人脑的神经活动构成的生物系统视为心理系统的环境，又将心理系统视为沟通系统的环境。由于社会学研究的是沟通系统和由沟通系统构成的社会系统，所以卢曼感兴趣的是心理系统和沟通系统的关系。在卢曼的理论设计中，这两个系统之间的关系是结构性的耦合（strukturelle Kopplung），这种耦合来自心理系统的或然性特征。心理系统是生产思想和意义的系统，这种生产是在对外部世界做出反应时进行的。但是，每一种心理系统在每一种情境中的行为方式是不确定的，它可以做出无数种反应。比如，一个人在田野散步时遇到一条水沟，他可能考虑试图跳过水沟，或赤脚过沟，或找树木横在水沟上搭桥，还可能绕行或调转散步方向，等等。而在一种社会情境中，即在一个人与他人的互动情境中，这种或然性变成了双重或然性（doppelte Kontingenz）。在这种情境中，我（Ego）可以对他者（Alter）的每一种行为做出许多反应，使得双方的行为可能性大大增加。

既然心理系统具有高度的不定性，沟通系统怎样跟它耦合呢？在卢曼看来，心理系统的另一特征使这种耦合成为可能。心理系统不是一种实存的实体，而是思维的结构化的操作过程和操作网络；这种操作过程又是在某种特定形式的范围内进行的，这一形式就是自我指涉（Selbstreferenz）和他者指涉（Fremdreferenz）的区分。换句话说，心理系统在其操作过程中可以将某种由它自己生产的“产品”作为一种外在于他自己的实存来辨识。心理系统在找出了某种差异并且标示了这种差异以后，它会将这种差异作为客观实在来看待。而当这一操作引起其他操作时，它又可以继续区分是否后一种操作指涉前一次操作。

基于这种特征，心理系统以“单个的人”（Person）的形式进入沟通系统。这一“单个的人”并不是某种实体，也不是实体的某种特征，而是一种特殊的区分种类。这一区分作为具有两个面的形式指导着观察，又可以改写为对“社会期待的”事情与“社会不期待的”事情之间的区分。这种区分使心理系统建构性地限制了自己的行为可能。举例来说，在一次学术会议上，每一个与会者都知道这次会议探讨的主题是什么，大家可以区分什么话题属于这次会议讨论的话题，什么话题与这次会议无关。在这种区分的基础上，大家在与这次会议主题相关的范围内进行交流和沟通。

综合地看，卢曼在以下三个层面对系统进行了区分（图 1）。

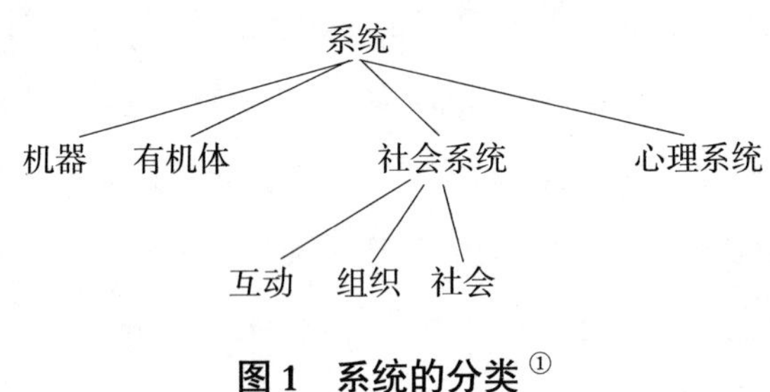

图 1　系统的分类 ①

四　讨论

如果可以确定这么一个事实，即现代西方社会与传统西方社会之间存在着明显的断裂，构成了两种不同的叙事形式，那么卢曼的理论不仅和他以前的经典社会学家韦伯、涂尔干、帕森斯等人的社会理论一样描写着现代社会的叙事形式。与这些经典社会学家相比，他的理论更加适用于现代社会的描写，因为它具有的概念工具更多、包含的复杂性也更大。在这种意义上，卢曼的理论是颇有新意的。

---

① Niklas Luhmann, 1985, *Soziale Systeme. Grundriss einer allgemeinen Theorie*, p.16.

但是，当我们将这一理论与现代社会的现实对照时，我们会发现，它至少在以下三方面显示出明显不足。

第一，试图从功能角度为存在（结构）找理由，忽视了现代社会结构中的许多问题，甚至有意将现代社会中的许多问题排斥在它的视景之外。当这一理论将系统建构理解为两个面之间的悖论关系的设定和标示，认为为了一个面的被观察、另一个面必须被忽视时，它实际上已经将现实的改变视为不必要和不可能。在这种理论逻辑中，现代社会中已经存在的制度包括政治制度、法律制度、经济体制、教育体制、公共领域形态（话语形式）等是建构性地被标示的一面，而与这一面相连的另一面包括社会公平、社会平等、实质意义上的机会平等，则是不被标示的一面，为了现有秩序的存在，这些问题必须被忽视。

第二，没有解决系统与环境之间的结构性联结问题。在人们的观察活动中，是什么因素或动机使他们从被观察的一边转向未被观察的一边？这个问题在现实操作中具有重要意义。在一个社会中，如果社会的关注投射在现有的秩序上，而这个秩序又建立在许多系统负功能引起的社会问题、建立在许多社会成员的痛苦之上，那么这些问题和痛苦要达到何种程度才能引起社会关注？

第三，忽视了系统膨胀问题和系统僵化问题。在卢曼看来，系统的功能在于减少复杂性，由于系统与系统互为环境，一些系统的建构又增加了另一些系统的复杂性。怎样解决这种复杂性问题呢？卢曼的答案是，复杂性必须由复杂性来减少。按照这种观点，具有稳定结构的系统会不断增加，由以情感为基础的表意性活动构成的“生活世界”被不断排挤，人发挥主观能动性的机会会越来越少。其结果是系统膨胀和僵化，系统的负功能越来越难以消除。

第二章　从本体论到差异论的建构论：认识论思想

一　引言

早在20世纪80年代初期，卢曼就指出了社会学的一个重要缺陷：社会学缺少足够的自己的理论，也即缺少出色的感知装置，以至于它发现不了近几十年来跨学科的运动中对它的发展具有特定意义的内容和结果，感知不到这些运动在以特殊的方式挑战社会学。他认为，一般来说，一个专业在理论上的封闭性和坚实性与跨专业的开放性之间是有内在联系的——它们处于一种互相提升的关系中。在他看来，帕森斯的理论就为这一现象提供了一个范例。作为古典社会学以后唯一的一位社会学理论家，帕森斯发展出了一套自己的理论方案，借此他得以接受来自控制论和其他学科的刺激[①]。

除了理论短缺以外，卢曼认为，还有其他一些原因导致社会学走不出固有的思考范式——即从“人”出发进行思考，不能通过接受其他学科的研究结果而做出创新。其中的一个重要原因是社会学与社会的合谋：社会不停地要求社会学在自己为自己所描绘的图像上添彩加色，也即生产出能够被日常的语言世界所认可的理论；而出于多种动机，社会学也在试图不停地满足这一要求。这样，通过对社会关心的一些主题如技术、资本主义制度、危机现象的研究，社会学提出了一些公式用以说明人们在现代社会中的不利处境，而这一点恰恰能够唤起很多人的共鸣。但是，卢曼认为，这种理论短缺虽然被热情和人性感所平衡，但这种平衡的后果却是，社会学无法感知来自跨专业运动的刺激，长时期处于驻足不前的状态[②]。

与赫尔穆特·舍尔斯基的观点相似，卢曼认为，社会学作为一门学科的发展趋势是，它所做的科学分析与社会的自我描写及意识形态建构所需要的支持越来越脱节。他写道：“在发展出相应的工具后，人们以此对社会进行科学分析的任务与作为意义赋予或者意义缺失控诉的工具的、为日常生活所做的确定取向的自我描写的任务越来越分离。借助本来

① Niklas Luhmann, 1995, *Soziologische Aufklärung*, Bd.6, p.273; Niklas Luhmann, 1997, *Die Gesellschaft der Gesellschaft*.

② Niklas Luhmann, 1995, *Soziologische Aufklärung*, Bd.6, p.273.

可以达到的理论水平同时提供令人信服的公式或者甚至政治取向，将会越来越困难。仍然介入将越来越多地成为一种狂妄。”①

卢曼指出，这种人文主义类型的理论充满了情感性、冲突性和自负，表明了社会学面对着一个自己制造的难题。

在1969年至1998年的30年间，卢曼克服了这一难题，通过坚持不懈的、艰辛的劳动创建了一种新的关于社会的理论，即社会系统理论。关于这30年的工作，卢曼在去世前一年总结道：“在我被成立于1969年的比勒菲尔德大学社会学学院聘用时，我被要求列出我正在做的科研项目。那时以及自此以来，我的项目叫作：社会理论；延续时间：30年；经费：无”②。

在这30年中，在未占用国家或社会科研经费的情况下，卢曼主要完成了三部分工作。一是建构了系统理论，二是描写了（现代）社会，三是描写了社会中重要的功能系统③。其中，第二和第三部分工作建立在第一部分工作的基础之上。第一部分的基础性特征主要来自两个要点：其一是它包含了一种新的认识论，其二是它包含了一套较为完整的社会理论。如卢曼自己所述，他的社会理论是将“自我指涉的操作

---

① Niklas Luhmann, 1995, *Soziologische Aufklärung*, Bd.6, p.273.

② Niklas Luhmann, 1997, *Die Gesellschaft der Gesellschaft*, p.11.

③ 同上。

方式的方案移植到社会系统理论中"之尝试的结果[①]。前者是其认识论的核心，即他在作为认识论的建构论的范围内提出的一种新方案，后者则是他在吸收一般系统理论的研究结果的过程中建构的一种新的系统理论。

自哈贝马斯提出"作为社会理论的一种认识论的思想"以来[②]，我们知道，任何一种全新的社会理论都建立在认识论创新的基础之上[③]。卢曼的认识论创新包括一个鲜明的"破"和"立"的过程。在他 30 年抽象思维的历程中，他试图破除"旧欧洲的传统"，建立一种"新欧洲"的思维。旧欧洲的传统在卢曼的著作中主要指的是在欧洲延续了两千多年的本体论的认识论——尽管本体论概念本身在 17 世纪才出现[④]；而他所主张的新欧洲的思维则属于建构论的认识论范围之内，更准确地说是一种差异论的建构论。

---

① Niklas Luhmann, 1997, *Die Gesellschaft der Gesellschaft*, p.11.

② Jürgen Habermas, 1973, *Erkenntnis und Interesse*, p.59.

③ 例如，在哈贝马斯看来，马克思将反思还原为劳动即是对黑格尔现象学的一种认识论批判。在此基础上，马克思提出了辩证唯物主义和历史唯物主义的认识论，并建构出了一套宏大的阶级社会理论。哈贝马斯本人认为，马克思将生产发展理解为取消僵化为实证性的生活形式的动力，这是相对于黑格尔的一种进步。哈贝马斯认为，劳动中的反思应该说只是反思的一部分，它无法涵盖人在面对他人时的反思、面对与他人互动的产物（如语言、风俗等）的反思。在这种认识的基础上，哈贝马斯提出了他的共意论的认识论（Jürgen Habermas, 1973, *Erkenntnis und Interesse*, pp.61–62）。

④ Niklas Luhmann, 1997, *Die Gesellschaft der Gesellschaft*, p.897.

在许多文章和著作中，卢曼都探讨过认识论问题①。通过揭示旧欧洲思想传统的根本缺陷，他阐明了他所主张的新欧洲思维方式的基本立场和主要内容。

二　对本体论认识论的批判

与韦伯的观点相似②，卢曼认为，只有旧欧洲的传统——即古希腊、古罗马和基督教的思想产物——促进和陪伴过现代社会的产生，并且至今还在影响针对这一社会的期待。但是，他强调，孕育了这一思想传统的社会——其独特的沟通方式和分化形式——已不再存在，所以虽然这一传统仍然是欧洲历史流传的组成部分，并且在影响着人们的思维和行动，但它已显然不合时宜，实际上在不停地被否定。③

卢曼认为，旧欧洲传统中具有支配地位的世界观可以用本体论概念加以描写。而本体论具有两个根本缺陷。一是

---

① Niklas Luhmann, 1996, *Die neuzeitlichen Wissenschaften und die Phänomenologie*; Niklas Luhmann, 1993c (1990), *Soziologische Aufklärung*, Bd.5, pp.14–30, pp.31–58, pp.228–234; Niklas Luhmann, 1993d, "Was ist der Fall? Was steckt dahinter?" pp.245–260; Niklas Luhmann, 2001, *Aufsätze und Reden*, pp.111–136, pp.218–242; Niklas Luhmann, 1985, *Soziale Systeme. Grundriss einer allgemeinen Theorie*, pp.647–661; Niklas Luhmann, 1997, *Die Gesellschaft der Gesellschaft*, pp.893–911, 1016–1035.

② Max Weber, 1984, *Die protestantische Ethik*, Bd.1, pp.9–11; Niklas Luhmann, 1993a, *Gesellschaftsstruktur und Semantik*, Bd 2, pp.222–223.

③ Niklas Luhmann, 1997, *Die Gesellschaft der Gesellschaft*, pp.893–984.

它将认识的前提设想为事实，这种设想与物理学或自然论的设想相似，可以被称为形而上学。而从这一设想出发，世界上的许多领域无法得以认识——如宗教领域的现象就无法被认识。二是悖论方案无法被这一设想所包含；这一方案本来是为爱利亚学派的本体论作辩护而被发明出来的，但自此以来，它一直被视为一种必须被回避的思想干扰[①]。在下文中，我们将看到，卢曼所主张的建构论的认识论是如何克服这一悖论难题的。

到底什么是本体论呢？在其1997年出版的主要著作《社会的社会》中，卢曼写道："作为本体论，我们想标示的是一种观察方式的结果，它从'存在/不存在'这一区分出发，并且将所有其他区分置于这一区分之后。在只有存在才在和不存在不在这一假设中，这一区分具有其不可模仿的说服力。作为被排斥的第三项的规律，这一点被纳入了逻辑学。通过这一规律，存在和思维互相证明着相同性"[②]。

在1990年给出的一个定义中，除了强调本体论思维对"存在/不存在"的区分这一基本特征外，卢曼还指出，借助这一区分，作为本体论者的观察者只标示自己认为重要的、具有衔接能力的、应在的（seiend）东西。这样，对于本体论的观察者来说，只有一个逻辑值、一种称号值可以

① Niklas Luhmann, 1997, *Die Gesellschaft der Gesellschaft*, p.895.

② 同上书，第895—896页。

使用[①]。

在此，卢曼实际上已经触及了自巴门尼德以来人们已熟知的一个问题：当我们说“在”并且以此将我们世界中的一些物（Dinge）确认为存在的（existierend）时，我们指的是什么[②]？恰恰是对这个问题的回答，使卢曼认为本体论的思维方式应该被扬弃。因此，我们有必要先认识一下欧洲思想传统中关于这一问题的答案。

首先，在对存在/不存在进行区分的基础上，本体论的思维对存在者进行考察时有一个最一般的假设：存在者是由无数个经验之物构成的整体；作为组成部分，这些“物”具有多样的特性和作用方式。其次，本体论继续假设，这些物理学意义上现实存在的“物”独具一种本体论的内核，即本质内核（Wesenskern）；正是这一内核在从存在者的最内部将这些物的多样特性和作用方式凝聚在一起。同时，从这一本质内核的设想出发，本体论提出了同一性（Identität）概念。这一概念的内涵是，有某种物在使某一现象成为它自身，使它能够作为此物或他物被辨认。这样，对本体论来说，构成性的提问是“什么”问题。比如，人是一种什么本体？上帝是什么？等等[③]。

---

① Niklas Luhmann, 1993c (1990), *Soziologische Aufklärung*, Bd.5, p.228.

② Helga Gripp-Hagelstange, 1997, *Niklas Luhmann. Eine Einführung*, p.15.

③ 同上书，第16页；Helga Gripp-Hagelstange, 2000, *Niklas Luhmanns Denken. Interdisziplinäre Einflüsse und Wirkungen*, Konstanz: UVK, pp.8–9.

在旧欧洲的思维中，存在者被理解为一个整体。这就意味着，在此思维中，主体性尚未被设计为独立的、生产思想的实体，而是被理解为总体存在者的一部分，尽管这一部分具有某种特殊的能力，即为解释存在而分解存在者的能力。而这一能力的推理法（Organon）则被想象为寓于语言中的逻各斯。因此，欧洲文化产生以来，欧洲思想家面对的挑战是，解释语言和逻各斯之间的关系，并由此解释思维和逻各斯之间的关系。亚里士多德探讨这一问题的方式和方法对欧洲思想史影响至深，并且至今仍然具有重要后果。但是，思想家对亚里士多德的理解和解释各异，导致了许多学派的形成[①]。德国哲学家戈特哈德·京特从逻辑学的角度入手，对亚里士多德的相关思想作了新的诠释，而这一诠释构成了卢曼本体论批判的基础。因此，我们应先综合一下京特的诠释。

京特认为，所有思想都具有我思考某事（物）这一“原始现象”情景之特征。因此，在他看来，要反思思维与逻各斯之间的关系，就必须解释“我思考”与“某事（物）”之间的关系。他还认为，古典思想做的也正是这项工作。在此，这一思想有一个基本假设，即意识应被理解为对存在的分享或参与。这样，思维本身所具有的自发性、运动性和矛盾性特征在对以上关系的解释中就获得了构成性的意义。如果“我思考”是一个如此这般的不可靠者，那么“某

① Helga Gripp-Hagelstange, 1997, *Niklas Luhmann. Eine Einführung*, pp.16–17.

事（物）”如何能在“我思考某事（物）”这一过程中获得“在”的地位，也就是最终意义上的某种本质内核的地位？京特发现，古典思想解决这一问题的方案是将“某事（物）”赋予与“我思考”完全相反的特征，即将其想象为某种恒定之物，某种永驻于其同一性中的不变之物，即康德所说的物自体。逻辑学中的第一定律——即同一律——使这一假设得以公理化。它将思维的最终指向确定为某种“自为之存在物”（Fürsichseiendes）。然而，所有思考都具有二值性的特性（如有 / 无、上 / 下、真 / 假等都可以被思考）。这样，原则上看，“某事（物）”在思维中就既可以正面地表现出来，也可以负面地表现出来。逻辑学中的第二定律即矛盾律就是为了限制思维的这种原初的二值特性而提出的。其内涵是对所有能够被思考的存在所提出的严格的要求：“存在不能将互相对立的规定统一于自身中”①。

现在的问题是，当思维关注正面的价值质（Wertqualität）还是负面的价值质时才能与存在相一致？古典形式逻辑的第三个公理，即排他律（tertium non datur）就是针对这一问题而提出的。它表明，“人们是将思维作为肯定还是作为否定设定为与存在相同一，原则上并不重要；人们只需坚守的是，鉴于这种绝对的二者择一，某一‘第三种’

---

① Gotthard Günther, 1976, *Beiträge zur Grundlegung einer operationsfähigen Dialektik*, Bd.1, 1976, p.9; 转引自 Helga Gripp-Hagelstange, 1997, *Niklas Luhmann. Eine Einführung*, p.18.

可能性无可妥协地被排除”[①]。京特进一步阐释，根据排他律，从本来意义上讲，绝对的即正面的存在与意识的否定是一回事，它们共同构成了“所有理论之意识规定的、系统地封闭的总体。在此，无关紧要的是，在具体情景中哪一种概念要素被评定为正面的（排他的），哪一种被评定为负面的（被排除的），如果这一相互关联的对立关系的系统性的封闭性不会被某一‘第三者’（逻辑的质性原则）所终止的话”[②]。

综上所述，我们可以确定，寓于亚里士多德的逻辑学中的本体论同一性方案主要意含着，所有表述都与某种同一体（ein Identisches）有关。亚里士多德称这种同一体为实体（Substanz）；在此后的哲学史中，它也被称为“绝对主体”（absolutes Subjekt）或“先验自我”（transzendentales Ich）。在本体论的思想中，关于认识的最终依据的理论方案比较多，但是，对这些不同的方案来说，有两点是共同的。其一，由于主体性被看作是超验的，所以认识过程的普遍有效性在逻辑上就得到了保证。其二，所有存在者的同一性被看作是认识的前提。这样，京特认为，逻辑学关注的仅仅是某种此在的客观性领域（Bereich einer daseienden Objektivität），

① Gotthard Günther, 1976, *Beiträge zur Grundlegung einer operationsfähigen Dialektik*, Bd.1, 1976, p.10; 转引自 Helga Gripp-Hagelstange, 1997, *Niklas Luhmann. Eine Einführung*, p.18.

② Gotthard Günther, 1976, *Beiträge zur Grundlegung einer operationsfähigen Dialektik*, Bd.1, 1976, p.11; 转引自 Helga Gripp-Hagelstange, 1997, *Niklas Luhmann. Eine Einführung*, pp.18–19.

是“存在的形式主义”[①]。

京特对古典思想的理解对卢曼有较大的启示。卢曼认为，所有版本的本体论的思考形式都“以存在者的同一性为前提”[②]。脱离了这一前提，二值逻辑的形式主义在技术层面将失去严密性[③]。但是，在卢曼看来，在现代社会中，恰恰是这一前提必须被放弃，并且他从京特那里找到了两个理由来支持这一观点。

其一，与京特相一致，他认为，在现代社会中，主体自律地生产着意义、生产着自己的同一性；这样，主体（性）无法再被想象为具有先验的位置，逻辑的形式主义也不能再简单地在主体和客体之间进行区分，而是必须考虑主体分散于许多“自我中心”（Ichzentren）的情况。“这却意味着，主体和客体的二值关系发生于数量众多的、互相之间不一致的本体论的位置当中。每一个单个主体都在用同一种逻辑理解世界，但是它在从存在的另一个位置出发理解它。其结果是，在所有主体运用同一逻辑的时候，它们的结论是相同的，而在这种运用从不同的本体论的位置出发而进行时，它们的结论是多样的”[④]。

其二，许多“自我中心”不仅在从不同的位置出发理

① Gotthard Günther, 1965, “Das Problem einer transklassischen Logik”, p.1291; 转引自 Helga Gripp-Hagelstange, 1997, *Niklas Luhmann. Eine Einführung*, p.19.

② Niklas Luhmann, 1993c (1990), *Soziologische Aufklärung*, Bd.5, p.19.

③ Niklas Luhmann, 1993a, *Gesellschaftsstruktur und Semantik*, Bd 2, p.241.

④ Gotthard Günther, 1965, “Das Problem einer transklassischen Logik”, p.1301.

解世界，而且它们还在创造一种对所有主体都具有约束性的客观性。这种客观性不是简单地溶化在多种单个的建构中，而是必须被视为某种涌现的产物。京特认为，要在思想上恰当地定位这一复杂情景，必须创建一种超古典的多值逻辑，“并且这一逻辑应被理解为古典逻辑的某种位置值——系统”[①]。

卢曼虽然认同京特对本体论的理解，但他并没有接受他提出解决这一问题的方案[②]。在京特对本体论理解的基础上，卢曼看到了本体论认识论的更多缺陷。在拓展对本体论批判的同时，卢曼提出了其差异论的认识论根据。

首先，在事实维度，卢曼拓展了对本体论的批判。他认为，在本体论的演变过程中，与物相关的存在论被拓展到了与种和类相关的领域，从而限制了人们对世界的理解和认识论的发展。他指出，在“存在 / 不存在”这一本体论的区分基础上，“物”（Ding, res）的独立性和世界的统一性通过存在得以保证。单个的物可以独立地、不依赖他者介入而存在，因为其存在只须与其不存在相区分，而其不存在又与它们毫无干系[③]。在种和类的层面，这一原则还通过另一逻辑规则得以补充，即一种命名同时排斥着其对立面（如一匹马不

---

① Gotthard Günther, 1965, “Das Problem einer transklassischen Logik”, p.1301; Helga Gripp-Hagelstange, 1997, *Niklas Luhmann. Eine Einführung*, pp.20–21.

② Niklas Luhmann, 1993a, *Gesellschaftsstruktur und Semantik*, Bd 2, p.241.

③ Niklas Luhmann, 1991a, *Soziologische Aufklärung*, Bd.1, pp.55–56.

能是一头驴，一个好人不能是一个坏人，等等）。这样，存在就获得了独特而且绝对的地位。但是，存在排斥着不存在，却并未排斥其他的物；世界也被想象为由可见和不可见之物以及它们之间的关系所构成。卢曼认为，本体论的形而上学的这种对思想的预先规定一直限制着欧洲的思想。这一限制有诸多表现，如康德将物自体作为其思想的基础之一，尤其是 19 世纪中叶以来的认识论和新康德主义在反思相关问题时只作一些方法论上的探索，而避开认识论的根本问题，等等[①]。

卢曼发现，本体论的基本区分“存在 / 不存在”奠定了一种基本的不对称。在此区分的基础上，人们只思考存在，而彻底忽视不存在，通过排斥不存在而建构出一种完整的存在[②]。这种基本的不对称还构成了传统中所有不对称的对立的基础：包括物、种、类的不对称以及规范和美学评价的不对称，等等[③]。由于人们只关注区分出的正面即存在或有效的一面，所以这种对立的不对称构成了一种等级的世界设计的基础。人们往往认为，在他们自己确定的存在和有效性基础上所建立起来的世界秩序是完美的、合理的和高级的，以不存在（或其他存在）为基础的世界秩序则是不合理的和低级的。

---

① Niklas Luhmann, 1997, *Die Gesellschaft der Gesellschaft*, p.899.

② Niklas Luhmann, 1991a, *Soziologische Aufklärung*, Bd.1, p.26.

③ 值得强调的是，虽然卢曼认为只有欧洲人用本体论概念描写过自己的宇宙观，但是对世界和社会进行不对称的描写却是所有前现代社会的共同特征。比较 Niklas Luhmann, 1997, *Die Gesellschaft der Gesellschaft*, pp.893–895.

同样，在卢曼看来，本体论对时间的分析也遵循着同样的图式，即肯定一部分，否定一部分，排除第三项。在此基础上所做的分析和解释未勉牵强，甚至使本体论的解释图式本身陷入悖论。从亚里士多德到黑格尔，哲学家的提问往往是，时间存在还是不存在？由于存在之物既可以是不变的，也可以是变化的，这一提问就导致了一种悖论出现，即存在在此不能单纯地通过排除不存在而得以确定。卢曼发现，有关思想家正是通过分解这一悖论而理解时间的。在此，人们引入了“不变之物 / 变化之物”这一第二区分（第一区分为存在 / 不存在）。在本体论的图式中，不变的东西具有存在的品质；这样，观察者可以不必总是关注它，因为它是不变的，关注它不会得出什么新发现；他可以将不变的存在预设为世界框架而放置，从而只关注世界中发生的事情。在此，人们实际上在假设有一种脱离时间（tempus，及流逝）的时间（即永恒）存在。与此相对应，人们生产出了一种可以被划分为不同形式的运动概念，以便确认时间不能简单地等同于运动或过程或辩证的过程。这种做法使卢曼发现了一个根本问题，人们能够确认的东西即运动应该还具有另一面，而这一面只是逃避着标示。在传统的思想中，人们用运动 / 不运动这一区分遮盖着这一问题。

与当代一些哲学家的观点相似，卢曼认为，本体论的这种时间理解实际上排除了另一种要素，即“之间”。在将时间理解为某种运动，即理解为过去和将来之间的过渡时，本体论认为过去和将来之间只有不存在。这种在时间理解上排除“之间”的做法被运用到了所有其他理解上，比如对整体的理解上。在此，构成整体的部分被区分开来，同时，将它们联结成整体的东西即“之间”被忽视或排除。关于这一思维方式，卢曼总结道：“所有界线，所有间隙，所有‘之间’都属于‘虚无’领域，或者更精确一点：属于本体论的（通过‘存在’的观察形式）被排除的第三项”[①]。

基于以上分析，卢曼指出，本体论的认识论实际上基于两种排除，一是将虚无从存在中排除，二是将“存在/不存在”这一区分以外的事物即第三项排除。为了绕开这一问题，本体论只对“存在者本身是什么”这一提问感兴趣，从而将关系问题的意义严重忽略。

这一“关系问题”在时间和事实层面都表现为“物之界线”问题。在时间层面，本体论将时间理解为过去和将来以及它们之间的流动，但从根本上排除之间的存在，即排除了过去和将来之间的界线问题。在事实层面，通过简单地排除“不存在”和“存在/不存在”以外的第三项，“界线问题”也被消除了[②]。存在概念因此变成了一个极其一般的概念，变成了一切物和形式的媒介。

如果说本体论为了保证“存在”具有可理解的现实而引入物质（Materie）概念，那么其所具有的一切认识论的观点

---

① Niklas Luhmann, 1997, *Die Gesellschaft der Gesellschaft*, p.901.

② 同上书，第901—902页。

也被运用到了对观察和观察者这两个对卢曼的系统理论具有核心意义概念的定义上。观察活动本身被赋予了存在特征。在前文中我们已讨论过卢曼的观察概念，在后文中我们还将详细讨论他的这一概念。此处我们想强调，其观察概念包括设定和标示差异两种操作。在此，对观察者和被观察者的区分是第一区分。在这一思想的基础上，卢曼对本体论进行了批判。他指出，在本体论的符号学中，对标示和被标示之物以及对天物（自然）和技术（工艺）的区分均被赋予了存在的特征。这样，对传统思想来说，对观察者和被观察者的区分变成了第二区分。这一区分表达着存在，并且使之对思想具有反身性（Reflexivität），以至于人们认为，当思想确认存在的时候，它抵达了其自然的终端。[①]

也就是说，对本体论来说，思想只需要围绕存在而展开。这就导致在本体论的思想中，所有被区分和认识之物都是从存在出发得以区分的。日常生活中的所有现象都是如此被认识的；一些从存在中消失的事物也被用存在加以解释，并被解释为废墟、尘土、灰烬等，甚至灵魂也被理解为可以升天或入地狱的。

卢曼发现，在将“存在 / 不存在”确定为首属区分之后，本体论对待其他区分的策略是将它们当作对存在的“划分”（Einteilungen）看待。亚里士多德以来，首属划分被称

① Niklas Luhmann, 1997, *Die Gesellschaft der Gesellschaft*, p.902.

为“范畴”（Kategorie）。但卢曼认为，作为划分的范畴概念掩盖了某种由区分导致的悖论，任何区分的结果都只能是悖论的统一，即被区分的两边由区分这一操作联结在一起的统一。而本体论却将这种多样的统一分解在划分当中，分解在不变的存在范畴当中。卢曼一针见血地指出，这种掩盖悖论的做法与本体论所依附的社会形态中的包容原则是一致的，在此社会中，每一个人在社会分化中都具有自己的位置，并且这些位置被看作孤立的、不变的。但是，事实上它们却是相互依存的、处于悖论关系中的，没有奴仆就没有主人，没有平民就没有贵族，等等；反之亦然。[①]

卢曼暗示，在存在基础上所作的区分和划分随着时间的推移需要不断更新（比如，贵族的后代需要不断与其他人等区分开来并被划分为贵族等级）。为此，人们必须坚守起源的统一，即维护人类原初未被区分或者有一个本身不被区分的本体存在的信仰。这一信仰即是对作为初始、原因和原则之原则的上帝的信仰。在许多相关著作中，卢曼都指出，上帝之所以显赫，之所以是神而不是人，是因为他创造了由区分构成的世界，并且给了人以做区分的自由，但他自己却是不可区分的[②]。这种信仰与贵族世界的构造高度一致。在贵族世界中，出身和才干是不可分的统一体，美德被看成是某种

① Niklas Luhmann, 1997, *Die Gesellschaft der Gesellschaft*, pp.902–903.

② 同上书，第 903 页；Niklas Luhmann, 2000a, *Die Religion der Gesellschaft*, pp.153–154.

家产；这一家产被传给后代，但后代有失败的自由；等等。卢曼指出，实际上，上帝和贵族都是区分的产物，它们的存在与其他本体的存在一样，都不排除他者的存在，只是排除某种存在同时是其他存在这一可能性。在此意义上，上帝和贵族在卢曼的批判眼光下失去了神秘色彩。

本体论的认识论包含的另一个问题是，它为了解决关于存在的表述不一致问题而发展出来的逻辑问题。本来，当认识的起点被确定为存在而不是观察者（人！），并且当观察本身被视为存在方式、被视为表象的符号使用或其被动的印象时，关于同一物的看法应该是一致的。但是，在社会中出现的情况恰好相反，恰恰是当人们生产关于存在者的陈述性表述时，会出现多样的表述；而当观察指涉存在的同一性时，这种情况则更明显。为了解决认识的不一致问题，本体论试图通过区分两种知识来限制现象领域，一种是严格的知识（episteme），另一种则是观念知识（doxa）；前者通过一些思考和研究可以被一致确认（如数学、物理学中的知识就是如此），后者则被看作可能性而被默认。此外，为了在严格知识的领域取得一致，本体论还发展出了检验真理的另一个层面，即卢曼所说的二阶观察层面[①]。在这一层面，人们

① 二阶观察指的是对观察的观察。如果我们笼统地将人类的认识活动称为一阶观察，那么对这种观察的观察就是二阶观察。比较 Niklas Luhmann, 1986, *Ökologische Kommunikation. Kann die moderne Gesellschaft sich auf ökologische Gefährdungen einstellen?* p.52.

可以运用真理和谬误目录（标准）来就某种知识或认识进行沟通并寻求一致。这里的问题是，姑且不论这些目录和标准本身是否可靠，单单是观念知识不具有本体论所要求的确定性，这一点已经证明了其区分逻辑的限度。

受京特思想的启示，卢曼指出，本体论的世界观察的基本轮廓既是单值的，又是二值的。本体论的存在图式是单值的。在“存在 / 不存在”之区分的基础上排除不存在之后，本体论只关注存在，只赋予存在的命名功能，即只认同存在这一个值。而本体论解决观念多样性的区分逻辑却是二值的。自古希腊城市的辩论文化产生以来，人们即开始关注思想（卢曼更多地用观察概念来取代思想概念）本身，关注观察的多样性，其结果是人们生产出了一种自我包容的区分，即“存在 / 思想”之区分。当思想或观察本身被主题化时，在逻辑上在真实 / 不真实这两个值之间存在一种互换关系，在此两个值都是可能的。卢曼强调，这种逻辑上对称的二值性显然是为本体论的单值的认识服务的；有了这种二值性，观察或思想的自由才成为可能，因为观察的结果可以是能够被纠正的错误。当然，这种对观察自由的定义与先验论、辩证论和建构论的定义并不一样。这一点我们在后文将会讨论。这里还必须提到的是，卢曼揭示本体论的这种不对称性和对称性并具的特征，是为了指出其与某种社会状况的对应性，不对称的区分对应于某种等级对立的社会秩序，即由贵族和平民、城市和农村等对立关系构成的秩序。这样，作为秩序的价值基础，不对称性获得了优先地位。

如前所述，本体论在存在中区分了存在和思维，并且借助这一区分导出了古典逻辑的前提，即同一律、矛盾律和二值逻辑对第三项的排斥。这样，本体论简化了对世界和社会的描写。而由于前现代社会本身结构简单，这种描写方式就显得与社会真实相适应。在这种描写中，人们想象有一种世界和社会连续统存在，并且这种连续统中的一切事物都具有存在者或可见或不可见的物的形式；物之间的区别被理解为其本质的区别。这样，世界得以分类性地（dihairetisch）加工，个体被归入种和类，而种和类又可以基于存在和思维（或思想）得以区分。卢曼进一步指出，在古希腊的科学或者在古罗马的法律中，人们已经在对知识进行反思或者至少是转述，即当时已经出现了二阶观察。这一认识技术构成了中世纪唯名论和唯实论之争的基础。在此争论中，人们在唯名论和唯实论这两边均对个体和种或类进行区分。也就是说，与当时的社会结构相适应，人们的认识有所复杂化。而到了现代早期，认识领域则出现了一种二分的辩证法（ramistische Dialektik）和柏拉图主义的创新并存的局面。在这种认识论变化的基础上，人们一方面抱守着对社会等级构成的想象，认为每一个人的社会位置是天赋的、不可改变的（比如，在现代早期，如果一个人将自己想象成另一个人或者想成为另一个人，他被视为有狂想症迹象）。另一方面，尤其是 17 世纪中期以来，霍布斯等人提出的一种新的个人概念突破了本体论的前提，个人不再是存在的再现，而是被理解为自我的表现，理解为有记忆的存在者，等等[①]。

在本体论作为主导的认识论的时代，由于表现很重要，所以人们总是试图排除或避免沟通中的杂音、矛盾和悖论，使表现显得与身份相一致。为此，神学家和哲学家生产出了一些普世化的技术（如给基督教信徒和异教徒分别贴上不同的行为标签）。社会主要建立在本体论的划分和普世化的基础之上，被构想成不同种类的人。卢曼发现，在传统社会的修辞和诗歌中，悖论被允许出现。但是，他认为，在此悖论并没有被作为悖论而得到承认和重视，而是在某种特殊的隐念支持下被接受，即首先运用普世化的抽象进行迷惑，然后揭露这种迷惑，以便使本体论的普世化技术得到质疑。但是，对卢曼来说，这里的问题是，通过揭穿迷惑这种方式并没有使排斥悖论的根本局面得到改变。他认为，是康德开启了一种新的思考传统，拒绝了传统的种和类的思维，使辩证法这一概念能够得以自由地应用。[②]

卢曼发现的本体论思维的另一局限是其类比的运用。这种运用主要发生在本体论的形而上学中。在形而上学中，自然概念是一个核心概念，它涵盖所有被认为非人工生产的事物，人和社会秩序本身被类比为自然。人和其他高等存在物被看作可以认识其自身本性的自然之物。在亚里士多德的传

---

① Niklas Luhmann, 1997, *Die Gesellschaft der Gesellschaft*, p.907.

② 同上。

统中，所有认识都具有确认存在这一自然目标；甚至诗文和实践活动也必须遵循这一目标，必须以存在之连续统为基础获得信服。在此类活动中，逻辑的功能仅仅在于纠错，即纠正人们不符合真理（实）的认识。由于形而上学将人的本性理解为善，所以恶或者坏也被认为是由错误引起的。卢曼认为，本体论中的存在实际上意含着完美和和谐。这种世界态度即使在莱布尼茨的单子论中也未被放弃。莱布尼茨虽然将存在分解为单个的存在者，但他认为这些单子只能存在于某种预先稳定化的环境中①。这样，本体论的形而上学将自然、人和社会秩序进行类比的目的就清晰地呈现为保守的、维护某种世界秩序的和在某种宗教意义上颠倒世界秩序的意涵②。

卢曼进一步指出，在本体论的世界解释中，在时间层面，悖论问题也被思考过，但并未得到解决。他发现，在亚里士多德的思想中，未来就被排除在外，因为亚里士多德认

---

① Niklas Luhmann, 1997, *Die Gesellschaft der Gesellschaft*, p.909.

② Niklas Luhmann, 1997, *Die Gesellschaft der Gesellschaft*, p.908. 卢曼对本体论的形而上学的认识目的一针见血的批判表明，他的世界观及理论是进步的而非保守的。在传统社会中，人被固定在不同的等级中，一些等级的特权建立在另一些等级的被奴役和被束缚的基础之上，而本体论的形而上学的认识论和宇宙观正是为这种现实服务的（比较 Niklas Luhmann, 1995, *Soziologische Aufklärung*, Bd.6, p.156）。对这种关系的揭示本身就是一种进步。关于卢曼的政治观点和理论是否保守这一问题，可参见他自己的说明（比较 Niklas Luhmann, 1987a, *Archimedes und Wir*, p.152; 汤志杰，2008，第 380 页）。

为，对于未来，人们在当下无法做出真理或谬误的判断。但是，亚里士多德并没有在未来中发现自由——对卢曼来说，当下总是人们在做出一种区分后选择被区分的两边中的一边所进行的操作；与这一操作相衔接的下一个操作即是未来，而这下一个操作可以发生在一个新区分的任何一边，因此这意味着选择的自由。在时间维度的另一端，即在涉及起源问题时，本体论的解释也面临悖论问题：要确认起源的存在，必须回答此前是什么的问题；这样，起源的存在就无法确认。

卢曼揭示的本体论的另一个缺点是其原则性的二元对立的世界观。他认为，除了存在 / 不存在这一区分之外，本体论还将这一区分与道德相勾连，在宇宙学意义上对上天的和地狱的势力进行区分。这两种区分之间的关系构成了本体论的哲学家和思想家长期思考的主题。

但是，本体论区分的目的和意义在于，在排除谬误的前提下确认作为观察结果的趋同现象，即确认统一、确认一致（共意）[①]。面对这种延续了几千年的认识追求，卢曼提出了一个简单而又带根本性的质疑：如果在存在 / 不存在之间进行区分是认识的必要前提，那么统一如何可能？他认为，在这一问题意识的作用下，晚近的思想家更加倾向于用描写自我经验的概念如世界关系的直接性、生存（Existenz）等来进行

① Niklas Luhmann, 1993c (1990), *Soziologische Aufklärung*, Bd.5, p.11.

思考——因为这些概念可以不依赖存在 / 不存在之区分而得以运用。卢曼预言，如果人们停留在形而上学的框架内，也许会否定传统的在场前提（单值性）和逻辑中心主义（二值性），从而生产出一些对立概念。但他暗示，如果此类对立概念所批判的内容不被弄清，那么它们的地位也难以确定[①]。

以上关于本体论缺陷的讨论已经表明，卢曼所批判的内容主要在于本体论在做出存在 / 不存在的区分时，将区分的两边中的一边即不存在完全排除，从而只关注存在这一边。在此基础上，本体论的世界描写只能是单值的、单方面的，尽管它是完美的、完整的、一致的。[②] 这种描写与前现代社会的分化形式相一致。在前现代社会中，社会被划分为中心（城市）/ 边缘（农村）或者不同的等级；社会主要是从中心或者社会上层的位置被描写的；描写方案只能是本体论地被理解的方案；在这类方案中，包含了许多不透明性的社会和世界得以完美地再现；相应的权威既可以保证这类方案被采用，也可以占有关于真理和谬误的判断权。这样，通过将人们的思维捆绑在二值逻辑上，本体论能使人们并且强迫人们不再提问，默认置身于其中的延续了千百年的秩序。这里，存在其实是一些日常的可理解性：贵族或者文明的生活方式，城市或农村的生活差别，等等。

自马克思提出经济基础决定上层建筑的观点以来，学者

① Niklas Luhmann, 1997, *Die Gesellschaft der Gesellschaft*, p.910.

② Niklas Luhmann, 1993a, *Gesellschaftsstruktur und Semantik*, Bd 2, p.232.

们往往倾向于根据思想家对二者之间关系的看法而将他们归类于唯心主义者和唯物主义者。卢曼虽然给自己贴上了建构论者的标签[①]，但在涉及认识与现实的关系时，我们却发现，他的思想具有明显的唯物论的色彩。他认为，是广泛意义上的社会结构（现实）决定着语义学（认识论）。在这一基本假设的基础上，卢曼认为，到了近代，适合中心 / 边缘分化（区隔分化或块状分化）和等级分化社会的语义学受到了严重的挑战，因为社会结构已经发生了显著的变化；社会已经明显地进入了功能分化的时代。这种社会结构只能由另一种语义学来描写，而这种语义学的基础则是另一种认识论，即差异论的建构论。

三　差异论的建构论

在当代一些思想家尤其是德国哲学家京特对本体论的批判和关于走出本体论的认识论局限的思考的启示下，卢曼得出了自己的结论：作为认识论的基本取向，主体 / 客体的区分图式必须被彻底放弃；人们必须认识到，主体只是二值图式化的观察技术的产物；主体本身的优势地位值得怀疑[②]。认识是意识系统的建构。主体概念标示着人类个体（动物也是

① 关于这一点，可比较 Niklas Luhmann, 1993c(1990), *Soziologische Aufklärung*, Bd.5, p.10; Niklas Luhmann, 2001, *Aufsätze und Reden*, p.218.

② Niklas Luhmann, 1987b, *Die Richtigkeit soziologischer Theorie*.

个体）解决复杂性问题的形式，这种形式既是主体在自身中解决问题的形式（意识系统的操作形式），又是它在客体中解决问题的形式。而认识论的任务即在于解释和继续加工这种同时性，即解释意识系统面对外部环境所进行的操作活动①。

卢曼的思考是从唯心主义认识论的提问和激进的建构论的提问之间的差别出发的。他指出，唯心主义思考的核心问题是，认识（或主体）如何能够确认自身之外的某一认识对象？或者说，尽管认识（或主体）不能进入自身之外的、独立于自身的现实，认识如何可能？唯心主义认识论要解决的问题因此是认识与现实对象之间的差异中的统一问题。激进的建构论则从一种经验断定出发，它认为正是因为认识不能进入自身之外的现实，所以认识是可能的——认识是基于现实的建构②。

卢曼经常引用的激进的建构论的代表人物是德国哲学家海因茨·冯·弗尔斯特（Heinz von Foerster）。在后者看来，大脑之所以能够生产信息，是因为它通过自身的密码化而面对环境呈现封闭状态，即由其自身的操作构成的网络具有反身性和封闭性特征③。卢曼延伸了弗尔斯特的思想，认为作为

---

① Niklas Luhmann, 1993a, *Gesellschaftsstruktur und Semantik*, Bd 2, p.237.

② Niklas Luhmann, 1988: "Erkenntnis als Konstruktion" , in: Niklas Luhmann, 2001, *Aufsätze und Reden*, pp.218–242(219); Niklas Luhmann, 1993c(1990), *Soziologische Aufklärung*, Bd.5, pp.34–35.

③ Heinz von Foerster, 1985, "Entdecken oder Erfinden: Wie lässt sich Verstehen verstehen?" In: Heinz Gumin & Mohler Armin (Hrsg) , 1985, *Einführung in den Konstruktivismus*, pp.27–68.

意识的心理系统和作为沟通的社会系统均具有面对环境的封闭性特征，因此能够生产相应的信息①。

卢曼指出，主体理论和客体理论在解释主体（意识）和客体之间的认识和被认识关系时要么没有发现，要么回避了意识系统的封闭特征，也即它面对外部环境并与外部环境脱钩的特征。主体理论想解决的问题是，主体如何通过内省而能获知他人面对世界的行为方式和认识方式？它能够确认的是，主体无法进入其他主体的世界经历；但是，通过对自身意识的反思，主体可以知晓其他主体对世界中的认识对象进行规整的原则。这里，主体理论实际上设定了一个前提，即对所有主体来说，都只存在一个共同的世界、一个可以共同观察的世界。这样，主体理论无法将每一个主体想象成一个封闭的、与外界脱钩的认识系统，从而在此基础上思考认识的条件。客体理论则将认识理解为某种确定的客体中的状态或现象，从而忽视了主体与环境之间的关系——这种关系在卢曼看来可以是漠视、脱钩和封闭，也可以是选择的相关性和刺激②。

为了修正主体理论和客体理论，卢曼建议用系统 / 环境这一区分取代主体 / 客体区分。这样，认识的前提就不再是

① Niklas Luhmann, 2001, *Aufsätze und Reden*, p.219.

② Niklas Luhmann, 1985, *Soziale Systeme. Grundriss einer allgemeinen Theorie*, p.256; Niklas Luhmann, 1993c(1990), *Soziologische Aufklärung*, Bd.5, p.35; Niklas Luhmann, *Die Gesellschaft der Gesellschaft*, p.597; Niklas Luhmann, 2001, *Aufsätze und Reden*, pp.220–221.

某种共同的世界，而是观察的系统所进行的观察；由系统的封闭性导致的系统与环境的脱钩具有建设性的意义，因为其结果是系统的细分[①]。将认识视为系统进行的观察，这是卢曼意义上的建构论认识论的核心观点。

卢曼所主张的建构论认识论的基本出发点是以下命题：认识的系统是存在的，也就是说，所有认识的系统都作为现实的系统存在于现实的环境中[②]。在此，认识的系统可以是细胞、免疫系统、大脑、意识和沟通系统。在此基础上，卢曼认为，系统在环境中如何创造认识的问题首先就可以置换为系统如何与其环境脱钩的问题，即弗尔斯特所说的封闭如何通过包容得以可能的问题：认识的系统既独立于环境，又不断从环境中获取信息，这如何可能？

首先，卢曼关注的问题是，系统的封闭是如何可能的？他的答案是，系统生产着自己的操作，并且在其重提的回溯和前瞻（rekursive Vor-und Rückgriffe）构成的网络中再生产着这些操作，从而再生产着自身。卢曼借用智利生物学家马托朗诺的"自我生产"（Autopoiesis）概念描写了这一现象，并且进一步指出，任何系统（包括认识的系统）都不可能超出自身的边界而进行操作。而对卢曼来说，自我生产意味着对"同一性和差异之间的差异的操作"[③]。由于这种一般的界

---

① Niklas Luhmann, 2001, *Aufsätze und Reden*, p.221.

② 同上。

③ Niklas Luhmann, 1985, *Soziale Systeme. Grundriss einer allgemeinen Theorie*, pp.25–26.

定尚无法确认是否自我生产的系统所做出的所有操作都可以被视为认识，卢曼建议引入观察概念，用以在更狭义的基础上定义和描写认识。而区分（设定差异）和标示（差异）这两个概念又构成了观察概念的基础。

如前所述，观察由设定差异和标示差异这两种操作构成。当某物被与他物区分开来并且依赖于这一区分而被标示时，就出现了一次观察。而在卢曼看来，认识正是通过观察和对观察的记录（描写）而得以生产的。卢曼强调，观察概念不依赖于系统的自我生产的形式，也就是说，生命系统、意识系统和沟通系统的操作都可以构成观察；与此相关，观察概念也独立于观察被记录的形式——这种形式可以是生命系统和意识系统中生物化学的记录，也可以是书面文本记录。但重要的是，观察和观察的记录本身必须是自我生产的操作。只有这样，这种操作才发生在系统中，才能生产出认识的系统与其环境的差异，从而生产出自身的封闭性。同时，卢曼对认识系统的操作是否都具有认识取向这一问题作了进一步的界定。他指出，某一认识的系统（比如意识系统）所做的所有操作并非都是观察的和描写的操作（即认识的操作）——比如某人在地铁上看见某人吐痰而未留意这一行为，这就不是一种认识的操作；同时，并不是所有认识的操作都仅仅是认识的操作——比如，一个在沙漠上行走的人感到干渴时见到了一洼水，捧起一捧水并用舌尖尝了一小点水，这一操作就既是认识水质的操作，又可能是解渴的操作，即我们通常所说的一举多得的行为。

很显然，对卢曼来说，认识是系统对环境进行观察的结果。这就意味着，认识不同于环境，或者用通俗的话来说，认识不同于其认识对象。之所以如此，是因为环境本身并不包含区分，而仅仅是作为自身而存在，以自身的方式而发生着、流逝着。而由于对卢曼来说，一切外在于某一系统、某一观察者的人和事物都属于环境，所以环境中的其他观察者是否具有他所确定的“不包含不同存在和可能性”[①]特征，就成了一个问题。但卢曼强调，即使发现环境中有其他观察者存在，这种发现也是某一观察者观察的结果：他必须将这些观察者与其所观察之物区分开来。这样，卢曼断定，所有被观察者（之物）——包括对观察者的观察——都是观察者的自身绩效。更激进地说，如果没有认识的系统进行区分并且标示出被区分之物，那么环境中就不存在物和事件，甚至环境和系统本身都不存在。因为环境总是相对于某个系统才成其为环境的，而系统又只是有了区分和标示后才出现的并被建构出来的。对卢曼来说，差异是一切认识的开端，对系统和环境的区分本身是一种引导认识的操作。[②]

卢曼强调，将认识看作系统进行区分操作的结果，这并不意味着否定环境的现实存在，也不意味着否定认识系统之外有他物，而是意味着对认识来说，现实或世界本身是建立

① Niklas Luhmann, 2001, *Aufsätze und Reden*, p.223.

② 同上书，第 224 页。

在区分的基础上的；对现实或世界的标示表述着通过某种区分而得出的差异（被区分之物）的统一，而这种统一恰恰是现实或世界之名称的精神。这里，卢曼一方面接受了传统思想中将世界视为整体的观点①，另一方面又通过将世界解释为区分的结果即差异而修正了这一观点。

这样，对卢曼来说，在认识的系统进行区分之前，世界处于一种原初的、未被触碰的状态，而当某一认识的系统设定了一种差异并且标示这一差异之后，它一方面划定了自身与世界的界线，另一方面也切入了世界这一未标示的空间（unmarked space）②。这样，区分既是认识的基础，又是使系统自我封闭的基础。但是，卢曼指出，认识的系统所做的区分本身又是系统的一个盲点，因为任何系统在做出某一区分时都无法同时对这一区分本身进行区分或观察。对这一区分进行区分的操作只能是对认识操作的一种观察，即观察的观察。比如，"A 存在"就是认识的系统将 A 与它物区分开来的一次认识操作，而"A 存在，这是真实的"这一命题则是对前一认识操作所做的一次认识操作③。卢曼因此强调，对建构论的认识论来说，认识仅仅是某种可以与其他操作区分开来的操作。这意味着，作为操作，认识是否发生，仅仅依赖

---

① Niklas Luhmann, 1997, *Die Gesellschaft der Gesellschaft*, pp.912–913.

② Niklas Luhmann, 1993c(1990), *Soziologische Aufklärung*, Bd.5, p.37; Niklas Luhmann, 2001, *Aufsätze und Reden*, p.224.

③ Niklas Luhmann, 2001, *Aufsätze und Reden*, p.225.

于认识系统的自我生产在这种操作出现以后是否能够继续下去。比如，某人在山上见到了一块引起他注意的石头，因为这块石头的颜色对他来说很独特，如果他继续关注这块石头的形状、结构、体积、重量等，那么他在认识这块石头，否则他没有认识这块石头。

正是由于认识的发生只依赖于认识的系统是否生产后续操作，所以卢曼指出，对建构论的认识论来说，认识生产出真理还是谬误，这一点并不重要。无论生产真理还是谬误，认识的系统（即生物系统、意识系统和沟通系统）所经历的过程是相同的。比如，在沟通系统生产真理或谬误时，其所使用的注意力和语言都是类似的。这里就出现了一个问题，认识的系统如何观察自己以便区分出自己所生产的是真理还是谬误并修正谬误？

卢曼对这个问题的回答是，有多种可能性可以使系统具有自我观察的能力，但是，二值密码化（binäre Codierung）似乎是系统进化所导致的系统自我观察的最一般的手段[①]。比如，科学系统就是通过"真实／不真实"这一密码来进行区分的[②]。而当认识论被理解为对观察自我的观察之系统进行观察和描写的理论之后，卢曼认为有必要对不同种类的区分进行区分；并且，他认为，只有能够做出这些区分、将这些区分互相联系起来，同时破解在此过程中出现的悖论的认识

① Niklas Luhmann, 2001, *Aufsätze und Reden*, pp.225–226.

② 同上书，第 226 页。

论，才是建构论。卢曼指的主要是以下几类区分。（1）对一阶观察者、二阶观察者、三阶观察者等系统指涉所进行的区分，即区分每一阶的观察者所做的系统和环境区分。比如，某人观察一块石头，他所得出的关于这块石头的一系列结论就构成了一个系统，而“石头”系统之外的所有其他事物则是环境；观察这一观察者的观察活动的人则是二阶观察者，他对此人观察石头的活动的观察构成了另一个系统，此系统之外的所有他物则是环境；等等。（2）对自我观察和他者观察进行的区分。自我观察是系统对自己所进行的观察活动所做的区分，即我们通常所说的反思或反省；他者观察则是另一系统对某一系统的观察活动所进行的观察，比如政治系统对科学系统的观察活动所做的观察。（3）对某一系统所做的观察本身进行区分，即分清观察者是在观察被观察之物，还是在观察自己的观察（即进行反思）。（4）对真实/不真实这一二值密码形式的区分与其他形式的观察和二值密码进行区分[①]。

与因果解释的认识论不同，建构论的认识论因此完全建立在对区分进行区分的基础之上。但是，卢曼强调，如果有三种系统——即生物系统、意识系统和沟通系统（社会系统）——在建构真实，那么关于这些系统所生产的认识的理论是不同的。关于生命的自我生产和意识的自我生产的认识

① Niklas Luhmann, 2001, *Aufsätze und Reden*, p.226.

论可以外在于这两种认识，尽管其自身的自我生产也像其观察对象那样依赖于同样的生物化学的和生物学的过程。而关于沟通系统的认识的理论却不可能外在于这一系统。由于只存在一个由沟通构成的社会，所以关于沟通的自我生产的理论即社会科学的认识论只能寓于社会当中，只能是自我包括的理论。它要观察自身，只有依赖系统分化——比如学术系统中认识论、方法论、经验研究等子系统的分化。

那么，认识系统的分化是如何可能的呢?

卢曼首先从康德的时间论点出发对这个问题进行了探讨。他指出，在《反对唯心主义》一文中，康德提出了如下观点：相对于运动性的操作来说，环境处于固定的状态，它允许返回、重复等操作出现 。卢曼发现，康德的这一观点包含了三点模糊之处。一是在康德看来，固定之物的固定性是其在时间这一流逝中存在的条件；而卢曼认为，固定性最多只是其存在得以辨认的条件，即建构的结果而非某种自然属性。二是固定的环境并不允许认识系统返回，也就是说，当认识系统重复认识同一对象时，它进行的操作并不是简单的重复，而是重新认识。三是认识系统本身可以使用不变的标示（名称）来模拟变化之物（如用运动概念表示运动）。这些现象表明，认识系统本身的分化可以导致一些与环境同时地，但并非同节奏和同步地得以规整的状态出现。这一点也证明，环境本身包含着时间上的非连续性，以至于认识的系统可以将自身的操作与其区分开来，生产出自身的连贯性[①]。

受哲学家弗里茨·海德的有关思想的启示，卢曼引入了媒介（Medium）和形式（Form）两个概念用以进一步讨论和分析认识系统的分化问题。在1926年发表的《物和媒介》一文中[②]，海德探讨了与物保持距离的感知得以可能的现实条件问题。他指出，是外部世界的某种特性构成了这一条件：在外部世界中，人们可以区分出物质内部相对松散的和相对紧固的耦合（如空气和声音、光线和固态物中的耦合），而恰恰是这种耦合的差异构成了认知系统清楚地感知的条件（比如，当空气自身变成声音时，人们就可能无法感知某物发出的声音）。换句话说，在海德看来，只有当具有不同耦合的物理学的底物（Substrat）存在时，才可以形成认识系统，因为在这种耦合差异的基础上，系统可以观察差异的某一边，即紧固耦合的一边。卢曼称松散耦合的一边为媒介，紧固耦合的一边为形式。二者之间的差异构成了感知的潜在结构，也构成了感知的条件，但它本身无法被感知，而只能被关于感知的理论所认识。这种理论即为认识论，或者用卢曼的话说是“二阶控制论层面的感知理论”[③]。

通过将“媒介 / 形式”差异普遍化，卢曼认为，所有

① Niklas Luhmann, 2001, *Aufsätze und Reden*, pp.230–231.

② Fritz Heider, 2005, *Ding und Medium, Symposium I*, pp.109–157; Niklas Luhmann, 2001, *Aufsätze und Reden*, p.231; Niklas Luhmann, 2000a, *Die Religion der Gesellschaft*, p.20.

③ Niklas Luhmann, 2001, *Aufsätze und Reden*, p.231.

领域的认识都可以得到如此描写。比如，语言的结构在听觉和视觉上就呈现松散的耦合状态，它构成了语句的媒介。货币则构成了物价形式的媒介。但是，在强调媒介和形式的差异作为认识的基础的同时，卢曼进一步分析了二者之间的关系。其一，他认为，媒介不能被形式的生产所消耗，而必须自我再生；否则，二者间的差异将消失，认识也即不再可能。比如，任何一种语言都必须在某一人群中被使用，否则，某人运用这种语言所生产的语句将无法被辨识。并且，每种语言还需与实践相适应地发展和改变自身，否则，它也承担不了作为媒介的功能[①]。其二，形式总是比媒介更强大，即更容易被感知。其三，媒介本身可以作为形式而被感知，前提是有另外一种合适的媒介可以使用（比如某种测量仪器）。卢曼认为，量子物理学即是一种将媒介转换为形式的学科，它描写的是物理学家对物理学家的观察的观察。在此，对观察的观察，对测量结果的测量和预估在生产着形式，而这种形式自身又在转换成媒介。这种媒介和形式的变换表明，在建构论的视野中，现实只能被描写为不确定性。

---

① 比如，在今天的全球化时代，我们就不停地在经历汉语引进外来词语、生产出新的语词和表述以扩充能量的现象。“hold住”“style”“out”等外来或杂交表述已经“长”进了汉语，“关切”“迷你（mini）”“关窍”“屏蔽”等新语词以及数量庞大的、20年前在汉语中未曾出现的专业术语更是极大地扩充了汉语语库。

这种现象使卢曼得出了一个结论：即认识只可能出现在一个适合认识的环境当中。但是，这并不意味着认识在适应现实。相反，他强调，认识是认识的系统投射到现实中的区分，而现实本身是不认识区分的。这样，认识赋予了自身某种未预定的——即并非来自环境的——自由。从这种原理出发，人们可以解释为什么今天的科学研究越来越偏离现实。比如，在生态环境研究中，关于同一现象的描写和分析就可以较为多样，并且这些多样的结论都可以在一定的时空范围内具有其有效性。认识与现实的这种偏差实际上提高了科学研究的绩效。

由于作为熵的现实本身无法带来认识，所以卢曼断定认识永远是一种独特的基于区分的建构。认识只认识自身内部的事物，而不认识自身以外的事物。其"身外"的领域可能处于时间和事实（物性）的不连贯性、处于变化速度的差异、处于其构成要素的结构耦合的差异之中。这种差异中的现实构成了认识可能性的条件。但这些差异恰恰不是认识可以利用的区分。认识只能在此基础上做出自己的区分，以便达到操作性的封闭、生产出认识。[①]

在传统的西方思想中，上帝往往被想象成无区分的统一。上帝创造了一切，并且将世上万物区分开来，但他自己

① Niklas Luhmann, 2001, *Aufsätze und Reden*, p.233.

是不可观察和不可区分的。[①] 卢曼认为，实际上，与这种悖论的想象相关，有三种其他的概念也可以作为悖论的统一来理解，即世界、现实和意义概念。世界是系统与环境差异的统一。也就是说，当某一系统开始进行操作即做出了一个主导区分并且在此基础上进行后续操作时，就出现了系统与环境的差异。此时，世界的未区分状态被打破，世界被否定，但它仍然是世界，或者因此成为世界；它是系统与环境的差异的统一，或者说，这种差异只可能发生在世界当中。现实则是认识和（认识）对象的差异的统一。也就是说，认识虽然是基于其认识对象的建构，但它与后者永远不会是一致的，是有差异的；对对象的认识和对象中尚未被认识的或者不可能被认识的部分一起构成了现实。现实之所以是一个统一的概念，是因为对现实的否定是通过现实的操作即区分而发生的，它只能发生在现实当中。意义则是现在性和可能性之间的差异的统一。卢曼将意义理解为意识系统和沟通系统操作的产物，而不是来自某种创世、某种馈赠、某种起源的“世界质”（Weltqualität）[②]。某种意义的被生产总是意味着其他意义的被否定，但是意义的被否定只能发生在意义这一媒介当中。因此，意义是被提升到现在性层面的可能性与被否定的可能性的统一。

① Niklas Luhmann, 2000a, *Die Religion der Gesellschaft*, p.151.

② Niklas Luhmann, 1997, *Die Gesellschaft der Gesellschaft*, p.44.

在此，世界、现实和意义之所以都呈现为无区分的整体，是因为它们都包括了自身的否定。无区分性意味着，被如此标示之物（如世界）不能从一个对立概念来定义，而只能通过某种特定的区分得以定义（如现实就只能通过认识和认识对象的区分来定义）。

由于这些特定的区分都必须是特定的主导区分，所以卢曼强调认识是一种特别罕见的操作方式；可以做的区分可以说难以数计，但是，满足了操作性的封闭的并且自我生产的操作网络这一条件的区分则很有限。比如，我们每个人在日常生活中都在做很多区分，将自家的厨房与客厅相区分，将碗与筷子相区分，将内衣与外衣相区分，将水与油相区分，等等。但是，这些区分都不是认识的操作。只有当某种主导区分引起了一系列的后续区分时，才可能出现认识操作。比如，当我们将一只筷子与他物区分开来，并且继续关注其形状、材料、颜色、材料的结构、性质等时，我们才可以说在进行认识的操作。

认识论是关于认识的理论。对建构论的认识论来说，这一命题意味着对观察进行观察。卢曼在对上述三个概念的讨论中实际上区分了三种对观察进行观察的活动：对系统和环境、认识和对象、现在性和可能性进行的观察。这三种观察都呈现一个共同的特征，即不对称性特征。这意味着，在三种观察中，被区分的两边中只有一边能够被继续观察，能够允许区分再进入被区分之物。比如，在认识和认识对象被区分开来后，后续的区分只能是内在于认识的区分，而作为跨越认识和对象两边之物，现实只能建立在认识进行的基础之上。

认识的这种不对称性结构在卢曼的思想中有一个重要功能，即破解被区分之物的统一悖论。当认识及其对象被区分开来之后，认识的操作在认识这一边继续，认识和对象这两个被区分之物构成了现实之统一。由于这种统一是被区分之物的统一，是分之合，所以它是悖论的统一。世界和意义作为统一也是类似的。但是，对于作为观察认识操作的观察即认识论来说，这种悖论是可见的。并且，由于这一观察者能够见到这一悖论，所以它能考虑到功能等值的问题。也就是说，对观察者来说，操作可以在被区分的某一边进行，也可以在另一边进行。操作在哪一边进行，这完全是一种或然的选择，但要弄清正在发生什么，人们则必须对观察进行观察。这一点正是认识论的任务[①]。

在将认识的前提主要理解为认识系统的操作性封闭以后，卢曼进一步探讨了认识绩效的提升问题。在此，他的基本假设是，今天的认识环境变得比以往更加复杂；认识绩效提升的问题实际上是认知系统与环境的兼容性的提升问题。他认为，要实现绩效提升，认知系统在自身操作性封闭的条

① Niklas Luhmann, 2001, *Aufsätze und Reden*, p.235; Niklas Luhmann, 1993a, *Gesellschaftsstruktur und Semantik*, Bd 2, p.237.

件下，必须提升自身的复杂性。[①]

卢曼从语言的分析入手探讨了这一问题。他认为，认知的系统主要有两种，一是心理（意识）系统，二是沟通（社会）系统。二者的认识操作是完全不同的。前者可以运用语言表达思想，后者运用语言表达沟通。两种系统都通过语言建设自己的复杂性，但它们的操作截然不同，互相之间并无重叠。尽管对两种系统来说语言都很重要，但语言本身并不是系统，并不能使认识的建构作为现实的操作得以实现。语言构成了一种自身的媒介，这种媒介包括发音、视觉符号和以二者为基础的语词。对使用语言的心理系统和社会系统来说，语言提供了一种特定的媒介 / 形式区分作为媒介。运用这一媒介，意识和沟通生产着特定的语言形式，意识运用语言在生产思想，而沟通则通过耦合和脱钩（Entkopplung）间或地在生产语句（如 A 和 B 在一起聊天时，可能会聊到几个主题。在聊一个主题时，双方都会构造出一些语句说给对方听。这种一句话一句话的交换即为耦合，而从一个主题到另一个主题的变换则呈现为脱钩）。心理系统和社会系统运用语言进行操作，但它们进行的是不同的操作。对于二者之间的关系来说，语言的意义在于使正在进行的心理操作和沟通操作耦联起来；语言能够吸引意识，将注意力集中在其由特殊的语言和视觉的形式组成的特殊的节目单上；而当沟通进行时，语言则在激活意识，使其能够足够地参与沟通。而

① Niklas Luhmann, 2001, *Aufsätze und Reden*, p.236.

在意识参与沟通时，其自由即受到了限制——它不应走神。但是，实际上，在沟通过程中，意识也会感知一些与沟通无关的事件，同时思考一些不进入沟通的意义内容，甚至运用语言进行欺骗，等等。语言使意识和沟通得以耦合的另一功能是帮助形成记忆：借助语言，意识可以记录沟通内容，并在此基础上继续沟通[①]。

这样，对卢曼来说，语言一方面能提高心理系统和社会系统作为认识系统的自身复杂性，另一方面又能够使这种复杂的系统耦合起来。但他强调，语言本身并不能认识，而只是为认识提供一种特殊的形式，或者更精确地说，提供一种特殊的媒介和形式的区分。[②]认识的条件主要是上文论及

① Niklas Luhmann, 2001, *Aufsätze und Reden*, pp.237–238.

② 实际上，认识是人的建构，因此在环境中无对应，这一观点佛教宗师也早就提出过。日本临济禅的宗师们在13世纪就认为，语言概念本身包含了认识，但这些认识是误导。要体认事物的实相，人们必须顿止思维活动，从语言束缚中解脱出来。关于这一点，美国宗教学家尼尼安·斯马特写道："当我写到这里时，不禁思维片刻，抬头朝窗外望去，我在众多景物中看到了一棵巨大的枞树。但是枞树自己愿意被这样归类吗？把我眼前的景象分成不同的部分，如树、湖等，只是为了人类自己的方便。例如，我们说这是一棵'大'树，但是树自己要求我们将它和其他的枞树进行比较了吗？因此，尽管我们的语言在交流的过程中非常有用，他却将一种特殊的偏见赋予我所经验到的一切。他妨碍了那么一种直觉的、单一的经验，这种经验有时被称为'万物一体'，这种经验在我们试图将事物进行主客二分，及区分这是我、那是树之前，就已经发生了。语言实际上是在事物之前设置了一道屏障，因此，从禅宗的观点看，应当将语言废弃。"尼尼安·斯马特，2004，《世界宗教》，第156—157页。

的系统自身的存在前提，即系统的自我指涉和自我生产的封闭性。通过操作性的闭合，系统将自己认为是环境的东西排除在外，以便建构认识。但这并不意味着认识本身是不现实的、不是现实之物的标示，而只意味着认识系统的操作在环境中没有对应，只有当认识系统作为一个封闭的整体进行操作时，认识才是可能的[①]。

四　结语

讨论至此，我们无疑已经发现，与其论战对手哈贝马斯相似，卢曼在其社会（学）理论建构的过程中尝试从过去的社会理论和思想中最基本的问题入手展开研究，从而在某种最根本的“差异”的基础上构建自己的理论。在这种基本追求的驱动下，哈贝马斯发现了从亚里士多德经马克思到韦伯的社会理论中的工具论的解释取向，认为这种取向是对原本完整的理性的分解。由于社会实践中的这种理性的单面化导致了社会的不合理发展，哈贝马斯主张通过重建理性的统一来改造社会。在理论层面，他的这种重建即为共意论的——即“合”的——社会理论的构建。相反，卢曼对旧欧洲的思想和社会理论的研究导致他得出的结论是，旧欧洲的理性之

① Niklas Luhmann, 1997, *Die Gesellschaft der Gesellschaft*, p.37; Niklas Luhmann, 2001, *Aufsätze und Reden*, p.239.

所以不完整，是因为它仅仅承认存在的合理性，排除了被否定之物即不存在，从而看不见分中之合、看不见悖论的统一。这种将存在绝对化的认识论和社会理论本身是具有某种特殊分化形式（即等级分化、中心|边缘分化、区隔分化）的社会的映照。但是，近代以来，欧洲及世界其他地区的社会先后进入了以功能分化为主要标志的现代社会。在这种社会中，“存在”的优先地位早已不复存在，社会中的各个功能系统逐渐获得了互相平等的地位，每一个人都具有了进入任何一个功能系统的权利和可能性。社会不再由某一群人（如贵族）或地区（如城市）来代表，而是由功能系统的运行或操作方式——即自我指涉、自我生产、以其他系统为环境并与其处于耦联关系中——得以再现。这样，用本体论的工具来描写当今社会已经比以往任何时期都显得更加不合时宜。而差异论的认识论恰恰可以构成描写和认识这一社会理论的认识论基础。

如本章的开篇所提及，在现代社会中，人们在享受很多现代性成果的同时也感到不适并诟病社会。在此背景下，一些社会学理论家可能感觉到了批判和改造社会的驱动，因而试图在理论层面揭示社会的弊端和不足。这类理论往往具有鲜明的意识形态色彩。卢曼的基于差异论的认识论的社会（系统）理论从一开始就试图摆脱意识形态的影响，将客观而全面地描写现代社会视为己任。实际上，只有当人们真正看清了现代社会的真面目并且看清了其与前现代社会的差异之后，才可能提出合理地改造这一社会的方案。在此意义上，卢曼的认识论和社会理论虽然只是一家之言，但不失理论和现实意义。

第三章 从因果解释到等值功能主义：方法论思想

一 引言

反思社会学的历史，我们会发现，不仅宏大的社会理论（如马克思的阶级社会理论、韦伯关于资本主义社会的起源论以及他的宗教理论、涂尔干的社会分工论、孔德和斯宾塞的社会演化理论、齐美尔的群体理论等）主要产生于第二次世界大战前，而且社会学主要的认识论和方法论思想也是在此前提出和讨论的[①]。作为认识论的辩证唯物主义和历史唯物主义、本体论意义上的经验主义、主体论以及作为方法论的因果解释、实证论、进化论的历史主义、

① Anthony Giddens, 1976, *New Rules of Sociological Method*, pp.11–13; Charles Taylor, 1985, "*Interpretation and the Science of Man*", pp.19, 20.

功能主义等思想均产生于这一时期。而如果说认识论和方法论的创新是理论创新的基础和前提，那么社会学界至今占据主导地位的社会理论产生于这一时期，也就不足为怪了。第二次世界大战以来相当长的一段时期内，社会学的基本状况是认识论和方法论的探讨几乎停滞，社会理论创新与战前相比相形见绌，社会理论领域的社会学教育和出版工作停留在介绍和讨论过往理论的层面。基于对这种局面的认识，带着某种强烈的理论创新的使命感，卢曼在其社会理论体系的创始之初即已对社会学的认识论和方法论问题进行了较为系统的探索和反思①。这种反思为其理论体系的创建奠定了认识论和方法论的基础，因而对这种反思的理解可以说是对其理论体系理解的前提。在科学已经分化成一个独立的功能系统的现代社会中，要履行自己的功能——即在真实和非真实的命题间做出判断，科学也依赖认识论和方法论的支持②。因此，探讨卢曼的方法论思想，对理解现代社会中作为整体的科学系统的运行也具有认识意义。在本章中，我们将通过研读他的相关文章和著作来探讨其方法论的主要思想。

---

① 关于其认识论的研究上一章已探讨过。关于其方法论的研究可比较 Niklas Luhmann, 1962a, "Funktion und Kausalität", pp.9–30; Niklas Luhmann, 1964, "Funktionale Methode und Systemtheorie", pp.31–53; Niklas Luhmann, 1962b, "Wahrheit und Ideologie. Vorschläge zur Wiederaufnahme der Diskussion", pp.54–65; Niklas Luhmann, 1967, "Soziologische Aufklärung", pp.66–91.

② Niklas Luhmann, 2012, *Die Moral der Gesellschaft*, pp.58–59.

二　关于传统功能主义的批判

卢曼虽然不能被视为正统的帕森斯主义者，因为他是一个对自己的思想具有很高的独立性要求的学者，不可能也没有完全局限于某一个学术前辈的思想框架而思考。但是，其理论中的一些思想与帕森斯的某些思想观点密切相关，这一点却是不争的事实。[①]这种相关性更多的是一种选择的结果，在发展其自己的理论时，卢曼接受并加工了帕森斯的部分思想，而有意识地放弃了一些对后者的理论来说具有核心意义的观点。具体地看，卢曼对帕森斯早期的著作尤其是他的行动理论并不太感兴趣，他更感兴趣的是帕森斯中后期的研究成果。从这些研究成果中，卢曼拣选出了一些对自己的理论建构有用的要素进行了批判性的继承并做了再加工。其中的一个核心要素即是帕森斯的结构功能主义思想。帕森斯的基本提问是，对一个更大的整体来说，某种社会现象必须发挥何种功能？比如，学校必须为社会提供何种绩效？在此，帕

① 1960 年到 1961 年，卢曼获得哈佛大学奖学金并在该校社会学系进修一年，师从帕森斯。作为 1949 年毕业于德国弗赖堡大学法学系的行政官员，卢曼此前只是业余爱好社会学。在哈佛的一年使他得以系统地熟悉了社会学专业，并且主要是系统深入地研读了帕森斯的著作，为他日后在帕森斯理论的基础上创建其独特的社会系统理论打下了坚实的基础。参见 Niklas Luhmann, 1987a, *Archimedes und Wir. Interviews*, p.133; Niklas Luhmann, 2001a, *Short Cuts*, pp.15–16; Hans Joas & Wolfgang Knöbl, 2004, *Sozialtheorie. Zwanzig einführende Vorlesungen*, pp.352–353.

森斯的理论出发点是，社会中总是存在某种稳定的结构，这种结构的存续（Bestand）通过一些确定的功能绩效得以维持，而理论研究者的任务就在于寻找和确认这些功能绩效。这一理论根据的主要特征显然在于，将结构分析置于功能分析之前。恰恰是这一点引起了许多学者对帕森斯理论的批判。卢曼也与这些批判者持相同的观点。尤其是他也认为，在社会科学中，人们无法确认结构或系统的存续需求，因为与生物系统即有机体不同，社会结构中没有死亡这一经验现象。比如，缺水会导致树木枯死，这一点随时可以证明或确认；而当社会结构中的某种功能阙如时，它却不会"死亡"或"消失"，因而也不能说社会结构的存续有哪些必不可少的需求[①]。

在发现帕森斯意义上的结构功能主义的这一根本错误之后，大多数学者往往尝试通过新社会学理论方案的提出来克服这一缺陷[②]。而在卢曼看来，如果说帕森斯的理论立场具

① Hans Joas & Wolfgang Knöbl, 2004, *Sozialtheorie. Zwanzig einführende Vorlesungen*, pp.355–357.

② 美国社会学家科塞就试图建构一种社会冲突论用以取代结构功能主义的系统理论。参见 Lewis A. Coser, 1965, *Theorie sozialer Konflikte*, pp.180ff. 达伦多夫也提出了社会冲突和转型理论用以取代帕森斯的秩序和适应思想。比较 Ralf Dahrendorf, 1965, *Gesellschaft und Freiheit*, p.27；针对帕森斯提出的关于社会的"稳定性""平衡性""功能性"和"共意性"公理，达伦多夫提出了其著名的对应的四大公理，即"历史性""爆炸性""负功能性"和"强制性"公理（Ralf Dahrendorf, 1965, *Gesellschaft und Freiheit*, p.209; Ralf Dahrendorf, 1967, *Pfade aus Utopia*, pp.178–180, 281–283, 292; Ralf Dahrendorf, 1957, *Soziale Klassen und Klassenkonflikt*, pp.210, 216, 256）。

有明显的单面性弱点，那么用以克服这一弱点的对立理论立场的提出同样具有这种弱点；并且，就像人们将盆中的洗澡水连同婴儿一起倒掉一样，通过某种对立理论的提出来克服帕森斯系统理论的某种根本缺陷的做法，会导致系统理论本身包含的精华被丢掉：这就是其所具有的普世性要求。关于这一点，卢曼写道："将已确认的系统理论的缺陷或单面性转换成一种对立理论，这么做无济于事。比如，用冲突【取代】整合，用变迁取代秩序。通过这种方式，人们在放弃普世性要求，同时在接受对手身上曾经的、使自己气恼的弱点——单面性。对结构-功能理论的批判应该尝试的是，不是针对【系统理论的】缺陷，而是针对这些缺陷【产生】的原因而进行。唯其如此，才可能盯住【创建】某种统一的社会学理论的目标，并且优化实现这一目标的手段"[①]。

那么，帕森斯结构-功能理论缺陷产生的原因是什么？关于这一问题，卢曼的回答是："结构-功能的系统理论之缺陷的根基寓于其原则本身，即在于其将结构概念置于功能概念之前。这样，结构-功能理论失去了对结构完全进行问题化，并且对结构构建的意义，即对系统构建的意义从根本上进行提问的可能性。如果人们将这两个基本概念的关系颠倒过来，也即将功能概念置于结构概念之前，那么这一可能性就出现了。一种功能-结构的理论可以对系统结构的功能进

① Niklas Luhmann, 1967a, "*Soziologie als Theorie sozialer Systeme*", p.114.

行提问，但不必同时将某种统括的系统结构作为问题的基准点预设为前提。”[1]

卢曼的这一基本认识使他后来的思想在多方面与帕森斯的理论具有显著的差异。其中重要的一个差异是，在方法论层面，帕森斯提出的是存续功能主义（Bestandsfunktionalismus），而卢曼主张的是等值功能主义（Äquivalenzfunktionalismus）。与许多其他功能主义者的尝试相似，帕森斯的存续功能主义的论证方式尝试的，也是提出一些具有附加条件限制的或间接的因果表述，用以解释系统的存续和稳定性[2]。而在卢曼看来，这种做法在经验上和逻辑上都是站不住脚的，功能论者的任务因而不应该是寻找因果解释，因为——尤其是对复杂的行动系统来说——原因和后果（效用）之间的清晰关系往往很难确认，预估和预测也很难做出。在此，等值功能主义却更有用武之地，其指向不在于确认一些功能绩效在事实上的出现，而在于确认很多可能性、确认系统或结构用以稳定其与外部环境界限等值的绩效。

这一核心思想看似简单，但却是卢曼通过关于方法论的许多研究得出的一个结论。这些研究的目的不在于简单地批判过去的功能主义方法论，也不在于批判这一方法论以外的、在社会科学中流行的方法论，如实证论的经验主义和进

① Niklas Luhmann, 1967a, “*Soziologie als Theorie sozialer Systeme*”, p.114.

② Hans Joas & Wolfgang Knöbl, 2004, *Sozialtheorie. Zwanzig einführende Vorlesungen*, p.359.

化论的历史主义等，而在于通过这些批判来提出和论证等值功能主义方法论的核心思想，从而在方法论层面为某种统一的社会科学的建立或者为社会科学的统一奠定基础[①]。这种批判虽然主要指向帕森斯的方法论，但也涉及许多相关的讨论。下文将首先讨论卢曼对相关思想的批判性探索。

在其关于功能主义方法论探讨的初期，卢曼首先发现了社会科学功能概念的一个缺陷，即其所具有的工具论的意涵。在英语和法语社会学的研究中，功能往往被看作某种效用。功能关系由此被归类于因果科学的范畴。在工具论的概念框架内，功能被看作为目的服务的绩效[②]。卢曼发现，在此要确定功能与目的之间的关系很困难，因为首先目的本身难以确定。对社会科学来说，目的不仅是指那些被想象的和被图谋的目的，而且经常难以与行动的未预想后果这一概念区分开。由于社会科学的研究者一直难以厘清两者之间的关系，一些学者——尤其是一些社会学家和人类学家——借助生物学的研究方法发展出了一种目的无涉的功能概念。对拉德克里夫-布朗（A. R. Radcliffe-Brown）、帕森斯、古尔登纳（Alvin W. Gouldner）等人来说，功能是一种能使某个

---

① Georg Kneer & Armin Nassehi, 2000, *Niklas Luhmanns Theorie sozialer Systeme*, p.37; Niklas Luhmann, 1962a, “Funktion und Kausalität”, p.9.

② Leopold von Wiese & Howard Becker, 1932, *Systematic Sociology*, pp.111ff.; Siegfried F. Nadel, 1951, *The foundations of Social Anthropology*, p.369; Georges Gurvitch, 1950, *La vocation actuelle de la sociologie*, pp.316ff.; Henri Janne, 1954, *Fonction et finalité en sociologie*, p.5.

作为复杂的结构化单位的系统得以存续的绩效。而帕森斯则对这一思想作了最深入的拓展，对他来说，系统总是行动系统；构成系统的行动互相依赖，以至于系统面对环境的变化呈现恒定不变的状态；而每一种对此类系统存续有用的绩效就是一种功能。

在卢曼的解释中，帕森斯及相关论者关于功能的一些提法如“用于系统存续的贡献”“系统问题的解决方案”“对系统的整合或适应的支持”等，指的都是一些因果关系，都是想提出一些符合“A 引起 B”这一公式的命题。而这类科学的前提同时与因果科学的一些其他的规则相关联：通过确认某些确定的原因与一些确定的效用之间的固定关系来实现解释和预测经验现象的目标；在这种解释过程中严格运用一套必需的理论和实验技术；等等。由于这种严格的因果科学方法论构成了因果判断的真理含量或有效性的基础，所以在社会科学方法论的讨论中，一些学者往往用这类方法论标准来衡量功能主义[①]。而这种衡量的结果往往是负面的，它们构成了相关学者对功能主义进行批判的主要内容。卢曼正是在探讨了这些批判内容后提出自己的等值功能主义的主要观点的。

---

① 卢曼这里主要指的是纳吉尔（Ernst Nagel, 1953, “Teleological Explanation and teleological Systems”, pp.192–222; Ernst Nagel, 1956, *Logic without Metaphysics*, pp.247ff）和亨斐尔（Carl Hempel, 1959, “The Logic of Functional Analysis”, pp.271–307）的相关研究。Niklas Luhmann, 1962a, “Funktion und Kausalität”, Luhmann, 1962, p.10.

卢曼认为，从一个基本的、被他之前的功能主义者已经意识到的事实出发，所有功能主义的思想都难以自圆其说，即如果将某种行动的功能理解为效用（Wirkung），那么通过效用来解释行动产生的原因似乎难以行得通，因为某种行动的功能——其发挥的作用——不一定就是该行动出现的全部原因。比如，一个有家庭的男人上班工作，得到的工资收入养活着他的家庭；但养家这一效用或功能却不一定是他上班的全部原因——除此之外，他还可能是因为喜欢他的工作、想得到社会的承认、想跟他的同事共事而上班工作等。卢曼发现，为了避开这一难题，这些功能主义者往往通过某种因果的辅助建构来提升“效用”的解释力。卢曼指的主要是以下三种尝试。

第一种尝试是以马林诺夫斯基为代表的早期功能主义者从需求出发来解释社会文化现象的做法。在此，需求被视为引起满足需求的行动的动机或原因。而在卢曼看来，这一基本出发点面临两个难题。其一是当人们将需求与动机等同起来时，实际上是将某种想象出的效用与引起这一效用的原因等同起来了，从而陷入了一种循环论证的怪圈[①]。其二是当人们将需求与解困（满足需求）的动机分开来考察时，二者之间的关系在逻辑上就会很难确认，在经

① Bronislaw Malinowski, 1975, *Eine wissenschaftliche Theorie der Kultur*, pp.26–28, pp.39–42; Niklas Luhmann, 1962a, "*Funktion und Kausalität*", p.11; 费孝通：《论文化与文化自觉》，群言出版社 2005 年版，第 192—195 页。

验上也很难验证。

与马林诺夫斯基的尝试相类似，后来的一些功能主义者将“紧张”（Spannung）和“冲突”（Konflikt）概念视为功能分析的核心概念，认为紧张和冲突与相关的行动之间存在因果关系、可以被看作解困动机。卢曼指出，这种假设实际上是以某种科学的世界图像为基础的，即认为在紧张和冲突与缓和、适应和解决冲突之间存在某种天然的落差。但他认为，这种图像过于具有乐观主义色彩，实际上是在将问题视为解决问题方案产生的原因，其与世界真实也不尽相符合[①]。

第二种是平衡论的尝试。如果第一种尝试属于单因果的解释范式，那么第二种尝试则倾向于给出多因果的解释。这种尝试虽然来自不同的学者，但卢曼将其归类于平衡理论。与第一种解释范式相同的是，平衡理论也是通过对效用的种类进行筛选来定义功能概念的。这样，只有某些效用类型被看作功能解释中的原因。

平衡理论的根本出发点是只对那些面对其自身的环境处于平衡状态的系统进行因果解释。其相关的核心思想是假设某种潜在的因果性存在，即认为系统本身蕴含着一些原因性的要素，在系统遇到干扰时，这些要素会发挥作用、使系统重新回到平衡状态。这种解释既适用于机械系统和有机系

① Niklas Luhmann, 1962a, “Funktion und Kausalität”, p.11.

统，也适用于社会系统。比如，就有机系统来说，平衡理论认为，有机体中的一些原因组合可以同一些环境变化共同保存有机体的一些特性，即达到有机平衡（如保持体温正常，使伤口自愈，等等）。

在此，显然是系统内部的原因或因素消解了不断变化的环境影响，所以系统内部的因素和环境的因素都被视为原因。但这些原因之间存在横向联系，系统的平衡建立在简单的因果关系的复杂组合之上。而在平衡理论中，也有学者倾向于将某些因果关系视为规律——如热动力学和经济学就倾向于将平衡模式作为做出恒定规律解释的辅助工具来使用。这里的前提是，相关的系统只包含一种变化可能性，即处于被决定的状态。而在社会生活领域，这种决定的系统是不存在的。因此，卢曼认为，此类平衡论的解释不适用于社会现象[①]。

但是，卢曼发现，在社会学的研究中，帕森斯将平衡理论进行改造后加以运用的尝试富有启发意义。帕森斯的尝试是将反应机制（Mechanismus）的观点与普世化概念相连接而加以使用。通过机制概念，帕森斯也认为一些确定的原因（因素）与一些确定的后果（效用）之间存在因果关系，即系统所具有的反应机制使系统在面对环境的变化和影响时能够保持稳定、呈现一般的固定状态。而由于帕森斯的功能概

① Niklas Luhmann, 1962a, “Funktion und Kausalität”, p.12.

念也包含了这种因果关系，所以卢曼认为机制概念与其因果概念是相对应的。普世化概念却是一个与此相对立的概念，它强调的是系统稳定所依赖的因素的非特定性，即认为经验的多样可能性对系统稳定的功能。因此，卢曼指出，帕森斯提出的、用于描写宏观系统的普世化的机制如货币、权力、性等已经超出了传统的因果科学的范畴，应得到专门的阐释。

第三种尝试主要是美国社会学家古尔登纳通过提出“功能的交互性”（funktionale Reziprozität）概念来拓展功能概念内涵的尝试[①]。在他看来，功能并不等于功能绩效；一种功能要产生绩效，必须有两个以上的系统参与互动。比如，市场的功能是交换，但交换要出现，除了市场这一系统之外，还需有个人的需求系统、法律系统、政治系统等参与。由此形成的多方互动框架才会给各个参与系统提供其所需要、维持其存续的绩效。

在卢曼看来，古尔登纳的这种尝试至少有两个弱点。其一是他的功能交互性方案像平衡理论那样，仍然假设单个的系统中包含着保持系统平衡的机制，并认为是这种机制在调控系统间的互动。而这种观点上文已作批判。其二是这一方案假设有某种上级系统在调控诸多下级系统之间的交换，并

① Alvin W. Gouldner, 1960, “The Norm Reciprocity: A Prelininary Statement”, pp.161–178.

认为这种调控是单个的系统得以存续和它们之间的交互功能绩效得以延续的基础。卢曼指出，这种上级系统本身是否能存续是不确定的，因此与其相关的单个功能绩效是否能够被生产出，也同样是不确定的。

以上三种尝试的一个共同缺点是，它们无法确定一定的原因和一定的后果（效用）之间的恒定关系，因为它们无法排除其他的可能性。而在卢曼看来，这一缺点产生的根源在于，相关学者在用本体论的认识论和方法论描写系统的功能绩效，即在存在/不存在的区分基础上只描写存在，而将不存在完全排除，并且这种描写是对某种恒定状态的描写①。而这种区分却不适用于描写维持系统存续的功能绩效，因为用这种方式所排除的某种可能性对系统的存续或许恰恰具有重要的意义，应被视为重要的功能绩效。

三 等值功能主义的方法论根据

那么，如何避免功能绩效被排除呢？卢曼认为，只有将功能主义脱离因果科学的方法论、作为一种独立的方法论原则来对待时，才可能做到这一点。在此，他首先对功能概念做了新的定义："功能不是一种必须做出的效用

① Niklas Luhmann, 1997, *Die Gesellschaft der Gesellschaft*, pp.893–902; Niklas Luhmann, 1993c (1990), *Soziologische Aufklärung*, Bd.5, p.228; Niklas Luhmann, 1962a, "Funktion und Kausalität", pp.13, 15.

（Wirkung），而是一种调控性的、组织着某种等值绩效之比较领域的意义图式（Sinnschema）。它标示着某种特殊的立足点，由此出发，多样的可能性可以在某种统一的观点中得以理解。在这一视角中，单个的绩效然后表现为等值的、互相可交换的、可替代的，而作为具体的现象，它们则是不可比地多样的"[①]。

将功能看作一种意义图式而非某种必须做出的效用，这一观点是卢曼在马林诺夫斯基关于仪式和巫术分析的启发下而提出的。在此分析中，作为制度的仪式和巫术被看作人们适应困难的情感处境的手段，因为这类活动中包含着渡过紧张形势的一些社会规定。在歉收、饥饿、死亡等灾难和不幸事件发生时，仪式和巫术能够给予其某种成形的表达可能性、定义用于同情和安慰陷入困境人们的正确得体的行为之可能性和必要性、帮助人们度过危机和困境，从而加强社会团结[②]。

在卢曼看来，马林诺夫斯基对仪式和巫术的功能分析的启发意义在于，他提供了从功能分析出发使被研究的事实情况具有可比较性的视角。比如，当他将仪式的功能确定为便于人们适应艰难的情感处境时，他实际上已经提出了另外一个问题，即还有哪些其他的方案可以解决情感危机问题？这

① Niklas Luhmann, 1962a, "Funktion und Kausalität", p.14.

② Bronislaw Malinowski, 1983, *Magie, Wissenschaft und Religion. Und andere Schriften*, pp.54–74.

样，仪式就被置入了与诸如意识形态的解释体系、个人反应（如抱怨、恼怒、幽默、逃向幻想境界等）之类的可能性功能等值的关系中。也就是说，在卢曼的解读中，对马林诺夫斯基来说，重要的一点并不是寻找一定的原因与一定的效用之间的因果关系，而是确定多种解决问题的方案之间的功能等值关系①。

在将功能定义为解决问题的意义图式之后，卢曼通过引入变量概念进一步拓展了其等值功能主义的方法论思想。他指出，基于某一问题视点而提出的功能等值的可能性可以被称为变量。变量虽然具有不确定性特征，但是这种不确定性不是随意的，而是有计划地被安排的②。当功能被看作等值的可能性时，逻辑-数学的功能主义与社会科学的功能主义便联结在一起了。此时，逻辑-数学的表述与社会科学的表述基本上是一致的，它们都呈现着变量的受限制的不确定性，只是数学的表述比逻辑的社会科学的表述规整得更加严格一些而已。比如，逻辑中具有语句功能的非完整句如"……是蓝色的"，数学中"……和……的和等于100"之算式，社会科学中"……可以缓解心理压力"的表述就都开启了某个有限的变量比较域，其中的阙如部分是可以使相关的语句变成完整表述的功能等值体。

通过这种等值功能主义的方法论根据的提出，卢曼不仅

① Niklas Luhmann, 1962a, "Funktion und Kausalität", p.14.

② Niklas Luhmann, 2012, *Die Moral der Gesellschaft*, pp.123–124.

为某种适合描写现代社会的知识体系的建立奠定了方法论的基础，也破解了他以前的功能主义所面对的诸多难题。

首先，如果说卢曼用差异论的建构论取代确认事物本质的本体论的认识论原则，是基于创建一种适合于描写现代社会的社会理论的旨趣所做的认识论创新，那么出于同样的旨趣，他用等值功能主义的方法论原则取代了基于平等、理念和类的概念的本体论的方法论原则。在本体论的方法论思想中，一般概念的建立往往也与不确定性相联系，但是这种不确定性又被排斥在构成概念的理念的本质之外，以确保排除了其他可能性后的理念的绝对存在。比如，在本体论的人的概念中，思维、语言、工具制造、性别区分等理念就可能被视为人的存在所具有的绝对特征，并且这些特征是在排除了其他相关可能性（如思维、语言和制造工具能力的缺失，男性和女性之外的性别，等等）的基础上得以确定的。这样，本体论的抽象实际上是对具体世界的一些恒定特征的抽象，其普世化也只是分类意义上的普世化。与此相反，等值功能主义的方法论原则却是确立变化规则；通过发现变量、发现其他的可能性、开发替代性的解决方案和互补的绩效，等值功能主义在对世界进行另一种抽象和普世化，其旨意是为应对世界变化提供战略方案。而对卢曼来说，变量的变化总是发生在复杂的系统所构成的框架内。这样，作为变化条件的系统框架一方面可以被视为恒量，另一方面又可以被视为变量，因为它本身必须适应变化。

四　因果关系在功能秩序中的应用

至此，我们可以看出，卢曼对因果科学的功能主义的批判并不意味着对作为认识范畴的因果性本身的批判。通过这种批判以及一种独立于因果性秩序概念的功能概念的提出，卢曼实际上颠倒了因果性与功能性之间的基本关系。他不是将功能视为因果关系的一个特殊种类，而是反过来将因果关系视为功能秩序中的一个应用案例。①

这意味着，因果性不再像在古代和中世纪那样被理解为一种原因和一种效用之间的不变关系，理解为与存在理由的有限关系，而是应被解释为无限性。每一种因果关系的确认都暗含着指向不同方向的无限性，每一种效用都具有多种原因，每一种原因都会引起多种效用；每一种原因都可以与许多其他原因组合在一起用以解释某种效用，或者说，在做这种解释时，它也可以被许多其他原因所替代；原因本身的这种多样性也必然会导致效用的多样性；每一个因果过程又可以分成许多段落，也可以被无限延伸；等等。为了解决这一难题，本体论的策略是排除那些自己认为不重要的原因和效用，以便得出形式上正确的表述；在本体论传统的社会科学中，这种方法论策略则寓于“在其他相同的情况下”

---

① Niklas Luhmann, 1962a, “Funktion und Kausalität”, p.16.

（ceteris paribus）这一“开脱格言”（exculping phrase）的前提之中[1]。但是，尤其是对社会科学来说，这种排除了许多因果因素后得出的结论是不具有经验价值的。这一点应该不言而喻。

而卢曼认为，等值功能主义的方法论恰恰可以解决这一问题。这一方法论寻找的不是确定某一原因与某一效用之间的规律性关系，而是仅仅以某一个原因或某一个效用作为出发点即功能性的关联视点来确认等值的因果关系。在这里，作为出发点的原因或效用的选取基于某种生活实践的或理论的旨趣（比如，选取巫术作为解决心里困顿的绩效来考察，就可能是出于研究者对巫术作为一种宗教仪式的兴趣）。当某一效用作为关联问题被确定时，会出现一个与此相关的原因场域；也就是说，多种原因组合可以被视为解释某种效用出现的足够的理由或原因[2]。当某一原因被确定为功能性的关联视点时，会出现一个相关的效用圈，即可以说一种原因

---

① Robert S. Lynd, 1939, *Knowledge for What?* p.16; Niklas Luhmann, 1962a, “Funktion und Kausalität”, p.16; Niklas Luhmann, 2012, *Die Moral der Gesellschaft*, pp.62-63.

② 在中国学术界，其实也早有学者主张用类似的方法（论）进行研究，只不过它们一直未使用等值功能主义这一概念罢了。比如，胡适在 1958 年的一次学术会议上就发言指出，为了解释历史现象，学者们必须用最勤劳的态度收集材料，用最精细的功夫研究材料，用最严谨的方法批判审查材料，等等。这里，胡适暗含观点应该是，某一历史现象的出现是无数因素或原因及其组合所作用的结果。参见胡适：“历史科学的方法”，载《胡适文集》（第四卷），花城出版社 2013 年版，第 250—251 页。

可以引起许多种效用；当一种原因与一种效用的关系被确认并且得以辩护时，实际上出现了一种意识形态；也就是说，基于同一种原因，可以生产不同的、等值的意识形态。比如，当贫穷被定义为一种原因时，政府直接救济穷人、为穷人和贫困地区的创业和生产自救提供政策优惠、通过发展教育和职业培训来帮助穷人脱贫、将贫困归结为懒惰而置其不顾，等等，都可以被视为具有等值功能的意识形态性的反应。

卢曼继续强调的是，在等值功能主义的方法论视角下，作为功能性的关联视点被确定的是因果过程中的一些阶段（原因或效用）。但这些阶段不是作为静止不变的“本体事实”（ontische Faktizität），而是作为问题来对待的。他指出，本体论传统中的科学作出的往往是目的论的或机械的解释，因为它们往往是从某种经验假设出发来确认一定的原因和一定的效用之间的关系，或者从某一系统的平衡之目的出发来确认绩效，其出发点可以说是某种恒常假设（Konstanzhypothese）。而等值功能主义的出发点则是某种“稳定化问题”（Stabilisierungsproblem），即与某一原因或某一效用相关的状态。其表述所关涉的不是原因与效用间的某种联系，而是多种原因之间的相互关系或多种效用之间的相互关系，即功能等值。其有效性因而不依赖于在具体情况下某一问题是否得到解决，某一效用是否出现或某一系统是否存续。[1]

现在的问题是，既然等值功能主义的分析并不关注某一问题是否得以解决，某一效应是否出现或某一系统是否存续，那么，其核心关注是什么？其意义何在？对这一问题的回答首先可以在卢曼关于关联单位或关联视点的定义和解释中找到。

在此，卢曼也是通过比较因果功能主义与等值功能主义的基本视点而得出相关结论的。如前文所述，因果功能主义将功能定义为维持某一行动系统存续的绩效。而在卢曼看来，这一来自生物学的定义公式可能适合定义与有机系统相关的功能，但却不适合定义与社会系统相关的功能。作为生物学的研究对象，有生命的有机体具有类型确定的特征（比如，一匹马不可以变成一头狼），其起始（生死）也是经验上可以确认的。因此，与其生存或存续相关的功能绩效也是可以确认的。作为社会科学研究对象的社会系统或秩序则不同，社会系统或社会秩序不会经历明确的“死亡”。因而，其存续也不可能依赖明确的、固定的功能绩效，而是呈现为一个无限性和不确定性的问题；真正危及某一社会系统（如大家庭）的存续的功能绩效不是没有，而是十分稀少。所以，因果功能主义的分析对社会科学来说意义十分有限[2]。

---

① Niklas Luhmann, 1962a, “Funktion und Kausalität”, p.18.

② Niklas Luhmann, 1964, “Funktionale Methode und Systemtheorie”, p.33.

而等值功能主义尝试的则是将某一行动系统的存续问题分解在一系列抽象的提问当中。这些提问被选取的标准是，适合寻找功能等值以及为某种普世化的系统调控服务。这样，对等值功能主义来说，关联视点实际上是一些可以调控系统变化可能性的问题视点。每一个关联视点都“由此定义着一个灵活性和适应能力、对偏差的无区分和对矛盾的宽容之领域，解决方案——它们在此视角下同样有用或者至少同样无害——的选择的自由领域”[①]。比如，当我们选取大家庭这一社会系统的物质需求满足的问题时，就可以发现一个由农业劳动、狩猎、捕捞、手工劳动、工业生产、金融活动等诸多解决方案构成的选择领域。由此可见，卢曼意义上的功能分析的主要意义在于确定某一抽象的关联视点，即“问题”，并由此出发寻找多样的行动可能性。对许多看似不同的社会事实状况来说，这些可能性具有等值的功能[②]。在此，通过对比较可能性的抽象化建构来对“提问”进行合理化，就成了功能方法的本来任务和认识收益。通过比较视点的抽象化观点的提出，卢曼实际上完成了一次从质性判断到量化操作的转变、将认识论的转变（从本体论到建构论）转化为方法论的转变过程。如前文所述，在本体论的认识论传统中，人们寻求的是对存在者的存在本质的确认；为此，人们将现象的一致性或相同性（如所有的乌鸦都是黑的）视为

① Niklas Luhmann, 1962a, “Funktion und Kausalität”, p.19.

② Niklas Luhmann, 1964, “Funktionale Methode und Systemtheorie”, p.35.

真实的存在者的标志，而存在者又总是排斥着其不存在、排斥着所有其他的可能性，并在此意义上以它自身的（即质料的）形式存在着。换句话说，对本体论者来说，某一事物的本质是在其随时随地都相同的品质中得以显现的。与这一基本观点相对应，本体论传统中的方法论也必须与研究对象相一致、适合确认其相同性的显现[①]。

而等值功能主义的基本出发点与此恰好相反。其对存在者本身的相同性或一致性的判断包含两个要点：一是对存在者（在涉及方法论的讨论时更精确地说，经验的存在）的多样性的意识，认为这种多样性是不可消除的；二是在方法层面对抽象化作为认识技术的意识，主张通过比较视点的抽象化对不同的东西进行平等化（如将仪式、巫术、心理诊断等活动看作解释人们遇到灾难性打击时摆脱精神痛苦的功能相同的手段）。

显然，这里涉及的每一个关联问题都只是一种分析工具，它可以用来完成一些单个的分析，而不适合用于对某一个系统作为整体进行全面分析。但是，以关联问题作为视角进行分析却可以导出许多等值的功能绩效。运用这种方法，可以将分析在横向和纵向的维度无限延伸。在横向维度，通过确定不同的关联问题，可以找到不同的功能等值绩效领

---

① Niklas Luhmann, 1962b, "Wahrheit und Ideologie. Vorschläge zur Wiederaufnahme der Diskussion", pp.54–55, 57, 60; Niklas Luhmann, 1964, "Funktionale Methode und Systemtheorie", pp.34, 39, 47.

域。比如，就大家庭来说，我们可以选取某一时空关联下的一些现实存在的问题如物质需求、代际关系、情感纽带、沟通等作为关联问题，从而寻找功能等值的解决方案。在纵向维度，当一个关联问题被确定后，会出现一个问题层级秩序。比如，每一种社会秩序都依赖许多角色，并且这些角色的有效组合（如一个男性社会成员可能同时扮演父亲、医生、党员、运动俱乐部成员等角色）会被社会承认而固定下来，不因个人的变换而改变。但是，在一定的社会中，这种组合的地位对角色扮演者来说可能意味着负荷太重。为解决这一问题，社会可能会给相应的角色承担者提供相应的减压条件，如给扮演父亲角色的男性延长年假、（在实行民兵制的国家如瑞士）免去党员的民兵义务以便他们有更多的时间参与政治活动、给俱乐部成员提供一定数量的营养饮食以提高它们的体能和完成各类活动的精力等。这些措施中的每一种又都可以被视为问题，并且引出许多等值的功能绩效——如免去党员的兵役义务可能引起兵源不足，而允许女性入伍、扩大服兵役者的年龄范围、延长服役时间等，则可以成为解决这一问题的选项。

这样，由于在首属层面上即可以确认与某一系统相关的多种关联问题，并且可以从每一个关联问题出发找到许多解决方案即功能等值体，在次属及后续层面上这一情况会不断重复，就很难说哪种功能对某一系统的存续具有关键作用；因果功能主义的存续公式也由此失去了意义。而且，次属及后续层面上的功能绩效也不仅仅对首属层面上的某个起始问题具有意义，而是与多个关联视点相联系、同时进入包含其他多样的功能绩效的等值系列。比如，仪式和巫术的活动形式就既可以帮助困难处境中的个人从心理上解脱出来并重获生活的意义，也可以强化社会团结，还可以维持宗教本身的意义，等等。

在等值功能主义的方法论主张从一个问题视点出发寻找不同的解决方案即等值的功能绩效时，它也并没有忽视负功能问题的存在和解决。与因果功能主义一样，等值功能主义也认为每一种绩效都会引起负功能，每一种目的行动都会有代价和弊端，而每一种解决问题的方案都可能对系统的一些其他利益带来压力（比如，银行降准虽然会缓解社会上流动资金的压力，却可能会引起物价上涨）。但两种方法论对负功能的对待是不一样的。因果功能主义首先是将某一绩效所引起的负功能后果看作是对系统整体的影响，这与其将每一功能都视为对系统的正面效用是矛盾的（比如同时认为降准会刺激经济增长，又认为它会引起物价上涨而限制经济发展）。其次，与此相关联，因果功能主义认为正功能与负功能之间有可比较性，往往尝试在计算某一绩效的正功能和负功能后果的基础上做出决策。但是，正如卢曼在更早的一篇文章中所论述的那样①，某一绩效的正功能和负功能是不可比

① Niklas Luhmann, 1960, “Kann die Verwaltung wirtschftlich handeln”, pp.97–115.

较的，其维度更加是不可计算的。因而，正功能与负功能之间的矛盾不可能用逻辑的工具来解决。

而等值功能主义关于功能的问题层级秩序的设想似乎可以解决这一矛盾，这一方法只注重某一抽象的视点，然后尝试由此出发寻找多样的等值的解决方案，同时注意考虑单个方案所可能引起的副作用，并用同样的方式寻找消除他们的可能性。也就是说，后果或后续问题会不断地转变成功能的关联视点。这样，等值功能主义在定义系统的某一存续问题时追求的不是完整性，而是首先从一个问题视点出发寻找解决方案，并且用这种方法不停地确定关联问题、寻找等值的解决方案。在此意义上的"功能主义理论适合作为一种启发式的原则，因为它包含一种扩张性的提问，也因为它不在逻辑上预定其结论，而是将完善［工作］留给研究过程"①。在此，研究过程可以从某一预先设计的整体方案出发而进入一些具体问题，也可以在未设计方案的情况下从具体问题入手而展开。

由于等值功能主义的方法论与任何其他方法论一样强调其研究结果的经验意义，所以卢曼要解决的另一个问题是其研究结果的经验或现实有效性的验证问题。他的解决方案是在厘清功能概念的基础上寻找其他的验证方法。他指出，因果科学的功能主义往往通过一般的观察和监测方法来验证一些经验的原因与一些经验的效用之间的内在（即规律性）关

① Niklas Luhmann, 1962a, "Funktion und Kausalität", p.22.

系（其问题是，A 是否总能或以一定的几率能引起 B？），但无法做到这一点。而当等值功能主义取代因果科学的功能主义时，验证的目标则不再是确认此类规律性的关系，而是确认多种因果因素的等值性（其问题是，A、C、D、E 等是否具有等值的引起 B 的功能？）。

在此，卢曼通过区分选言的等值（disjunktive Äquivalenz）与联言的等值（konjunktive Äquivalenz）进一步限定了等值功能主义的验证方法。选言的等值指的是多种等值的原因可以分别引起某种效用的情况，即当 A 引起 B 时，C、D、E 等可以分别取代 A 而引起 B。[①] 这里，"A 引起 B"虽然是 C、D、E 取代 A 引起 B 的前提，但 A 与 B 之间不是一种规律性的关系；可以验证的判断也只能是，当 A 引起 B 时，A 可以被 C、D、E 等所取代，或者说 A、C、D、E 等是为 B 而存在的功能。联言的等值指的是在找出引起某种状况的所有原因后，将不同的原因组合看成是引起这一状况等值的原因组，即认为 ACDE、FGH 或 ADH 均可以引起 B。显然，联言的等值关系比较难以验证，因为在设计出许多原因组合之后，每一原因组（如 ACDEF）需要通过减去某些原因（如

① 吴宓的两句诗"世事纷纭果造因，错疑微似便成真"似乎也在感悟多种不同的原因可以分别引起同一种后果，即表达了某种属于选言的等值功能主义的范畴的观点。季羡林在引用其老师的这两句诗时，更强调了其所表达的因果互相影响的观点。参见季羡林："留德十年"，载欧美同学会德奥分会主编：《旅德追忆：二十世纪几代中国留德学者回忆录》，商务印书馆 2000 年版，第 95 页。

分别减去 A、C、D、E、F）加以验证。

在将选言的等值关系和联言的等值关系视为等值功能主义的两种情形时，卢曼继续讨论了两种方法在具体应用时遇到的困难。首先，选言的等值和联言的等值有时难以互相区分开来。比如，要维护一夫多妻制家庭的和谐就可能需要生产出多种相应的制度，诸如择偶标准限制、离婚权利、等级秩序规范、妻子的居住空间分隔、丈夫对所有妻子平等义务的制度化等。在此，是某一种制度单独就可以维护家庭和平，还是多种制度共同作用才能使家庭和平，很难一般性地做结论。要回答这一问题，需要在对“家庭和平”概念作出精确的经验的定义后，对具体的社会秩序进行研究。

在验证功能等值原因的正确性时，可能遇到的另一个困难是因果因素替换的实际界限问题。等值功能主义的基本出发点是某一抽象的关联视点（如上例中一夫多妻制家庭和平），其寻求的是解决这一问题的等值的功能绩效。但是，在社会真实中，这种抽象一般并未被意识到（比如，在考察一个一夫多妻制家庭时，人们关心的可能是夫与妻的具体关系安排、各妻之间的关系、同父异母的子女间的关系、财产——尤其是分家析产——关系的处理，等等，而不是“家庭和平”这一抽象观点），并且人们的行动经常受情感和社会习俗、规范等因素的约束，有一些功能具有潜在特征而难以觉察。因此，要确认引起某一效用或行动出现的原因，经常是一件困难的事情。要通过社会实验来验证功能等值关系几乎是不可能的。

但是，卢曼认为有两种方法可以解决这些问题。一是通过对危机状况的观察来发现与一些习惯性的绩效等值的绩效。比如，在紧急状态、突发的起义、未预料的灾难或灾害中，当正常的信息来源被切断后，谣言、情绪化的行动意愿等就具有与真实信息相同的消除不确定性的功能。二是通过系统比较来确认等值的功能绩效。系统可以被看作由具体行动构成的实体，而这些行动又可以被理解为解决系统所遇到的一些确定问题的绩效。当我们确定了一个比较视点即问题关联视点后，就可以确认不同的系统解决同一问题时所生产出的不同的但具有同样功能的绩效。比如，“最佳择偶”是所有婚姻系统要解决的一个问题，但在今天的中国社会和西方社会，解决这一问题的做法却不一样。在中国，说媒、相亲、单位集体活动、互联网聊天等被视为解决这一问题的可行方案；而在西方国家，坐酒吧、进舞厅、参加派对、度假等活动则被视为结识生活伴侣的最佳机会。

五　功能主义理论范式的转变与等值功能主义方法论

在其方法论的思考中，卢曼继续探讨了功能方法与功能理论之间的关系。之所以探讨这种关系，是因为他发现以往的学者很少区分二者之间的关系。功能主义一般被看作社会学和人类学的一种研究方向，它既包括某种特定的方法论，也包括与其相适应的功能理论。这种一体的考察方式与功能主义因果科学的解释方案有关。如前所述，在古典的功能主义解释中，功能被视为为某个社会系统的存续而提供的重要绩效，功能理论因而被理解为关于社会系统存续条件和要求的理论、解释满足这些条件和要求的持久绩效的理论。继而，描写和分解这种绩效关联就成了功能研究的主要目标。由于未尝试区分理论和方法论，功能主义当然也未能形成相关的系统性的方法论，以至于引来了看重研究方法的其他学派（如新实证主义学派）的学者的批判[①]。卢曼虽然不赞同这些批判者全盘否定功能主义方法论的观点，但他认为，出于两种原因，必须将方法论与理论区分开来。其一，科学理论和科学方法论被否定或证伪的情况（方式）互不相同。一种理论被否定并不意味着其所运用的方法也应该被否定。方法的使用价值虽然通过其产生的研究结果得以体现，但它们不能通过一种结果而得到评价。就功能主义方法论来说，以往的某些理论（如帕森斯的行动系统理论）的偏误并不能导致对这一方法论的全盘否定。其二，一种科学的理论并不一定必须与一种科学的方法论达到同一抽象水平，运用一种研究方法可以先后生产出多种理论，也可以同时生产出多种理

---

① Kingsley Davis, 1959, “The Myth of Functional Analysis as a Special Method in Sociology and Anthropology”, pp.757–772; Carl Hempel, 1959, “The Logic of Functional Analysis”, pp.271–307; Niklas Luhmann, 1962a, “Funktion und Kausalität”, p.9; Niklas Luhmann, 1964, “Funktionale Methode und Systemtheorie”, p.31.

论。这些同步理论（Simultantheorien）首先可以是为方法的部分领域所设计，可用于检验方法的正确性，因而是互相分离的[①]。比如，运用功能的方法研究家庭、学校、宗教、法律等领域所得出的理论结论就是这样。在此，某种方法尚未使某种最一般的社会理论被提出。

具体地看，卢曼认为，作为分析技术，他所提出的如前文所述的等值功能主义的方法虽然必须得以抽象地加工，但这并不意味着这一技术在虚无中被实践或应用。相反，它必须与某种实质理论结合起来才能得以运用。[②] 换句话说，作为比较的研究，功能研究总是以由一些实质性的概念构成的理论框架为前提的。在卢曼的理解中，这一理论即为系统理论。系统理论包含的对提问（问题）和结论的压缩和具体化的要素恰恰是功能方法所缺少而必需的要素。由于功能方法的基础是比较视点，而比较视点可以随意被选定（比如，人们可以在持续时长、卡路里消耗、观众数量视点下对行动进行研究），所以在未弄清关联问题而简单地进行比较时，只能得出一些无内在联系的相同性或相似性结论，使比较掉进本体论的思维。而当人们研究一些确定的系统（如家庭、宗教、法律等）时，系统自身的结构决策已经固定了解决系统的一些基本问题的方案选项；而如前文所述，每一个解决方案又会引起一些后续问题，其解决方案也是有限的、不可随

① Niklas Luhmann, 1964, "Funktionale Methode und Systemtheorie", p.32.

② 同上书，第 38 页。

意选定的；它们圈定了后续比较的框架[①]。

卢曼强调，在社会系统理论的帮助下，作为解决问题方案的功能等值的选项之种类被压缩，从而使解释和语言得以可能。但这种解释和语言只能针对作为解决某一问题方案的功能等值选项的整体种类。这里就出现了一个问题，由于在某一抽象视点下能够找到的解决某一问题的多种方案具有等值的功能，究竟选择哪种方案解决问题，就成了一道难题。但是，卢曼认为，每一个系统同时要解决的问题不是一个而是多个；如果考察一个系统解决其他一些问题的方式，就可以很大程度地限制其解决某一问题的方案选项。比如，解决社会系统中角色冲突的功能等值的方案可以是对优先要求的制度化，也可以是隔离角色扮演者的关系人（如其配偶、子女）和情景。但是，在现代社会的核心家庭中，夫妻之间的沟通开放性是普遍期待的一种关系要素，所以将关系人与情景（如分管城建的领导所主管的城建工程项目规划和招标工作）相隔离的方式就不适合解决问题。在此，能够解决角色冲突的技术可能只剩下对优先要求的制度化了（如规定官员的配偶和子女不允许在其管辖范围内经商）。如果更进一步地考察社会秩序的分化形态，则可以发现，在分化程度较低的社会秩序中，角色关系制度化的程度往往较高，因为这类秩序中的社会关系比较简单。比如，氏族中的男性长者就自然地扮演规

---

① Niklas Luhmann, 1964, “Funktionale Methode und Systemtheorie”, p.37; Niklas Luhmann, 2012, *Die Moral der Gesellschaft*, pp.122ff.

则制定者和指引者、资源分配者、精神领袖等角色。而在分化程度较高的社会中，角色冲突往往具有结构性的特征，一个问题的解决需要与其他问题的解决方案联系起来加以分析对待。如前文提到的免去党员服兵役以减轻其工作压力的方案就可能需要与允许女性入伍的方案联系起来考虑和设计。

这些实例所关涉的一个基本问题是理性问题。在卢曼看来，单个的效用、简单的因果关系并不能解释人类行动包含的理性。但是，至今的社会学却主要在因果科学的取向下、在与行动者的日常生活取向拉开距离的情况下试图揭示人类行动的潜在原因或后果。这种因果关系可能是行动者自己所未意识到的。因此，卢曼认为，因果科学意义上的社会学是在某种远离行动者的选择原则——即寻找潜在因果因素之原则——的基础上进行研究。卢曼进一步指出，在与日常生活取向相脱离的同时，因果科学的社会学也与一些传统的规范科学（如法学、道德科学、经济学、组织和管理学、政治学等）保持着距离。其原因在于，这些规范科学的根据寓于行动的经验空间之中，它们尝试分析、论证或校正某个行动所包含的主观意义，这种做法被社会学认为有悖于社会学所遵循的价值中立原则[①]，因而难

① 关于自马克斯·韦伯以来社会学所强调的价值中立原则的描写可参见 Max Weber, 1973, *Soziologie. Universalgeschichtliche Analysen. Politik*, pp.186, 190, 192; 苏国勋：《理性化及其限制——韦伯思想引论》，上海人民出版社 1988 年版，第 276 页；徐冰："社会科学方法论脉络中的诠释学进路"（上），《社会理论学报》2005 年第 2 期。

以为其所接受[①]。

在脱离日常生活取向和规范科学的同时，社会学在寻找行动的目的合理性，即在比较实现某一目的的多种手段，寻找行动的某种特有的、有价值的效用。这样，社会学既未反思目的的正确性，也限制了对行动合理性的探讨。卢曼认为，出现这种情况的主要原因在于，社会学在将行动当作本体论意义上的系统进行研究，当作孤立的、脱离环境的范畴在进行考察。而卢曼强调，每一个行动系统都处于不断变化的环境条件之下，因而只有将其置于其环境关联下进行考察时，才能找到解决其存续问题的多种可能性。在此，行动的社会理性转变成了行动系统的合理性："在此意义上的系统理性建基于功能性的稳定化，即系统按照其结构的要求要解决的问题可以作为功能分析和替代经过的调控的关联视点而应用"[②]。换句话说，行动的合理性只可能寓于系统指涉的框架和要求范围之内，而这个范围并不是传统理论所认为的那样是静止和孤立的，而是随着系统所面对的环境变化而变化的。

这一新功能主义的系统理论也像传统的系统理论（包括前文所述的帕森斯的行动系统理论）那样，强调系统的稳定性。但是，后者将稳定性理解为系统自身的本质，认为这

① Niklas Luhmann, 1964, "Funktionale Methode und Systemtheorie", p.46.

② 同上书，第 47 页。

一本质会排除其他的可能性[1]。而前者则将系统的稳定化当作问题来对待，认为它只能在系统与其环境关系的调控过程中得以实现。系统的稳定性问题主要是由环境的不断变化所引起的，而这种变化又是不依赖于系统即"肆无忌惮地"发生的。因此，系统要解决自身的稳定性问题，就必须以变化、以不同的可能性为取向[2]。系统的稳定性只能是系统

---

① 如果说帕森斯的系统（社会）理论只能产生于美国社会而又在为美国社会结构和秩序的合理性及维系服务的话，那么，近 30 年来（尤其是冷战结束以后、全球化以来）美国政府所采取的一系列克服本国危机（如 2008 年的金融危机）的措施似乎都在印证帕森斯的理论：在不改变自身结构（如财富分配结构）和秩序（如低社会福利制度）的前提下，在国际环境中寻找解决本国危机、维系自身结构的功能绩效——引起世界其他大经济体（如中国、欧盟）内部或周边的不稳定乃至战争（直接或怂恿日本、菲律宾、越南挑起中国东海、南海事端；发动伊拉克战争、暗中支持叙利亚反政府武装和"伊斯兰国"在中东搅起乱局，使大批难民涌向欧洲，并置欧洲主要经济体德国、法国、意大利等于困局），将投资从这些地区赶入美国、阻碍这些地区的货币（人民币、欧元）国际化进程以维系美元的国际货币地位，等等。

② Niklas Luhmann, 1964, "Funktionale Methode und Systemtheorie", p.39. 这一理论观点的现实解释能力可以由近 30 多年来中国农村家庭的变迁得以说明。在改革开放以前，甚至在改革开放初期的 80 年代，中国农村的家庭处于超稳定的状态：择偶方式为娃娃亲或当事人自己认识、再由父母和媒人敲定；婚后夫妻按国家计划生育规定生育孩子，并通过集体农业劳动（至 70 年代末）或承包村集体土地、从事副业活动（自 80 年代初起）养家糊口，包括赡养失去劳动能力的父母、祖父母，等等。在此，为了维护家庭这一系统，人们所要生产的绩效仅仅包括成家、生孩子、从事农副业劳动等。而自 80 年代末以来，农民外出打工谋生的现象日趋普遍，农村家庭的稳定已不能靠上述几种简单的绩效得以维护，而是只能作为持续出现的、由环境变化引起的问题来对待。这些问题是人们（农村居民）以前从未面对和经历过的，它们包括夫妻两地分居问题、夫妻感情问题（夫妻中外出务工和留守村庄的一方都会遇到以前所不熟知的感情诱惑）、子女上学问题、老人赡养和照看问题、工作变换问题等。

结构和系统边界面对变化的环境所具有的相对恒定（relative Invarianz）。（等值）功能主义的研究对象因此只能是以下几种重要的系统绩效：系统面对环境变动时相对恒定的保持；系统与环境保持距离的自治；系统用于补偿和缩减环境影响所必须具备的灵活反应的弹性；等等。卢曼认为，这种新的系统理论被拓展以后可以被证明为与功能方法相对应的理论模型[①]。卢曼所拓展的观点包含以下几个要点。

第一，功能主义的系统理论是一种关于系统与环境关系的理论。这一观点突破了传统的本体论的系统论想象，具有基础性的、颠覆性的意义。正如古典的系统论中有机体和机器概念所表明的那样，本体论的系统论将系统视为由部分构成的整体，认为整体是部分之间的内在秩序所产生的，因而不等于部分之和。通过系统的内部分化，本体论的系统论认为回答了存在者存在的实质问题：作为要素或原子的部分保证了整体的实质性存在；因此，为了探讨整体存在的可能性，本体论的系统论关注系统的内部秩序，而忽略系统所面对的环境或者将环境视为某一统括系统的内部秩序。[②] 而功能主义的系统论的眼光则不仅仅限于系统的内部秩序和内部生活，而是也关注环境，尤其是关注其对系统稳定的影响。

卢曼通过目的概念的讨论对此做了解释。他认为，在传

① Niklas Luhmann, 2012, *Die Moral der Gesellschaft*, pp.65, 95.

② Niklas Luhmann, 1964, “Funktionale Methode und Systemtheorie”, pp.38–39; Niklas Luhmann, 1997, *Die Gesellschaft der Gesellschaft*, pp.912–914.

统的思维中，人类的所有联合都被认为在追求某种目的、是实现这一目的的手段。目的被视为系统完美化和合理化的标准，而目的的正确性往往通过价值关联得以论证。与此相对应，科学研究的对象被限定为目的-手段关系以及干扰它们的因素[①]。而对功能主义的系统论来说，目的只是用于安排系统-环境关系的一种可能的主导公式。这一公式既不是不可或缺的，也不是不可改变的，更不是对系统的存续独自具有决定作用的。目的的功能在于为系统的成员提供一种可操作的、指导性的、用于替代系统存续问题的公式（比如，对当今中国的城市家庭来说，买房、买车、休假等都是目的，但它们并不决定家庭这一系统的存续）。当目的被正确确立后，系统在实现这些目的时可以在艰难的环境中存续下去。因此，某一系统的目的取向的程度是一个变量，而不是不变量。目的设定对系统存续所具有的功能就构成了功能主义的系统理论的研究对象。

第二，与上一点相关联，功能主义的系统论认为，系统和环境各自既是变化的，又是相对恒定的。在面对环境变化时，为了自身的存续，系统必须自变并对环境作出反应。但是，要判断环境变化对自身的意义，系统又必须被视为恒定的。另一方面，系统内部的变化是以某一时段内或时点上环境变化的信息为前提的，这一变化本身应该是不变的。因

① Niklas Luhmann, 1964, "Funktionale Methode und Systemtheorie", p.40; Niklas Luhmann, 1997, *Die Gesellschaft der Gesellschaft*, p.914.

此，系统和环境的变化和不变都是相对的、以时点为条件的，系统与环境之间的界线也只是相对恒定的。由于系统和环境变化都需要时间，所以系统不必对环境变化立即作出反应，而是可以有计划地应对这种变化[①]。

第三，系统-环境理论能够为功能主义的方法论前提——即寻找解决某一问题的多种可能方案——提供客观的、事实性的解释。这一点主要与功能主义系统理论的问题概念相关。如前文所述，在本体论形而上学的思维中，系统的结构具有恒定特征，而系统所面对和需要解决的问题则具有不稳定性和短暂易逝的特征。而在“系统-环境”理论的理解中，系统所面对的基本问题不可能通过系统的结构得到最终解决、会最终消失。由于系统总是面对着与其不同的环境，所以它只能通过面对环境变化所生产出的系统绩效的某种特殊组合来获得稳定，这种稳定显然是暂时的，系统所面对的问题则是永久性的事实。它们并不阻碍系统的稳定化，而是在宣告某种持续的、可结构化的需求。这种在理论层面对作为实体的系统状况的描写为等值功能主义的方法提供了事实依据。由于系统总是面对问题，社会科学就总是在寻找解决问题的方案；在以某一问题为出发点时，研究者会发现多种等值的方案，供系统解决问题所用。

第四，系统-环境理论认为，系统所面对的不像传统的

① Niklas Luhmann, 1964, “Funktionale Methode und Systemtheorie”, p.40.

目的模式所认为的那样只是单一的问题和要求，而是来自环境的多样的、复杂的问题和要求，尽管这些问题和要求的复杂程度因环境的组织化程度而异。这样，对功能主义的理论和实践来说，抽象化和具体化（专门化）就是解决问题的基本出发点。抽象化指的是系统总是面对来自环境的问题的视点，专门化指的是对某一个具体的系统来说较好地解决问题的方案的选择。比如，一个家庭面对环境的变化时所要解决的抽象问题就有适应、整合、实现一些具体目标（如购房）等。就适应问题来看，根据社会、经济、政治环境的变化，家庭可能要考虑解决生养子女数量、安排子女上学的时间和受教育程度、子女择业、社会福利安排等具体问题——比如，当经济景气指数较低时，一个家庭可能会考虑少生孩子、让子女接受程度较低但容易就业的教育、购买较少的保险、在正式工作以外打零工增加收入等，以便维持生计。

在此，系统理论的一个抽象的问题视点主要可以帮助寻找多种功能等值的解决方案，但它不能解释或预言确定的方案。只有当某一系统所面对的许多互相摩擦或冲突的要求时，解决问题的具体可行的方案才会明朗化。比如，为适应不太景气的外部经济环境，一个家庭主妇可能需要上班挣钱；但是，为了维持家庭整合，她又要照顾孩子、丈夫和老人；此时，合理安排作息时间、让孩子独立完成一些任务、让丈夫在一些方面自己照顾自己（如自己洗衣、擦鞋）等，就可能是一些较好地解决因家庭主妇上班而缺少做家务的时间这一问题的方案。

第五，功能主义的分析不可能是对单个的、孤立的行动意义的分析，而只能是关于某一行动对某一相关的系统所具有的意义和作用的分析。比如，对功能主义的分析来说，钓鱼这一行动的意义就不会是钓鱼本身，而是钓鱼者用来休闲、放松身心以应对工作和家庭压力、改善膳食、参与社交（钓鱼期间与钓友沟通往来）等。在此，钓鱼活动所关涉的系统包括劳动系统、家庭系统、互动系统等。因此，在卢曼看来，要厘清功能分析的参照系统，就必须弄清系统解决问题的方式。他认为，系统是通过结构建构来解决其所遇到的问题的[①]。

卢曼指出，系统结构的建构和持恒是通过三种行为期待的普世化过程来实现的。一是在时间层面，一些行为期待必须获得持续的有效性，并且在这些期待即使偶尔落空的情况下，这种有效性仍然存在时，才能导致结构形成；这种“逆事实的”稳定化正是对生活进行规范的功能所在。比如，中国北方的集市开市都有固定的日期[②]，每逢这些日期，人们都会到固定的地点去赶集。若偶遇特殊情况（如暴风雪）而取消一两次集市，也不会影响人们继续在约定俗成的时间去

① Niklas Luhmann, 1964, “Funktionale Methode und Systemtheorie”, p.42.

② 在小说《高老庄》中，贾平凹提到：“县西南一溜儿三个镇，高老庄东十里地的铁笼镇是一四七日的集，南十五里地的过风楼是二五八日的集，三个镇的集是轮流的，三六九日是高老庄的集。”（贾平凹:《高老庄》，安徽文艺出版社 2010 年版，第 45 页。）

赶集。二是在事实层面，系统结构的形成也依赖于行为期待的稳定化。这种稳定化主要靠一些实际上可以执行的角色得以实现。这些角色不应因情况的变化而变化；角色扮演者也不应承担过多的负担，以免他们因负担过重而无法完成角色任务；并且他们应尽可能在不同的情景中通过不同的行动表明自己的人格和证明自己是可信的。比如，集市上的卖者就应通过不卖假货、不缺斤短两等行为赢得买者的信任，以维持集市的长久存在。三是在社会层面，相应的行为期待必须在一定范围内得以制度化、得到相关行动者的认可。就集市来说，集市管理者、商贩、买者对各方的行为期待基本达成共意时（如后两者承认管理者的管理权限），集市才能正常运行。

在此，行为期待的三种普世化会给系统提出不同的、经常互相矛盾的要求（如集市管理方为了节能和集市安全将集市活动限制在白天，而商贩和买者可能都希望集市能延续到晚上的某个时间）。由于系统所面对的环境在不断变化，系统用于解决这种矛盾的方案不可能是始终不变的，而是需要不断更新。系统结构在此可以起到秩序保障的作用，但它本身也会因以上矛盾而摇摆，其所面对而不能解决的一系列问题往往会以系统张力和行为负担的形式困扰单个的人。

系统的这种结构化和矛盾状态为等值功能主义问题取向的研究方法提供了框架条件。

第六，卢曼强调，与等值功能主义的方法论从某一抽象的问题视点出发分别对多种原因和多种效用进行比较，从而寻找等值的功能关系的主张一致，等值功能主义的系统理论也将系统置于与环境的相互依赖关系中进行研究。由此出发，这一理论认为，系统与环境之间存在因果关系，系统的绩效是为应对环境变化做出的；同时，它又认为，通过对行为期待的“程序化”，系统处于相对恒定的状态、具有面对环境变化的结构化的开放性特征——面对某一环境变化，系统可以生产出多种反应选项，并且，它可以在保持自身结构恒定的情况下选择某一选项。对系统来说，这些选项具有等值的功能。比如，在某一行为期待落空时，一个社会系统可以做出的反应就有放弃期待、宣称失望或惩罚。对系统解决自己遇到的期待不确定性问题来说，这三种解决方案具有等值的功能，因为它们的实施都不会影响系统自身的结构。

第七，卢曼提出的另一个关于（等值）功能主义的方法论和系统理论的共同点的论点是：二者有一个共同的背景假设，即认为人的行为必须通过其通往理性的可能性来解释，即使这种可能性未被行动者意识到。[①] 在卢曼的理论逻辑中，这种理性只能是系统理性。[②] 因为其一，所有同一性、所有社会情景都可以被视为系统。其二，每一个系统都通过内部/外部的区分划定自身的边界，并通过满足一些内部的绩效条

① Niklas Luhmann, 1964, “Funktionale Methode und Systemtheorie”, p.45.

② 同上书，第 79 页；Niklas Luhmann, 1985, *Soziale Systeme. Grundriss einer allgemeinen Theorie*, pp.638–646.

件来维持自身的恒定或稳定；与此同时，外部即环境条件被系统抗争、调换、寄生性地利用或补偿。在两个及以上的人相遇并互动时，他们会通过自己的自我表现固化自己的形象，从而对互动情景形成一种共意的定义；而这一定义会赋予该情景以某种规范的结构；对该情景来说，一些信息会具有意义，另一些则不重要。这样，这一情景就会明显区别于其他情景并形成自身的边界，即成为社会（互动）系统。而当互动参与者在某一事务上不能取得一致时，互动情景就会遇到一些特有的问题；解决这些问题并缓解正在出现的张力，就变成了系统边界得以维护的条件。而解决问题的手段可以是语言沟通、行为技巧，也可以是外部的行为支持，如等级差别的制度化等。

六　讨论

在其学术生涯的早期，卢曼即已敏锐地指出，面对现代世界不断提升的分解能力以及由此产生的高度复杂性，作为社会的一个分系统的科学系统在选择研究根据时必须注意两项指标，一是与已有的研究相衔接，二是概念和方法的控制能量的维度或复杂性。[①] 从以上关于等值功能主义方法论的讨论中，我们即可以看出，在将系统理论确定为研究根据

① Niklas Luhmann, 1975, “Interaktion, Organisation, Gesellschaft” , p.20.

时，卢曼即在尝试满足这两项标准，也就是将既有研究的提问在更高的复杂性水平上进行重构。在方法论层面上，这种重构的结果为等值功能主义方法论的提出和论证。卢曼曾感叹，社会科学是否有朝一日会通过某种统一的理论而得以整合在一起，是一个无法回答的问题。但是，他指出，如果有希望建立一种统一的功能主义的研究方法，已经是可喜的事情了。[①] 上文的论述应该已经表明，卢曼在其学术生涯的早期即已创建了一种完整的功能主义的方法论。运用这一方法论，他生产出了一套宏大的社会系统理论，也对现代社会做了全面和深刻的描写和分析。由此，其等值功能主义方法论的意义已经在很大程度上得以凸显。

下面，我们再从两方面看一看这一方法论根据的意义。

其一，在对国家的起源进行解释时，等值功能主义的方法论所能发挥的作用非常显著。在一些考古学、民族史和文化史的研究中，国家概念被用来描写一种不对称的统治结构；同时，人们认为，当部落的、区隔分化的社会中首先出现了社会性的不对称或不平等，社会组织的基础不再首先建立在亲属关系的约束和义务之上时，才引起了统治结构的失衡和不对称，导致了国家的出现。但是，在等值功能主义方法论的视角下，作为演化结果的国家则应被“等值决定地”（äquifinal）加以解释，因为历史地看，导致国家出现的某几

---

① Niklas Luhmann, 1962a, “Funktion und Kausalität”, p.27.

个“关键因素”是很难得以确认的。经济资源占有的不同，统治形式的任务场域之多样性，统治与宗教和贵族的关系，统治的影响空间、其实践的监控密度等，都可以被视为引起国家出现的重要因素。①

其二，卢曼的等值功能主义方法论对理解和解释中国的当下现实具有很大的启发意义。中国 40 年来的发展成就是在与西方国家完全不同的结构条件下取得的。西方的社会结构特征是完备的、合理化的、以私人为主体的市场经济，全面覆盖的福利国家，全民普及的基础教育和高质量的高等教育及科研体系，完备的法律体系，等等。中国的社会结构特征则是正在建立的、尚不完善的、兼有国家和私人主体的市场经济，建设中的基础教育和高等教育及科研体系，尚待完善的法律体系，等等。在这种结构差异中，中国社会 40 年取得的多方面的——尤其是经济领域的——成就却超出了很多西方国家同时期的成就，也超出了许多西方学者的预期，因为在他们看来，在相对落后的中国社会结构中，人们不可能生产出这样的成就。但是，如果我们运用等值功能主义的视角看，就会认为，解决经济发展问题的方案并非只有现代西方的发展模式，而是还有很多替代可能性的。这一基本方法论的立场可能可以帮助人们消除很多成见和偏见。

① Niklas Luhmann, 2000b, “Die Politik der Gesellschaft”, p.189.

第四章　社会秩序是如何可能的？

一　提问

在社会学关于自身历史的反思中，学者们早已达成了一个共识，即社会秩序的问题是社会学的一个根本提问[①]。但是，在承认这一问题对社会学学科至今的发展和走向起到了基础性的作用、使社会学得以统一的同时，有学者倾向于认为，（西方）社会学对秩序的解释是从个体自由意志出发进行的演绎；这种具有导向和规约意义的轨道的逻辑起点是行动概念，是孤立的抽象的个人；而这个带有根本性偏误的

---

① Anthony Giddens, 1979, *Central Problems in Social Theory: Action, Structure and Contradiction in Social Analysis*, p.76; Georg Simmel, 1992, *Soziologie. Untersuchungen über die Formen der Vergesellschaftung*, pp.18, 24; Niklas Luhmann, 1993a, *Gesellschaftsstruktur und Semantik*, Bd.2, p.208; Heinz Abels, 2001, *Einführung in die Soziologie*, Bd.1, p.86；郑杭生：《中国特色社会学理论的深化》（上卷），中国人民大学出版社 2010 年版，第 275、281、283 页。

逻辑起点导致了社会学理论一再陷入尴尬而又难以超越的困境，使得西方社会学的经典问题即秩序问题成了一道难解之谜；等等[①]。

诚然，严格地说，作为一门越来越独立的学科，社会学滥觞于现代性。因此，现代世界的三大价值信念自由、平等和博爱对社会学的影响是显而易见的[②]。并且，社会学具有价值取向，这一点既是社会学的创始人所承认的事实，也是今天的每一个社会学者无法否认的事实。在《社会学研究》一书中，斯宾塞就指出，在观察和判断作为社会现象的政治现象时，个人先天具备和后天形成的品质会导致一些偏见出现；个人所受的教育、所属的民族和阶级关系、所具有的政治及神学观都会加深自己天生的同情与反感，影响对社会问题的看法[③]。在探讨社会（科）学的客观性和价值中立问题时，韦伯曾强调，社会（科）学作为经验科学只能研究和描写实然，而不能关注应然；只能对社会事实进行实际的即客观的评价，而不能从伦理的或者文化的或其他观点出发做评价；但他同时又指出，科学研究对所要加工的材料即研究主

---

① 郑杭生：《中国特色社会学理论的深化》（上卷），第 278、280、283 页。

② 在西方社会学界，卢梭是一个经常被介绍的思想家，其思想被认为主要是这三大价值观的宣称。参见江弱水："圣卢梭：对人民开讲"，《读书》2012 年第 11 期。

③ 〔英〕赫伯特·斯宾塞：《社会学研究》，张宏晖、胡江波译，华夏出版社 2001 年版，第 9 页。

题的选择本身就与评价或价值观脱不开干系[①]。这样看来，无论是二元对立意义上对个人与社会的关系进行探讨的秩序提问，还是探讨现实的个人与现实的社会之关系的研究，[②]都是具有价值预设的研究。由此，西方社会学对秩序问题的探讨所具有的价值色彩本身并不能使这一问题失去社会学的构成性意义。问题更多的在于，围绕秩序问题，西方社会学的思考和研究是否得出了一些适合于认识社会真实的结论。

这一提问在两个维度具有重要意义。其一是历史维度，其二是跨文化比较的维度。在历史维度，这一提问意味着探讨不同历史时期的社会（学）思想家关于社会秩序的思想，并且从其洞见和局限中洞察这些思想所折射的社会结构和社会状况。如果我们将社会学学科的产生定位于 19 世纪上半叶[③]，那么在此之前虽然没有严格意义上的社会学，但关于社会秩序的提问和思考是有的。这些思想具有其明显的时代局限性，但可以被看作是一定时期社会的语义学和这种社会的描写。社会学学科产生以后，关于社会秩序的探讨一直没有间断过。这一方面是因为现代社会结构的复杂性高于以往任

---

① Max Weber, 1973, *Soziologie. Universalgeschichtliche Analysen. Politik*, pp.186, 190, 192, 263, 304.

② 郑杭生：《中国特色社会学理论的深化》（上卷），第 287 页。

③ 社会学界至今公认的事实是，社会学学科的产生以法国哲学家、社会学家奥古斯特·孔德于 1838 年首次使用“社会学”（la Sociologie）这一概念为标志。Auguste Comte, 1974, *Die Soziologie. Die positive Philosophie im Auszug*, p.6; Heinz Abels, 2001, *Einführung in die Soziologie*, Bd.1, p.51.

何时代，另一方面——作为现代性的表现之一——也因为社会学的专业化程度在不断提高、知识在迅速增加，以至于学者们可以从更多的视角出发来观察和描写社会。

在此背景下，社会学产生以前及以来思想家和学者们关于社会秩序的思想和观点就具有描写不同时期社会结构的历史意义。

在跨文化比较的维度，我们可以认为，如果具有价值预设背景的西方社会学在思考社会秩序问题时得出了适合于认识社会真实的结论，那么这种思考对其他地区的社会学也是具有认识意义的。尤其是在全球化运动不断深入、全球各社会相互间的影响持续扩大、肇始于西方世界的现代性模式——或者至少其中的一些要素——在全球范围内扩散的背景下，西方社会学对现代社会秩序的思考就更加值得我们关注①。

在其长时间的社会理论研究过程中，卢曼从西方思想传统中理出了一条关于社会秩序思考的线索，并认为是欧洲（西方）不同历史时期的社会结构导致了关于社会关系的不

① 李泽厚甚至认为，全球经济的一体化会导致人们生活的物质内容和方式的逐渐同质化，从而要求人际关系和个体权益（自由、平等、独立、自主等等）的同质化（李泽厚："伦理学答问补"，《读书》2012 年第 11 期）。在当今的中国，各类维权事件和运动以及人们从家装到出行方式的安排等都已经表明了中国社会与西方世界相类似的现代性特征。在此背景下，西方哲学、社会学、法学、历史学等学科对现代（西方）社会的研究和反思成果对认识中国社会的意义似乎不言而喻。

同解释模式的出现；随着现代社会结构取代传统社会结构，原有的解释社会秩序的模式显得不合时宜，一种新的即系统论的解释模式才真正可以被看成是适合解释现代社会秩序的模式。

社会秩序的问题通常被理解为人与社会的关系问题[①]。但是，通过对社会关系思考的历史的回顾，卢曼发现，自古希腊以来，关于社会秩序的问题实际上包括两个不能混淆的问题，一是个人之间关系的问题，二是个人与社会秩序关系的问题。如果将个人理解为活生生的本体、实体、个体，理解为具有自己的意识的系统、具有自己的想象世界的系统，那么，第一个问题即是：具有自身独特性的众多个体是如何能够进入有序的相互关系的？并且，尽管他们具有各自的生活要求，却可以期待，他们会进入此类社会关系，这种现象是如何可能的？第二个问题实质上是社会秩序如何能得以稳定地维持的问题：当人与人之间建立了一些社会关系，并且这类社会关系不会因各种现实情景而分解时，它们就构成了自成一类的社会现实；这类现实不依赖于单个人的来去生死而存在；因此，单个的个体与社会秩序之间的关系就成了被关注的问题。[②]

在区分了这两个问题之后，卢曼指出，人们可以将它

---

① 郑杭生：《中国特色社会学理论的深化》（上卷），第 275、277 页；Heinz Abels, *Einführung in die Soziologie*, Bd.1, p.86.

② Niklas Luhmann, 1993a, *Gesellschaftsstruktur und Semantik*, Bd.2, p.208.

们综合为一个对社会学具有统一意义的问题：社会秩序是如何可能的？他认为，正是这个基本问题使社会学得以细分成一门独立的学科，因为这一提问具有明显的经验特性：社会秩序是可能的，这一事实关系人们在日常生活中都可以观察到；而这一提问问的是社会秩序是如何可能的，而不是它是否是可能的，这就表明它是基于经验事实而提出的问题。同时，这一问题又是一个高度集成的问题，因为它涉及所有可以相互区分的人和社会关系。这样，这一基本问题就可以被看作是社会学作为统一的专业的最终理论关联点。在回答这个问题时，每一种社会学理论都必须说明一种基本态度，即它如何理解差异的统一——不同的个人如何构成社会关系群体？他们如何与社会秩序互动？卢曼发现，在回答这一基本问题时，人们往往必须首先对问题本身进行加工，将这一基本问题分解成更容易回答的部分问题，并且在此分解过程中不放弃统一，而是在缜密地回答部分问题时使统一得以呈现。卢曼所指的部分问题就是人与人的关系和人与社会秩序的关系这两个问题。在对它们的回答中，统一可以得到两种理解，一是作为规范约束，二是作为复杂性。卢曼本人的理解属于后者，但是他的这种理解与规范思维的传统有着紧密关系，在某种意义上说是对这种传统进行独特反思后才得以可能的。

经过对这一传统的反思与检查，卢曼发现，社会理论在探讨社会秩序问题时经历了三个不同的阶段，即古希腊时期、文艺复兴至现代早期和社会学产生以来。在对这三个时期的相关思想进行梳理和批判的基础上，卢曼提出了自己关于社会秩序问题的答案。在下文中，我们将以他的相关文本为基础考察社会理论对这一问题的思考。

二　古希腊时期的秩序思考：伦理学的社会理论

在卢曼看来，“社会秩序是如何可能的”这一问题是晚近的思想家提出的。但是，它的提出与西方漫长的关于社会关系的思考传统息息相关。也就是说，在古代欧洲的思想传统中，人们虽然没有直接提出这一问题，但一直在思考社会关系问题。这些思考为后世探讨和回答这一问题奠定了概念图式基础，这种概念图式最初是由亚里士多德设计的。

亚里士多德的概念结构由政治和伦理构成。在卢曼的理解中，政治概念应该包含了个人与社会秩序的关系，而伦理概念则关涉到个人与个人的关系。政治概念的内涵与社会结构状况紧密相关，并且随后者的变化而变化。卢曼推测，亚里士多德生活的时代属于古代后期社会。这类社会系统所经历的典型的分化经验可以由一些二分的模式加以描写：远 | 近，成员 | 非成员，熟悉的 | 不熟悉的，朋友 | 敌人，等等。人们的社会经验以及社会中的事实关系都可以用这些模式加以表达。这种区分中积极的一面如“朋友”“友情”“熟悉的”等标示着人们所属于的区隔、人们自己的安全区域。在

这一区域内，人们遵守着政治和伦理秩序而生活。在此，他者即以上区分中的另一面所寓于的社会和社会生活条件则是不被关注的、未被标示的。也就是说，在当时区隔分化的社会中，社会秩序具有积极和情感的色彩，但它只包含区隔内部的成员，被区分的另一面被排斥在秩序之外[①]。

在古希腊，社会的区隔主要是由家庭和家族构成的[②]。卢曼认为，当时有一种军事-政治意义上的组织在众多家庭和家族之间提供了一种横向整合，这种组织即为男人联盟（hetereiai）。这种组织中的情感纽带即友谊一方面在一定程度上克服了家庭和家族的区隔化，另一方面也在道德层面巩固了更大的城市共同体的存在。而随着城市的独立和在政治意义上的自治，原先存在于区隔分化的社会中的友谊与敌意之间的界线逐渐消失，对城市内部的关系安排来说，友谊也变得比敌对更加重要。在城邦内部，人们不能再像以前在区隔分化的社会中那样，简单地认为对朋友应该友爱、对敌人应该仇恨，而是必须根据政治秩序的需要，即根据和平和权利的需要来确定对朋友和敌人的态度。

此时，人们对友谊概念的内涵也作了新的分析，认为友谊更多地意味着朋友之间的平等和对朋友的自由选择。亚里士多德的友谊概念正是这一时期的语义学。它意味着个人之间在伦理和政治层面的积极关系。同时，友谊概念的这种积

① Niklas Luhmann, 1993a, *Gesellschaftsstruktur und Semantik*, Bd.2, p.213.

② Niklas Luhmann, 1997, *Die Gesellschaft der Gesellschaft*, p.634.

极意涵也给政治提出了道德要求[①]。

如果说在亚里士多德的思想中友谊克服了区隔间的分割，使人能够在更大的空间内获得幸福，那么对他来说，城邦则是人们能够实现自己理想和目的的最佳场所，是最完美的共同体（koinonia）。亚里士多德处理伦理层面的和政治层面的社会关系的手法是将相关的事实关系加以目的化。在其思想中，解释事实关系的标准不是自然原则或某类理念，而是其本质和圆满性所到达的最终状态。与这一解释形式相一致，城邦被理解为（基于其自治特性）能够让人实现自己的目标而过上美好生活的共同体。作为政治社会，与其他共同体相比，城邦是最完美和优越的共同体。

这里，卢曼发现了亚里士多德社会理论中的一种矛盾性策略[②]。在这一策略中，共同体被看作是人们共同生活的基本单位，也是一个不可再分解的基本概念。这一概念标示的应该是很多具有相同特征的实体。但是，亚里士多德又将某一种共同体即城邦看作是包含了所有共同体的共同体，并且只探讨这一共同体的特征。在目的论地将这一共同体描写为最美好、最适合人类生活的实体后，一种共同体或者说构成整体的一部分即在语义学层面涵盖了整体本身。这样，以共同体概念为基础的社会理论即可以被理解为一种政治理论，因为其内涵被看作是值得追求的目标，这种生活形式也变成了

---

① Niklas Luhmann, 1993a, *Gesellschaftsstruktur und Semantik*, Bd.2, p.214.

② 同上书，第 215 页。

应该维护的秩序。

在卢曼的理解中，对亚里士多德来说，人与秩序的关系就是人与共同体的关系；由于多种共同体中只有一种是最完美的，所以维护这一共同体即城邦就成了政治，而人与人的关系则被放在友谊这一基本概念中来思考；这种思考构成了亚里士多德的伦理学或者伦理学的社会理论。卢曼认为，与共同体概念一样，亚里士多德的友谊概念也是具有矛盾性的。从目的论的行动理解出发，他将友谊区分为三种形式：以益处（有用）为目的的友谊；以兴致（快乐）为目的的友谊；完美的友谊。作为一种社会（关系）类型，最完美的友谊应该具有两个特征：一是友谊关系参与者的自我指涉——即像对待自己那样去对待朋友；二是差异上的平等——即朋友之间既互相承认对方与自己不同，又用"善"互相对待[①]。

有趣且重要的是，卢曼在极其有限的原始材料的基础上——卢曼的相关论述几乎仅仅基于《尼各马科伦理学》——提炼出了亚里士多德的伦理学社会理论的一系列特征。这些特征应该是亚里士多德本人没有想到过的，因而可以被视为"我注六经"的产物。如后文中将会论述的那样，这些特征部分地与卢曼自己的社会理论的基本特征极其相似；卢曼甚至运用了他所熟知和认同的一些当代社会理论的

---

① 〔古希腊〕亚里士多德:《尼各马科伦理学》，苗力田译，中国人民大学出版社 2003 年版，第 193—194 页；Niklas Luhmann, 1993a, *Gesellschaftsstruktur und Semantik*, Bd.2, p.214.

概念来描写亚里士多德的社会理论。卢曼自己的社会理论的基本要点是，社会是一种社会系统，它包含了所有其他社会系统；社会系统是由沟通这一基本要素构成的整体；沟通则由信息、传递和理解构成；信息是由作为心理系统的个人所生产的。系统的基本特征是自我指涉和自我生产，即构成系统的每一种要素（操作）都与已经被生产出的要素相关联，而且每一种要素都是由系统自己在不依赖于环境的前提下生产出来的。系统与系统互为环境，它们之间的联系是相互刺激和相互渗透或耦合的关系，等等。而他提炼的亚里士多德的伦理社会的基本特征有五个。（1）将单个的人视为社会关系的不可再分解的构成要素。（2）单个的人进入社会关系的前提是“自我指涉”：他们必须将某种与自身的关系现实化，即意识到自己的利益、爱自己、反思自身，等等。（3）由于单个的人与自身有距离和相关性，所以他才被看作是具有行动能力，具有“内在复杂性”。反过来说，社会期待单个的人具有行动能力和内在复杂性，否则，社会关系将无法出现。这样，自我指涉既是单个的人自由选择行动的条件，又是社会关系产生和持续的条件。（4）基于人的内在复杂性，社会关系中可以选择的行动可能性呈现剩余状态；但是由于社会关系被理解为友谊，行动的可能性又受到了限制（在任何一种情境中，面对朋友，人们必须放弃一些行动可能性）。（5）社会关系产生的条件即单个的人的自我指涉及由此导致的人与人的差异和平等奠定了一种自然的目的论。由于在社会关系中这些基本条件能够得以最完美地实现，所以社会性本身也倾向于一种完美的状态。但是，这并不意味着所有人际关系都是完美的，有缺陷的乃至病态的社会关系形式也可能出现，也被亚里士多德的理论所包含。

在卢曼解读的这些特征中，我们明显可以看到它们与他本人所提出的系统论的社会理论特征的相似之处：将自我指涉的个人看作是社会关系的基本要素；从个人的目的意志出发目的论地理解社会关系；等等。这里，探讨两种社会理论的相似之处并不是本章的主要工作。本章的主旨在于透过卢曼的解读来理解社会秩序问题被分析和回答的过程。

就亚里士多德的思想而言，卢曼发现，对共同体的解释和对社会关系（个人间的相互渗透：interpersonale Interpenetration）的解释具有同构特征。在（政治）共同体中，支配的、使共同体联结在一起的部分即友谊以及维护友谊的那些等级和人群被视为最好的部分；对个体来说，他最喜欢自身中最好的、占支配地位的那部分，即他的道德自我是本真的友谊可能得以实现的基础。卢曼发现，这一同构实际上将自我指涉限制在了最优的和支配的部分，而这种思想对新控制论具有启发意义。但是他认为，这种目标本身对解决社会秩序问题的作用并不大。他指出，对亚里士多德来说，城邦虽然是最美好的共同体，因为其基础是建立在人的善之上的友谊，但共同体与人际关系之间的关系问题并未就此得到解释。尤其值得思考的是，如果所有人的所有行动都是为了善的目的，那么所有善的目的是如何集合成共同体的目的的呢？[①]这个问题之所以重要，是因为亚里士多德还提出过这样的思想：当友谊无所不在时，法治是无必要存在的；在城邦中，法治和公正美德虽然对维护一种人性的生活是必要的，但友谊仍然是社会治理的重要补充。这就是说，作为最完美的共同体，城邦中所有人的行为都被想象为善的目的所驱动的结果，但同时它又被想象成维护友谊和权利的政治社会。这样，共同体和友谊之间就存在一条沟谷。友谊的结构本身对共同体来说是否具有可依赖的构造作用，是值得怀疑的。因为一旦友谊导致了共同体的形成，共同体则会要求个人从友谊出发而行事，而这一要求本身就意味着政治共同体的存在。也就是说，从纯粹概念分析的角度出发，卢曼发现了亚里士多德社会理论中明显的分裂。但是，如果从规范的角度出发来考察这一理论，卢曼则认为它可以高明地自圆其说。从这个角度看，友谊与共同体之间存在一种规范性的互认关系（normative Identifikation）。二者之间的互相兼容甚至可以说给二者提供了本来内涵和规范取向：友谊的基础“善”使人与人之间具有共性，使人能够在共同体中生活；而作为最美好生活形式的共同体又要求其成员基于善而行动，维护友谊、维护共同体。

然而，这种自圆其说的理论是有局限性的。在逻辑上看，它不能涵盖所有社会情景，而只能描写那些完美的情

---

① Niklas Luhmann, 1993a, *Gesellschaftsstruktur und Semantik*, Bd.2, p.218.

景，如友谊中那些以共同利益为取向、放弃私利的情况，或者只包括使所有成员作为平等的人被对待的社会关系的共同体。这样，友谊和共同体之间就出现了一种简单的良性互动关系，友谊中最好的部分在共同体中得到实现，共同体中最好的部分寓于友谊中。由此导致的问题却是，亚里士多德未能提出“社会秩序是如何可能实现的”这一问题，伦理（友谊）和政治（共同体）的二分当然也未能作为这一基本问题的分解被思考。

卢曼认为，亚里士多德的社会理论实际上是一种社会历史的语义学。它既反映了某种社会结构，又在为这种社会结构服务。这种社会结构就是古代高度文明的、等级分化的社会结构。在这种社会中，社会上层被看作是最完美的、最高级和最好的、支配的部分，其他等级虽然也构成共同体，但是却不构成如此完美的共同体。社会上层代表着社会，是友谊和共同体可以达到的最高境界和状态。因此，亚里士多德的这种描写本身就是一种目的论，它表明了人的行动应该达到的目的。但它却不能涵盖其所要描写的全部对象，因为友谊和共同体中都包含非最佳的、最高的或支配的部分①。

尽管亚里士多德将伦理和政治进行二分的理论模式对我们今天探讨社会秩序问题的启发意义比较有限，因为今天的社会所具有的伦理基础已经无法局限在放弃私利的“善”的

---

① Niklas Luhmann, 1993a, *Gesellschaftsstruktur und Semantik*, Bd.2, p.220.

基础之上，其所具有的政治基础也不再是维护和实现最完美的共同体。但是，这一模式在西方思想史上却发挥着长时期的影响。在斯多葛学派和西塞罗的思想中，完美的友谊被理解为社会的“中间”或“中心”，这种“中心”是人们生活和行为追求的取向，而社会则被理解为等级的构成。这样，社会的中心和顶部即上层代表着社会的本质和统一①。中心和顶层是社会的部分，但又代表着社会整体，这两种不对称的社会代表形式延续了很长时间。近代以来，它们逐渐式微，被另外一种社会代表形式所取代，这就是社会中诸多地位平等的功能系统都代表社会整体的形式。

三　文艺复兴至现代早期：多样性社会的兴起及其解释

亚里士多德的社会理论模式产生于等级分化的、高度文明的社会，同时也适合描写这种社会。但是，由于这一理论的说服力只是基于社会上层的沟通关联（即他们的行为和思维方式），所以当社会的分化原则发生变化时，这一理论的说服力也随之受到影响。在社会学中，从古代到现代的过渡往往被描写为社会分层形式的转变，即由贵族主导的社会到市民阶层主导的社会的转变。在此视角下，亚里士多德的

① Niklas Luhmann, 1993a, *Gesellschaftsstruktur und Semantik*, Bd.2, p.220.

解释模式被修改后继续沿用，人们不再从贵族的生活形式出发来描写社会，而是基于市民阶层的诉求和处境来描写。但是，与韦伯的观点相似[①]，卢曼认为，近代以来的欧洲所经历的社会转型在人类历史上是独一无二的，从进化论的角度看更是例外，在此传统社会转变成了功能分化的社会。但是，卢曼认为，如果旧欧洲的政治学和伦理学对描写等级或阶层分化的社会具有很大的语义学的适洽性，那么这种理论却不适合描写功能分化的现代社会，并且人们至今并未生产出一种适合描写现代社会的社会理论。

卢曼按照时间顺序对近代以来的语义学转变进行了考察。

首先，他认为，16 世纪以前的欧洲社会尽管包含了社会文化的多样性，但宗教和社会结构层面的统一可以使这一社会得到至善论的描写，即用共同体和友谊概念进行描写。16 世纪以来，欧洲内部的多样性以及欧洲人在领土扩张的过程中所经历的世界多样性都远超过了人们所能看到的“统一”：宗教改革导致了欧洲内部多种宗教教派和学派并存乃至争斗的局面，“新大陆”的发现使欧洲人见到了民族、文化和社会结构的多样性，等等。因此，欧洲人开始用多样性和变化概念代替“统一中包含多样性”的世界解释方案。

这种转变在社会关系领域比较明显。如前文所述，卢曼将社会关系区分为个人之间的关系和个人与秩序的关系。他

---

① Max Weber, 1984, *Die protestantische Ethik*, pp.9–11; Niklas Luhmann, 1993a, *Gesellschaftsstruktur und Semantik*, Bd.2, pp.222–223.

认为，在欧洲所经历的近代转型时期，个人之间的友爱虽然仍被看作社会统一不可或缺的条件，但个人间的友好关系和个人与社会秩序（共同体）关系之间的关系却发生了变化。如果亚里士多德意义上的友谊概念意味着友谊与政治社会之间的互相依存，那么到了 17 世纪，这种相互依存则受到了冲击。此时，友谊仍然“被视为普世的甚至宇宙性的好感，被视为社会黏合剂，被视为区别于简单生活的美好生活的条件”[①]，其社会功能显得比私人社交功能更加重要，因而构成了政治社会的基础。另一方面，友谊被看成是一部分人之间的关系，即定义和维护着社会秩序的社会上层人士之间的关系；在此，友谊因为政治社会而得以可能。对卢曼来说，这两种不同的含义已经无法装在同一个友谊概念中。而到了 17 世纪末、18 世纪初，个人间的友谊被明显地要求服从文明社会的秩序要求，即服从那些以上帝、祖国、家庭的名义提出的要求。

如果个人之间的友谊所引起的行为期待与社会秩序或“文明集群”（Zivilsozietät）对个人的行为期待之间存在矛盾，那么卢曼认为，对 17 世纪到 18 世纪之交的欧洲来说，两种期待中哪一种具有优先位置，是经常变化的。在此时期，人们往往通过抬高友谊理念而使友谊具有社会约束力。由于真正的友谊被视为社会关系的至善而被追寻和宣扬，所

---

① Niklas Luhmann, 1993a, *Gesellschaftsstruktur und Semantik*, Bd.2, p.224.

以文明社会之整体往往被置于这种友谊之后。他举了法国一位修道院院长德·贝尔伽德(de Bellegarde)的一段话来证明这一点，基于古代传统，德·贝尔伽德赞扬了一位皇帝，因为此帝每天祷告时都要感谢上帝赐予了他一个帝国用于服务朋友。[①] 也就是说，将友谊看得重于国家在当时是一种值得称道的观念。卢曼指出，实际上，文明社会的方案在18世纪末只是形式上还存在；人们对共同体(友谊)和政治(社会秩序)的理解已经发生了变化。概念的连贯性只是一种表象，而维持这种表象的社会阶层即贵族或社会上层本身已经受到了严重的冲击。

卢曼在其相关研究中虽然主要关心的是语义学层面的变化，但是在他的解释中，社会现实总是构成了语义学的基础。就友谊概念在18世纪末所经历的变化来看，他认为是如下社会变迁导致了它们的出现[②]。一是统治秩序的变化，即到了18世纪末，民族国家的统治秩序已经相对稳固，现代国家的轮廓已经形成，政治系统正在演化成独立的功能系统。二是经济已由国内经济转变成世界经济，导致社会概念不再建基于政治，而是更多地与经济领域相关。三是统一的教会被破坏，因而以宗教为基础的社会统一也不再可能实现；社会更多地变成了一个多样利益的集群，它只能以契约为基础。在此，古代社会中共同的东西即友谊被效用

① Niklas Luhmann, 1993a, *Gesellschaftsstruktur und Semantik*, Bd.2, pp.225–226.

② 同上书，第226页。

（Nutzen）所取代。而友谊则被塞进了宗教性定义的超验之中，变成了杜马意义上的无声的爱或涂尔干意义上的团结[①]。

如果亚里士多德在将友谊分成三类（分别以效用、乐趣和美德为基础的友谊）之后将其视为构成社会整体的基础，那么到了近代，友谊虽然仍然对社会上层（宫廷社会）和公共交往具有重要意义，被看作对这类领域中的社交有裨益的、具有激活意义的，但友谊也被认为是可以在此类领域引起问题和麻烦的因素。尤其是当个人隐私需要保护时，友谊的界线划定就成了问题。卢曼认为，实际上，在 17 世纪初期，文艺作品已经在提醒人们在社交中保持谨慎和怀疑的态度。而稍后，心理的精致被当作一种美德而被普世化，旧欧洲的以友谊为基础的沟通传统被完全折断：友谊概念不再涵盖所有社会交往，也不再具有校正危急情景的功能，友谊从公共领域被压缩进了私人社交领域，仅仅被视为个人间在相互渗透中可以提升个人幸福感的一种因素。[②]

这样，对 17 世纪的欧洲来说，友谊的建立已经无法保障社会秩序，旧欧洲传统中的二元论——即寓于友谊设想中个人间的关系与个人与社会秩序间关系的对立——此时更加激化。而到了 18 世纪，人们关注社会生活时的重心已经转移到了个人间的透明性和相互渗透；人们似乎认为，社会秩序的可能性问题可以在个人间的关系问题层面得以回答。在

---

① Niklas Luhmann, 1993a, *Gesellschaftsstruktur und Semantik*, Bd.2, p.227.

② 同上书，第 228 页。

此意义上，人们认为，个人与他人缔结友好关系的意愿是自然的、无限度的。但是，另一方面，人们也看到了社会的不透明性（如文化背景）和个人经历的不可沟通性对个人间友谊关系的限制性影响。这样，自然的友谊观就不仅无法解决社会秩序层面的问题，而且也面临着自身界限的问题。

正是由于友谊概念的覆盖范围逐渐被缩压，甚至被限制在个人的私密领域，所以人们必须用一些其他概念来描写友谊概念所无法涵盖的社会关系。“商业”和“交谈”等概念就被用来描写传统意义上友谊关系之外的社会关系，即“一般的、并非自愿的和交互性地被强化的社会关系”[①]。

在建基于友谊概念的理论方案越来越难以满足描写全社会任务的情况下，也出现了一些替代方案。其中最为引人注目的尝试来自苏格兰道德哲学家。在卢曼的理解中，与契约论的社会理论相比，苏格兰道德哲学家的主要意图在于为社会理论奠定一种自然的或人类学的基础。在此，人与他人建立社会关系且依存于社会生活的基本动力来自人的本性。也就是说，苏格兰哲学家对于社会秩序是如何可能实现的这一问题的答案是：基于人的本性。但是，卢曼认为，在此本性（自然）概念却掩盖了相关秩序问题的两个不同类型之间的差异，即个人间的关系和个人与社会的关系间的差异。这样，这一概念实际上使相关的理论分析无法深入。

---

① Niklas Luhmann, 1993a, *Gesellschaftsstruktur und Semantik*, Bd.2, p.231.

但是，同样是在17世纪，对人的一种新的理解开启了通向符合社会真实的新的社会理论之门。这种理解即是笛卡尔将自我确定性和自立固定在思维中的尝试（“Cogito ergo sum”：“我思故我在”，就是这种尝试的总结）。通过将思维确定为主体的根本的存在形式，笛卡尔赋予了主体性新的内容：主体性寓于意识当中，因此，意识可以说等同于主体；只有在有意识的操作过程中，确定性才无条件地存在，因为无论操作的内容正确与否，意识都是在场的，操作是自我知晓的。这样，卢曼认为可以用自我指涉概念描写笛卡尔意义上的确定性：对笛卡尔来说，确定性寓于（意识的）自我指涉当中，并且主体在此是否将自己认定为“我思”当中的“我”，这一点并不重要。[①]

无疑，笛卡尔对主体地位的改写对近代欧洲乃至世界的思想和社会发展都有重要的影响[②]。但是，卢曼对笛卡尔的阐释却独具匠心，这一点主要体现在他将笛卡尔的主体性概念直接转换成其社会理论的核心概念“自我指涉”，并且以此为起点来解释社会秩序的实现可能性之做法。卢曼认为，在笛卡尔将个体的自我确定性确认为意识之后，意识即自我指涉的作用首先不再是作为找到某种为个体的行动负责的、与自身有距离的动因，即作为自我指涉的主体

① Niklas Luhmann, 1993a, *Gesellschaftsstruktur und Semantik*, Bd.2, p.235.

② Niklas Luhmann, 1996, *Die neuzeitlichen Wissenschaften und die Phänomenologie*, pp.34, 51; Niklas Luhmann, 1993a, *Gesellschaftsstruktur und Semantik*, Bd.2, pp.235–236.

被自律地设定了。这样，个体不再像亚里士多德的解释方案所认为的那样，是因为友谊或共同体本身的优势而被纳入社会关系的，而是基于自身的主体性而进入这类关系的。这样，社会关系本身也只能以范畴命令的形式加以解释，它们只能被看作作为个体的主体（对自身的）风俗要求（sittliche Forderung）的结果。[①]

如果笛卡尔对主体性的定位使卢曼得出了自我指涉是社会秩序的基础的结论，那么康德对主体性的进一步理解则为卢曼回答主体为什么要构建社会秩序这一问题提供了启示。对康德来说，主体性的基础由主体在对多样性的掌控中形成统一关系的能力构成。在此，卢曼直接将多样性概念转换成了其系统理论的另一个核心概念“复杂性”（Komplexität），并且认为，由于主体能够生产意义，所以主体必须同时在自身和客体中解决复杂性问题，形成统一关系。而解决复杂性问题的形式本身也构成了主体概念的主要内容[②]。

但是，卢曼发现，康德及其同时代的一些思想家都面对着一个未决的问题：即将生存和方式（Modus）勾连在一起，并且对二者进行循环论证，从而无法把握建构某种社会理论的机遇。比如，在法国思想史中，基于自我的统一和单一性即不可分解性之想象，灵魂被看作不可拆解的，而自我的

① Niklas Luhmann, 1993a, *Gesellschaftsstruktur und Semantik*, Bd.2, pp.236, 243.

② Niklas Luhmann, 1985, *Soziale Systeme. Grundriss einer allgemeinen Theorie*, pp.93, 107; Niklas Luhmann, 1993a, *Gesellschaftsstruktur und Semantik*, Bd.2, p.237.

统一又被通过主体的行动和经历方式的统一而被证明[①]。这样，主体操作方式的统一证明着主体（生存）的统一；实际上，方式的统一又被解释为建基于主体的统一作为认识之可能性的条件。在卢曼看来，这里的问题是，生存与方式的循环论证导致人们无法直接考察多样性的统一的涌现（Emergenz），即在建构社会理论时遇到困难，因为这种统一只能是社会绩效。

在此，卢曼主张用意识的主体性方案取代康德意义上主体的主体性方案，以便解释社会性即社会秩序的可能性。通过将主体性理解为意识的主体性，生存 | 方式之问题就被糅进了作为“事实”的意识当中：意识本身被看作一种操作，并且通过这种操作，意识在对综合的变换进行综合，赋予自身以生存和延续。

那么，作为操作的意识是如何获得社会性的呢？卢曼认为，初看起来，作为意识的主体对他者来说仅仅是客体，在先验论者看来甚至仅仅是表象，因为某一个主体的意识活动即基本的自我指涉是不为他者所知的。但是，正是因为每一个主体都在通过其意识的自我指涉获得关于自身的确定性，所以他具有某种社会品质，即“人人-品质”：基于自身意识的确定性，每一个人都会承认另一个具有意识活动的本体也具有这种自我指涉的确定性。这样，从“人人都是主体”、

① Niklas Luhmann, 1993a, *Gesellschaftsstruktur und Semantik*, Bd.2, p.238.

都具有寓于自身意识中结构的假设中，卢曼导出了某种“社会先验”；基于这种“人人-品质”范畴命令的普世化才是可能的：某一个范畴或领域中的行为规则可以被理解为“人人”的意识活动都会得出的结论[①]。

如果社会性在亚里士多德的理论传统中被理解为共同体和友谊的社会超验，并且这种理解在漫长的历史时期具有相应的社会现实基础、符合一定的社会结构，那么卢曼认为，社会性在17世纪以来逐渐被还原为“人人-品质”，就既是概念历史演变的结果，也是社会结构本身所经历的变化使然。[②]就后者来说，卢曼认为，实际上，到了近代，社会秩序存在的理由发生了根本性的变化。如前文所述，在传统社会中，等级分化的社会秩序的存在理由被宣称为美好的生活和寓于每一个等级中单个的人对某种生活方式的完美形式的追求所影响。而到了近代，社会的功能分化则使所有个体都能够具有进入每一个功能系统、享有每一种功能的参与权的要求，个体对社会的这种要求构成了功能分化形式的优势地位得以维持的基础，主体本身因此也变成了社会的包容形式——由许多功能系统（政治系统、经济系统、科学系统、宗教系统等）构成的社会通过允许每一个作为主体的人进入这些系统而具有前现代社会所不具有的包容性。

在某些特定的社会理论传统中，现代人的处境往往被

① Niklas Luhmann, 1993a, *Gesellschaftsstruktur und Semantik*, Bd.2, pp.238–239.

② 同上书，第239页。

描写为僵化的、主体被认为缺少掌控自身命运能动性的状态。[①] 卢曼的观点则相反。他认为，在现代社会秩序中，个体的主动性和灵活性构成了维持社会秩序的基础，因为个体在此秩序中不再有固定的位置；个体不能再像在传统社会中那样，因为具有与生俱来的固定位置而能够从此出发而追求或期待美好的生活。在现代社会的秩序中，人的生活首先变成了单纯的生存，即获取物质基础的活动；在一定的物质基础之上，人们才可能在其他方面享受生活。因此，18 世纪以来，美好的生活在新主体理论中得到了新的定义。由于在现代社会中自我经验具有不可沟通性（如一个人在法律系统、政治系统、经济系统、宗教系统中的经历几乎不可能跟另一个人完整地沟通、被他者完全理解），个体的幸福变成了一种“自我享受”（Selbstgenuss）意义上的剩余幸福——如果说在前现代社会中人既可以通过他者的善行或与他者的沟通获得幸福感，也可以通过自身的成就获得满足感，那么现代社会中的个人则主要是在经历自我满足意义上的幸福感。[②]

从表象上看，现代人的生活被还原为生存、人本身从本体变成主体，这种变化似乎不太明显，因为几乎所有的人都

---

① 卢曼的论战对手哈贝马斯可以说是当代学术界中这一观点的主要代表人物。Jürgen Habermas, 1954, “Dialektik der Rationalisierung”, pp.701–705; Jürgen Habermas, 1985, *Theorie des kommunikativen Handelns*, Bd.1, pp.232–236, 489–492; Jürgen Habermas, 1985, *Theorie des kommunikativen Handelns*, Bd.2, pp.576–583.

② Niklas Luhmann, 1993a, *Gesellschaftsstruktur und Semantik*, Bd.2, p.240.

在寻求生活，并且主体所具有的一些附加符号也似乎在帮助主体追补其世界和社会关联所留下的空缺——占有世界、修养、解放、生活质量等概念常常被理解为主体的主要生活内容。但是，卢曼认为，自我指涉的主体性建基于现代社会秩序的基本结构，而且这种主体性呈现不变的状态，因为它体现着现代社会的包容性。关于这一点，卢曼写道:“寓于其主体性中的每一个人现在都可以要求进入全社会系统的所有功能领域。无论主体互相如何区分，与社会相关联时，他们作为主体总是平等的，并且因此具有平等地参与所有功能的权利：从经济中获利，受教育，政治参与，成立自己的家庭，等等。作为主体，并且带着派生物自由和平等，人们表述着所有个人被所有功能系统包容的原则，而这一原则本身又关联着功能分化，并且在消解等级秩序”①。

在此，重要的是，卢曼发现了某种现实状况与理论发展的非同时性问题。他认为，在以上描写的主体与社会秩序的关系已经出现的情况下，关于主体的理论却进入了狭窄的轨道，以至于从主体依据出发的社会学被指责在认识论和人类学层面都只是片面地描写人和社会，是在客观化和对象化地去描写。

这种狭窄化首先源自笛卡尔的认识论。如前所述，卢曼认为，笛卡尔的认识论在解决不确定性问题时沿用了本体

① Niklas Luhmann, 1993a, *Gesellschaftsstruktur und Semantik*, Bd.2, p.240.

论的传统，在对存在 / 不存在进行区分的二值图式论的基础上，将思想即主体设定为超验化的统一，从而获得确定性。而卢曼认为，如果将认识理解为自我指涉，那么生物系统、意识系统和社会系统都在认识；在其认识过程中，它们在生产着不同的二值图式——如作为社会系统的政治系统在按照有权 | 无权的图式，经济系统在按照占有 | 不占有（财产）的图式，学术系统在按照真实 | 不真实的图式，法律系统在按照合法 | 不合法的图式在操作即认识[①]。在此理解中，确定性问题可以借助结构的复杂性、或然性、意义等概念得以更宽泛地表述，科学和认识也可以首先作为社会的操作来定义。但是，通往这种理解的道路相当漫长。卢曼认为，休谟和康德及以后的一些哲学家试图回答的问题是，认识是如何可能的？由于他们试图找到一种不以认识本身为前提的、寓于循环论证中的答案，所以主体概念就被当作一种接收概念在使用。主体被理解为具有认识能力的本体，因而他可以接收各种现象和事物，从而生产出认识。在这种认识论的“前概念”的基础上，社会秩序得以相应地理解，比如，费希特就将社会理解为理性的本体之间的关系，认为人之所以能够进入社会关系，是因为他能够预设自身之外的其他人是理性的本体[②]。在社会理论层面，费希特面临的问题是，人如何

① Niklas Luhmann, 1986, *Ökologische Kommunikation. Kann die moderne Gesellschaft sich auf ökologische Gefährdungen einstellen*? pp.75–76.

② Niklas Luhmann, 1993a, *Gesellschaftsstruktur und Semantik*, Bd.2, p.242.

能够从这一前提出发？费希特的理论贡献在于证明了这一前提并非来自经验，而是建基于对理性自身分析的观点，从而实现了在自我确定的主体性的基础上确定社会理论概念的目标，或者说在认识论的基础上建构社会理论的目标[①]。

卢曼指出，在费希特的思想中，现实中真实可见的认识和科学在社会中取得的成就为他将认识归咎为能够促成统一的主体提供了依据。但是，卢曼与费希特以后的一些哲学家一样对主体概念的综合能力提出了质疑。如果从认识之事实出发能够得出所有主体中都具有"综合的主体"之结论，也就是说，从"每个人都能认识"这一事实出发而得出每个人都是主体这一结论，那么个体、人、自我概念应如何被推导出？从主体中推演出主体的手法可能解决不了问题，因为从个体中是无法得出个体、从人当中无法得出人之存在、从自我中也无法得出自我存在的结论的。[②]

卢曼发现，为了解决这一问题，在18世纪初期出现了一种将主体"人类学化"（Anthropologisierung des Subjekts）的趋向，并且在后来形成的哲学的人类学中，这种做法被发挥到了极致。在卢曼看来，所谓主体的人类学化，实际上就是将主体的意识不仅仅理解为思考，而是同时理解为感知，使主体成为"机智的统一"，进而成为个体。由于每个人都被看作一个具体的个体，所以人的最一般的特征被确认为其

① Niklas Luhmann, 1993a, *Gesellschaftsstruktur und Semantik*, Bd.2, p.242.

② 同上书，第240页。

个体性。在洪堡的思想中，作为个体的主体具有将自己一般化、将自己建构成人类、在自身中“获得尽可能多的世界内容”的能力[①]；这样，个体的社会属性被设想为寓于其内在空间之中，被理解为精神（Geist）。

在这种将社会性理解为精神的理论建构中，卢曼发现了一个矛盾：如果将大多数主体的现实的社会性理解为精神，那么这种精神就必须是集体精神，因而不再是个体的属性；面对个体，它必须以外在强制的形式出现。康德意义上的范畴命令正是主体在自身中重构的这种强制。强制主体为了建构共同体而放弃或驯化其个体的、强烈排异的特性已不再可能，所以共同体只能以主体对自身提出道德要求为基础[②]。

至此，对卢曼来说，在认识论的层面将主体理解为思维或理性，在人类学的层面将主体理解为感知或精神的做法都是有缺陷的。在两种视角下，在面对“社会秩序是如体可能的”这一问题时，主体的位置都显得不合适。而造成这种状况的原因在于，在近代以来，主体越来越多地变成了社会秩序的基础；主体既持有创建社会秩序的要求，也持有从秩序外部参与的要求；并且，这些要求是否能够实现，已经成为主体批判社会的标准。在此情况下，认为主体在自身中建构

① Wilhelm von Humboldt, 1969, *Theorie der Bildung des Menschen*, Werke Bd.I, p.235, 转引自 Niklas Luhmann, 1993a, *Gesellschaftsstruktur und Semantik*, Bd.2, p.242.

② Niklas Luhmann, 1993a, *Gesellschaftsstruktur und Semantik*, Bd.2, pp.243, 245.

社会秩序，即认为主体与秩序构成了一种和谐的统一，这种观点已经不合时宜。[①]

总之，卢曼认为，18 世纪社会思想的一个显著特征是对个人间的关系更加敏感，并且试图脱离社会等级特有的要求来解释社会关系。但是，如果亚里士多德传统中社会理论的单面性在于从共同体出发来解释社会关系，那么在卢曼看来，18 世纪社会思想的单面性则在于不是从社会的共同体出发，而仅仅是从个人间的关系出发来思考社会性；而由于个人总是寓于社会共同体中，所以基于个人间相互渗透的理论必然会意味着社会必须满足个体层面的个人化的、与主体相一致的要求。这样，社会秩序是如何可能实现的这一问题就无法得以回答。

从这种思想出发，19 世纪的思想家更加倾向于运用二分法来设计社会理论。由此得出的二分主要有社会与共同体及个体与集体之二分。社会与共同体的二分构成了以滕尼斯为代表的早期社会学理论的基础。在卢曼的理解中，共同体与社会这对概念是滕尼斯将人性的东西置入社会这一以工具理性为基础的秩序之尝试的结果。在此，社会和共同体概念并不是亚里士多德的共同体概念（koinonia）的承续，而是描写不同的个人间关系的类型。通过对这两种类型的区分，个人间的关系得以标准化。但是，正是因为这种二元对立的统一和对两种类型的固化，滕尼斯所代表的早期社会理论被

① Niklas Luhmann, 1993a, *Gesellschaftsstruktur und Semantik*, Bd.2, p.244.

证明不具有发展前景。[①]

相反，在卢曼看来，建立在个体和集体的二分基础上的社会理论更加符合18世纪和19世纪欧洲的社会真实，并且与后来的社会描写更具有衔接意义。与当时的早期资本主义的社会现实相一致，并且与古代欧洲的社会理论强调个体和集体利益相似性的基本立场相反，这种二分将个体利益与集体利益的互相对立确定为理论建构的出发点。持这种二分立场的理论传统有两种。一是德国唯心主义和新人文主义，在其建构的主体模型中，个体被想象为为实现自己的利益而夺取世界的主体。二是18世纪在西欧出现的从经济理性出发解释社会秩序的理论端倪——其主要代表为苏格兰道德哲学和法国重农主义学派。这种解释将个体的目的设定和利益追求理解为人的基本需求使然，认为其符合人的本性，并且构成了社会秩序的基础——个体层面的自利造成的无序恰恰会导致社会层面秩序的出现，个体利益的对抗变成了作为需求系统的整体社会秩序的构成性条件。[②]

如果在欧洲传统的社会思想中个人间的对抗被视为与友谊原则相违背而偏离整体利益和社会秩序的现象，那么18世纪出现的个体和集体二分导致的将个体利益对抗视为社会秩序的基础的社会理论却冲破这一理论传统、开启了一种社会理论的新思维。但是，卢曼认为，这一新型理论虽然及时

---

① Niklas Luhmann, 1993a, *Gesellschaftsstruktur und Semantik*, Bd.2, p.245.

② 同上书，第246页。

感知到了当时的社会变迁，即由经济决定的社会形态的出现，但作为社会理论，它将自身过于限制在了具体的关联上（即仅仅在个体或者集体中寻找理论立足点），因而并不具有发展前景。

四　社会学产生以来：从“个体-集体”对立的分解到系统论解释的出现

在19世纪中期社会学产生的时候，该学科的创始者即已意识到了这个问题，仅仅将个体与集体相对立，并且在此基础上做出理论选择是不够的。卢曼认为，除了齐美尔以外，其他社会学的创始人在创建社会学时的基本提问并不是“社会秩序是如何可能实现的”，而是“个体与集体的关系是怎样的”。但是，悖论的是，这些社会学家认为，只有放弃在个体主义和集体主义之间选边，才可能对个体与集体的关系做出社会学的解释。卢曼指出，造成这一局面的现实原因是，在19世纪中期，刚刚形成的工业社会所面对的现实后果令学者们感到恐惧，以至于他们试图提出一些能够包容此前被理解为互相对立的矛盾的概念，以寻求在个体和集体间达成妥协。韦伯的理性和合法性概念、涂尔干的团结概念都属于此类概念。

但是，卢曼发现，韦伯和涂尔干所选择的理论策略都未能使他们得出适合描写现代社会秩序的理论方案。受德国唯心主义的影响，韦伯理论建构的出发点是作为经历世界的主体的个体。由此出发，韦伯关注的是认识和行动问题，在将行动定义为主体的具有意义指向的行为后，韦伯认为，主体的行动、社会行动以及由此构成的社会秩序都可以通过行动者的旨意而得以认识和理解。在此，认识和社会秩序似乎都具有确定性[①]。但是，在社会行动以及社会秩序情景中，人们对纯粹的原则、对宏大的推力、对克里斯马的能量的期待经常落空。这种现实的偏离使得韦伯在方法论层面选择了理想类型的概念建构策略，以便确保社会学认识的有效性。但是，在卢曼的理解中，韦伯的社会理论忽视了个体与集体之关系的建构问题，而这一问题恰恰是一个能够赋予社会学的核心概念以历史意义、社会意义和实践力量的张力要素。对建构问题的回避使得韦伯未能解释社会秩序的可能性问题[②]。

涂尔干社会理论的出发点是“西欧的”个体概念。在此，个体的个体性不是被理解为个体的反思能力和绩效本身，而是通过一些客观特征得以定义的、被看作劳动分工的产物。[③] 在这一概念理解的基础上，个体和集体之间的关系并不那么紧张，二者并不能互相接受和包含，而是处于相互

① Max Weber, 1980, *Wirtschaft und Gesellschaft. Grundriss einer verstehenden Soziologie*, pp.11–14.

② Niklas Luhmann, 1993a, *Gesellschaftsstruktur und Semantik*, Bd.2, p.249.

③ Anthony Giddens, 1971, “The ‘Individual’ in the Writings of Emile Durkheim”, pp.210–228; Niklas Luhmann, 1993a, *Gesellschaftsstruktur und Semantik*, Bd.2, 249; Niklas Luhmann, 1999 (1982), *Funktion der Religion*, p.96.

提升的关系中。具体地看，在涂尔干的理解中，现代社会同时包含着比前现代社会更多的个体性和集体性即国家调控，并且社会越复杂、社会中的劳动分工越发达，个人的个体化的可能性也就越多，而社会对个体提出的用以联结各分工领域的团结要求也就越高。在此，涂尔干的社会概念更多地建基于个体的义务意识，因而难以与道德和宗教概念相区分，导致其社会理论具有很大的局限性[①]。

卢曼指出，实际上，在涂尔干之前、圣西门之后，已经有过从社会整体出发来建构社会理论、解释社会秩序的尝试。但这类尝试往往倾向于将一些部分结构总体化，并且在将个体边缘化的同时通过规范性的拔高来弥补个体的缺失[②]。在他看来，这种尝试导致了社会科学内部许多对立立场的出现，因而无法建立起社会学专业的统一范式，也无法回答社会秩序的可能性问题。卢曼认为，要解决这个问题，社会学必须关注自己的理论传统，带着问题历史的要求进行探索[③]。

在卢曼看来，通过对社会学理论传统的考察，帕森斯富有成效地做出了建构全面的社会理论的尝试。在其 1937 年出版的著作《社会行动的结构》中，帕森斯通过对马歇尔、帕累托、涂尔干、韦伯等古典社会学家著作的分析，进入了一个由行动、系统、理性等概念组成的深层结构。通过对行动概

① Niklas Luhmann, 1993a, *Gesellschaftsstruktur und Semantik*, Bd.2, p.250.

② 同上书，第 250—252 页。

③ 同上书，第 258 页。

念的分析，帕森斯发现了对行动的进行具有不可忽略的意义的多种要素：行动情景、行动者、对象（或他者）、行动者的取向以及对象的形态。由于这些行动要素之间存在非随意的关系，并且由这些关系构成的整体可以与不属于它的事物即环境区分开来，所以帕森斯得出了一个极富洞见的、对社会学理论影响深远的结论，行动只可能是系统。[①]这样，帕森斯理论思考的主导问题是，社会行动是如何成为可能的？而在卢曼的理解中，这一问题实际上是一个关系性的问题，即行动的分析意义上的组成部分之间的关系是如何成为可能的？并且对这个问题的回答实际上就是对“社会秩序是如何成为可能的”这个问题的回答，由于行动本身就是系统，回答了行动成为可能的问题也就回答了成为作为系统的秩序问题。

卢曼发现，相对于古典社会学将行动看作由主体构成的先验的二人之在的情景，帕森斯将行动情景确定为两个互相面对的系统的做法将社会学理论向前推进了一步，也为社会秩序的可能性问题提供了新的答案。他认为，帕森斯将社会行动以及与此相关的社会秩序问题改写成了“双重或然性”问题，在社会行动的情景中，每一个行动者对他自己和其他行动者而言都同时是主动者和取向的对象；作为行动的主动者，他既以他自身又以他者为取向；而作为取向的对象，他

---

① Talcott Parsons, 1968a, *The Position of Identity in the General Theory of Action*, p.14；〔美〕塔尔科特·帕森斯：《社会行动的结构》，张明德、夏遇男、彭刚译，译林出版社2003年版，第49—50页；Niklas Luhmann, 1993a, *Gesellschaftsstruktur und Semantik*, Bd.2, p.260.

既有关于他自身又有关于他者的意义。也就是说，每一个行动者在行动时都必须知己知彼，既是认知的知者，又是认知的对象；既在感情上与他者相联结，又是被联结的对象；既是对他者的评估者，又是被评估者；既是符号的阐释者，又是被阐释的符号，等等。[①]

在拓展韦伯等古典社会学家的行动理论方案的同时，帕森斯却陷入了某种局限。在提炼出行动的四种要素即行动者、行动对象、行动取向、行动样式（modality）之后，他仅仅关注了与行动者相关的双重或然性，从而未能发展出包含这四种要素的行动系统理论。尽管如此，卢曼认为，帕森斯的抽象却对回答社会秩序问题具有新的启发。在发展双重或然性的解释模式时，帕森斯一直在关注社会秩序问题。在他看来，霍布斯在思考社会秩序的可能性问题时的基本提问是，为追逐个人利益而理性行动的个体如何能够在社会秩序中生活？他的答案则是：通过社会契约。而帕森斯认为，这一答案意味着纯粹功利主义的失败，将理性概念的拓展是霍布斯理论的一大弱点。在回答秩序问题时，帕森斯选择的策略是：将理性的连续统拆开并重构。通过对古典社会学的研究，他发现在社会行动系统的层面，往往有一些独立的价值基础被制度化；而在起源和功能的意义上看，这些价值并不是行动者优先选择的集合，而只能被看作社会行动的“剩余

① Talcott Parsons, 1968b, “Interaction: Social Interaction”, p.436；转引自 Niklas Luhmann, 1993a, *Gesellschaftsstruktur und Semantik*, Bd.2, pp.260-261.

价值”，也就是说，在以双重或然性为特征的社会行动情景中，行动个体并不总是理性地选择行动目的和手段的，以至于非理性的行动也会导致社会层面的价值共识，从而使社会性涌现的理性与个体理性的行动之间存在非连贯性。这样，对帕森斯来说，社会秩序问题实际上是在个体行动可能包含非理性的情况下整体理性如何成为可能的问题，即排除随意性而使秩序成为可能的问题。①

卢曼发现，帕森斯提出的一般分析的行动系统概念的意义就在于回答这一问题。在此，帕森斯用行动系统的可能性分析取代了古典社会理论的主体概念。而通过一般行动系统概念，他又建构出了亚系统分化的图式。这种分化主要包括个人系统和社会系统的分化。基于这种分化，系统理性的连贯性就既可以被证明，又可以被取消或否认：在某一个分化的系统内部，系统理性具有连贯性；但是，在系统间的视角下，系统理性却不具有连贯性，即某一系统的理性并不与另一系统的理性相一致。这样，对帕森斯来说，理性就分解在了系统分化当中，而这种分化是以“内部的 | 外部的”（internal|external）和“工具性的 | 圆满的”（instrumental|consummatory）这两对二分为基础的。帕森斯的这种对行动系统、理性和系统分化间关系的建构，实际上提出了一种新的社会相关性以及理论与社会的同构，通过提

① Niklas Luhmann, 1993a, *Gesellschaftsstruktur und Semantik*, Bd.2, pp.262–263.

出行动系统之理论方案，他展示了一种新的描写现代社会作为系统分化的社会的可能性。[①]

五 卢曼的答案

帕森斯虽然提出了一种新的探讨社会秩序的可能性路径，但在卢曼的观察中，他运用一般行动系统概念（general action system）联结个人与社会的做法是不成功的，就像古典理论家试图用自然、本性、宇宙、人类、自然法、统治或者价值共意来解释秩序的做法的失败一样。在他看来，帕森斯失败的原因在于，他所发展的系统理论本身不能将单个的社会系统作为相对独立的系统进行描写，而是仍然像古典理论家那样，赋予一种子系统以统领或整合其他系统的地位和功能，也就是使秩序得以可能实现的功能。而通过对帕森斯系统理论的发展，卢曼对"社会秩序是如何可能实现的"这一问题的回答是："……通过意义，人们可说，通过社会系统的构建，而这类系统能够在一定的时间内面对过度复杂的环境在自身界线内保持稳定。人们可以说，通过社会文化的进化"[②]。

---

① Niklas Luhmann, 1993a, *Gesellschaftsstruktur und Semantik*, Bd.2, p.264.

② 同上书，第 285 页。另外，早在 1976 年为《宗教的功能》一书所作的序言中，卢曼就表达了这一基本观点。他写道："我的出发点是，社会文化进化虽然不在其主要功能方式中，但却在其附带效果中提升社会系统的复杂性，并且由此奖励通过功能专门化而应对选择要求的秩序。" Niklas Luhmann, 1999 (1982), *Funktion der Religion*, p.8.

实际上，卢曼是用个人系统取代古典理论中的主体、用社会系统取代秩序概念，然后探讨系统间的关系形式来解释社会秩序的可能性问题的。这里需要回顾一下卢曼系统理论的基本观点。系统被卢曼定义为由自我指涉的操作构成的网络，而操作本身指的是设定某物与他物间的差异（如书桌上放的一个茶杯与书桌上及由此无限扩展的空间中所有他物的区别）并标示出这种差异过程；当在第一次设定差异和标示差异操作的基础上出现后续的设定和标示差异的操作时，就出现了操作网络。由于这个网络中的后一个操作都以前一个操作为基础，所以这些操作是自我指涉的，系统因而也是自我指涉的。[①] 个人系统（或称心理系统、意识系统）的操作是生产思想的操作，而社会系统的操作是生产沟通的操作。沟通被卢曼定义为一种独立的、自我生产的操作，这种操作将三种不同的选择（Selektionen）连接成一个共生的单位（emergente Einheit）。这三种选择即为信息（Information）、传递（Mitteilung）和理解（Verstehen）。一次沟通要想引起下次沟通，被招呼者必须在信息和传递之间进行一次区分并且辨识出信息和传递（或招呼者）中的一边。只有当我（Ego）观察到了信息和传递之间的差异、能够期待这种差异（即可以辨认“他”=Alter 也设定了这种差异）、理解了这一差异且能够在这一差异的基础上选择自己的反应行动时，才

① Niklas Luhmann, 1993a, *Gesellschaftsstruktur und Semantik*, Bd.2, pp.16, 48, 60.

能出现沟通。[①]

个人系统和社会系统都被卢曼看作操作性封闭的系统[②]。这种操作性的封闭是通过他们不停地划定自身与环境的界线而得以维持的。在此，个人属于社会系统的环境中的一部分，社会系统也属于个人系统的环境中的一部分。这一界定引出了系统理论回答社会秩序问题时必须厘清的一个问题，即系统指涉的多样性问题，或者说世界立场的多样性问题[③]。卢曼的解释是，环境与系统之间存在复杂性差异，环境总是比系统复杂，以至于环境可辨认的自身的统一形式与系统完全不同。与一种系统相比，环境中可以包含以其他方式存在的系统。这样，环境自身的分化与系统的分化也不同。环境的分化方式比系统的分化方式更加开放[④]。系统（比如学术系统）分化的条件是，整体系统的外部边界必须也是其子系统的外部边界，即子系统应能区分整体系统的外部环境和内部环境——前文提到的韦伯所界定的社会学的价值中立原则即可说明这一点。如果将学术看作一个整体系统，那么社会学作为其子系统则只应分析和描写社会事实，而不应分析和描写物理、化学、生物等现象。由此，社会学

① Niklas Luhmann, *Soziale Systeme. Grundriss einer allgemeinen Theorie*, p.560, pp.567–568; Niklas Luhmann, 1997, *Die Gesellschaft der Gesellschaft*, p.97.

② Niklas Luhmann, 1997, *Die Gesellschaft der Gesellschaft*, p.92.

③ Niklas Luhmann, *Funktion der Religion*, 1999 (1982), p.101.

④ 同上书，第 14、50—51 页。

将物理学、化学和生物学等学科界定为自己所属的科学系统的内部环境。社会学也不应对社会事实作伦理的或其他的评价，因为这种评价是伦理（如宗教）系统、政治系统等的任务；由此，社会学也界定了其所从属的科学系统的外部边界。

同时，整体系统的环境的界定也表明，环境中包含着系统，并且这些系统的环境是某一系统（如科学系统）所无法调控的；甚至可以说，某一系统的环境中所包含的其他系统对这一系统来说是陌生的。这一系统对其环境中的其他系统来说也可能是陌生的，乃至不可辨识的——比如对经济系统来说，宗教就可能是这样一个系统。

以上界定是卢曼关于系统间关系的一般说明。从这种界定出发，我们已经可以得出一些关于社会秩序的可能性问题的答案。作为系统，个人与个人互为环境，个人与社会秩序也互为环境；每一个个人系统和每一种社会系统都通过自身的操作自我指涉地自我生产着，它们分别处于他者的环境中，可能不为他者所知所识。

但是，既然如此，个人与个人之间、个人与社会秩序之间如何建立联系呢？卢曼的答案是通过系统的相互渗透。因此，相互渗透概念是系统理论解释社会秩序的可能性问题时的一个关键概念。相互渗透指的是互为环境的两个或两个以上的系统间的一种特殊关系。在此，渗透进其他系统的某一系统会将自身的复杂性和变化性提供给前者用于自身建构[①]。某一系统的自身复杂性来自其自身结构及其与环境的关系，这种复杂性既是在环境中建立起来的，又是在环境中得以维持的。同时，在这一环境中，渗透其他系统的系统又具有一定的意义。比如，渗透进社会的个人对社会发挥着影响，同时，其自身的生活又发生在社会这一不可或缺的环境中。

在此，个人与个人、个人与社会秩序之间的关系实际上被理解为独立的系统之间的相互渗透关系。那么，系统为什么要相互渗透呢？卢曼的答案可以解读为：为了维持系统本身的存在。这一点从他对相互渗透的功能的分析中可以看出。他认为，相互渗透的功能主要在于给系统提供复杂性和减少复杂性的能力，每一个系统虽然都具有一定的减少来自环境的复杂性的能力，但在接受来自环境的其他系统的渗透时，它往往将这种渗透经历为或然性（比如，当一个高中毕业生收到一份征兵通知时，他会将当兵、上大学、进城打工、务农等都作为考量来对待，从而将入伍只看作多种可能性中的一种，即或然的而非必然的选项），经历为对其自身结构要素的不确定性的揭示，经历为不稳定性和自身变更的强制。卢曼将这种经历概括为对时间的经历，因为在时间中，系统对另一系统的渗透进行着一切可能的加工，可以做出任何反应。这种被强迫的自身变化即灵活性就是系统的生

---

① Niklas Luhmann, 1985, *Soziale Systeme. Grundriss einer allgemeinen Theorie*, p.290; Niklas Luhmann, 1993a, *Gesellschaftsstruktur und Semantik*, Bd.2, p.276.

命，其基础则是系统必须建立相应的结构以适应或然性和时间、能够以不变应万变。在不停地接受渗透时，系统具有将自身的结构与已经达到的稳定性和变化相衔接的可能性。[①]

正是因为系统在相互渗透时保持着自身的结构，所以卢曼认为相互渗透是一个对称的概念。这意味着，所有系统都可以相互渗透——个人可以渗透进社会系统，社会系统也可以渗透个人，等等。但是，这种相互渗透是有限度的；每一种系统都自我指涉地生产着自身的结构，在受到其他系统渗透时，这种过程和结构也会构成相互渗透的“同在因果性”（Mitkausalität），限制系统受外来影响的可能性。[②] 这种状况构成了系统互相客观化的结构性前提。正是因为每一个系统都是独立的、自我生产的，所以在一个系统影响另一个系统时，它必须将其结构作为客观实在来对待，在认识这种结构的前提下对其进行影响。

以上关于相互渗透的界定是一般性的界定，它们既适用于描写个人系统与社会系统之间的关系，也适用于描写其他系统（如有机体与物理系统）之间的关系。为了进一步描写个人系统与社会系统之间的关系，卢曼对相互渗透概念作了限制性的考察。

上述一般界定已经表明，相互渗透的前提是，相互渗透的系统既不相同、又有某种共同点。对个人系统和社会系统

---

① Niklas Luhmann, *Soziale Systeme. Grundriss einer allgemeinen Theorie*, p.293；Niklas Luhmann, 1993a, *Gesellschaftsstruktur und Semantik*, Bd.2, p.277.

② Niklas Luhmann, 1993a, *Gesellschaftsstruktur und Semantik*, Bd.2, p.278.

来说，其共同点是行动。通过行动，个体在渗透社会系统，因此可以说，社会系统本身形成的基础在于大多数社会成员能够为其提供相应的行动、能够参与。社会系统也在通过行动渗透个人（比如，当今中国社会中很多人经历的拆迁过程就是政治系统或经济系统或法律系统或三者同时渗透个人系统的行动过程）。但是，尽管有行动这一共同点，个人系统和社会系统间的差异总是存在的。这种差异主要表现在两方面。一是对两种系统来说，同一种行动来源的库存或领域不同。比如，某人向法院提起离婚诉讼，既是一种关涉个人系统的行动，又是一种关涉社会（法律）系统的行动；作为来自个人系统的行动，它可能是离婚、化解矛盾而保持家庭完整、分居而不离婚等各种选项中的一种；作为关涉法律系统的行动来说，离婚诉讼则涉及现行的婚姻法中很多相关的条文，离婚诉讼是否涉及家暴、婚外情、感情破裂等婚姻法允许考虑离婚的情况？二是对两种系统来说，同一种行动引起的后续行动不同。比如，在一次谈话中，A 对 B 表达某种看法后，可能开始吸烟，这是他的前一种行动在个人系统层面引起的后续行动；而 B 此时则开始对 A 的看法发表意见，这是 A 的行动在社会系统层面引起的后续行动。

与这种差异相适应，行动要在两种系统中生产出选择衔接即后续行动，需要不同的过程形式。个人系统的这种形式是意识；社会系统的这种形式则为沟通。现在的问题是，在行动属于不同的系统和次序、具有不同的选择性时，它们如何能够统一地被确认？卢曼认为，这个问题对系统理论回答社会秩序的可能性问题具有关键性的意义。关于这一问题的答案上文实际上已经提到：通过意义，属于不同系统的行动能够得以统一地确认，个人系统和社会系统之间的相互渗透也得以可能①。

什么是意义呢？卢曼认为，意义是一种媒介，是由使用意义的操作（比如思维）所生产出来的，而不是来自某种创世、某种馈赠、某种起源的世界质（Weltqualität）②。对个人系统和社会系统来说，意义是其加工经历的最基本的形式。这意味着在个人系统和社会系统进行每一次操作时，都会有多种可能性作为意义被生产出来。因此，卢曼认为，意义是通过不确定性而得以确定的。对每一种经历来说，意义都为其提供了对其他可能性的许多揭示。因此，对系统来说，意义意味着某种可能性剩余、意味着冗余。它既意味着从某种经历出发选择可能性的多样性，又意味着返回或记起起点意义、将它为其他选择再激活的可能性。

在卢曼看来，正是意义的这种可能性剩余结构使系统既能独立存在，又能与其他系统相互渗透。在系统与系统互为环境的情况下，意义实际上起着中介作用。意义对未来的开放性实际上代表着系统相互之间的环境；对每一种系统来说，衔接的可能性都代表着特定的选择，但这些选择可以得

① Niklas Luhmann, 1993a, *Gesellschaftsstruktur und Semantik*, Bd.2, p.279.

② Niklas Luhmann, 1997, *Die Gesellschaft der Gesellschaft*, p.44.

到意义性的相互联系。比如，北京市政府正在实施的限购令规定，持有北京户口的居民最多只能购买两套住房。居民A在此规定出台前已有两套住房，但正打算买第三套更宽敞的住房自住。规定实施后，他可能选择卖掉原有两套中的一套，再购买一套大户型房；也可能放弃购房打算，保留原有的两套房；还可能让其只拥有一套住房的父母以他们自己的名义代其购房；等等。这就是政治系统与个人系统之间的意义性关联。这个例子也表明，对每一个系统来说，通过意义，某种操作空间得以开启；而这一空间对其他系统来说既是同一空间，又是不同的操作空间（如限购令对中介公司或房地产开发公司来说就会导致不同的操作方案出现）。

如果指示剩余、冗余和或然性是意义的一般特征，那么卢曼认为这些特征本身既是进化的产物，又对互为环境的多个系统产生影响。限购令之所以能够出台，是因为中国的政治系统已经发展到了相当高的复杂性程度（20年前的中国是不可能有限购令的！）。同时，限购令对其他系统（如作为经济系统之子系统的房地产开发企业、中介企业，作为个人系统的有房屋买卖需求的居民）产生的影响会使它们之间出现新的关系。

卢曼得出的与社会秩序相关的、关于意义的另一结论是，作为涵盖了所有可能性的不确定性，只有在多系统视景的前提下，意义才可能被专门化，某种结构化的、不引人注目的、对操作来说具有衔接能力的世界才可能出现："人们可以说，意义是如此被具体化的，即许多系统运用它，并且与此同时必须对选择性的应用进行协调”[①]。这意味着系统的建构与进化乃是社会（世界）秩序出现、维系和进化的前提条件。我们可以想象，在一个没有法律系统、教育系统、政治系统、经济系统等，或这些系统十分简单、与环境相互渗透的能力十分有限的社会中，社会成员的喜怒哀乐在何种程序上能够被社会所感知？其境况如何能够得以改善？同时，在这样的社会中，个人又能对社会提出多少诉求？

通过意义，由许多系统构成的秩序化的世界得以可能。这种秩序既是动态的，又是稳定的。在某一种意义出现之后，许多系统同时运用它进行操作，这就使得时间得以同步化、所有系统都在同一个时间流中进行操作、具有共同的当下；它们既不可能脱离其他系统而停留在过去，也不可能独自逃离未来。在此意义上，系统之间出现了某种客观化的相互依赖性。这种依赖性并不是系统自身运动或操作的相关物，而是调控所有系统共同运用意义时的操作的“事实公式”。同时，在每个系统运用意义进行操作时，它在与自身的关系中经历着事物（如中介公司在限购令出台后采取的一系列相关售房措施就使它们经历着限购令与自身的关系），同时也意识到同一事物对其他系统来说会引起不同的经历。这样，世界处于一种动态而稳定的结构中。在此结构中会形成一种信息流，其中信息的同一性能够在不同的领会和接受视景中得到保证。[②] 比如，限购令会被中介公司、房地产公

① Niklas Luhmann, 1993a, *Gesellschaftsstruktur und Semantik*, Bd.2, p.281.

② 同上。

司、股市等做出不同的解读和理解，但它会在这些不同的理解中保持其作为信息的同一性。

以上分析所得出的一个重要结论是，意义概念取代了某种总括的系统。也就是说，在卢曼看来，当社会进化到一定的程度后，社会秩序不是由某一种具有超级功能的系统如政治系统或经济系统自上而下地得以维持的，而是由许多自我指涉和自我生产的系统在共同的意义空间中独立地操作，同时又相互渗透而得以可能的。[①] 至此，我们可以确定，卢曼对"社会秩序是如何可能的"这一问题所做的系统论的回答更多地适合现代社会，因为只有在这一社会中诸多功能系统如政治系统、经济系统、法律系统、教育系统、科学系统等才能通过自我指涉和自我生产的操作，有了各自清晰的边界和相互独立的地位，因而才可能在共同的意义空间中相互渗透、构成秩序。如果卢曼的系统理论对现代社会秩序的解释具有适洽性，那么他并不否定以前的社会理论运用自然（本性）、宇宙、人类、自然法、统治、价值共识等方案描写前现代社会所具有的意义和适洽性。他甚至认为，亚里士多德所发展出的以友谊、共同体、伦理、政治社会等概念为基础的社会理论方案在今天并非已经完全过时了，而是仍然具有意义。这些概念虽然不再构成首要的社会解释方案，但它们可以在新的问题分解方案——即将社会分解成诸多系统的方案——中得以运用。

① Niklas Luhmann, 1986, *Ökologische Kommunikation. Kann die moderne Gesellschaft sich auf ökologische Gefährdungen einstellen,* pp.87–88.

在这种新的分解方案中，个人与个人之间的关系和个人与社会秩序之间的关系得以明确地区分。个人与个人的关系的特殊性在于，这种关系必然会导致沟通并且通过选择性的沟通导致社会系统（如亲属关系、朋友关系、邻里关系）的生成。如果将沟通和由此导致的社会系统的生成看作“涌现的复杂性的生产和减少”，那么个体与社会系统之间的关系中却缺少这种可能性。在此，像个人与个人间的关系会导致其他种类的秩序类型出现之可能性是不存在的。个人与社会系统之间的关系中出现的问题只能通过三种途径得以解决。一是通过其他特殊的系统，如个人与经济系统的关系出现问题、个人失业或收入偏低时，即可通过社会保障系统来解决问题。[①] 二是通过强制社会系统自身的变革，使其能够为个

① 可能在不熟悉系统理论的情况下，国内有知识分子也已经发现了现代社会中这种系统涌现现象的必然性。在谈到解决经济增长减速的情况下中国如何改革、以应对由此导致的社会问题时，时政专栏作家邓聿文写道：“必须指出，经济减速下的中国改革，需要向社会更多放权，推进社会组织发展，鼓励其积极参与公共事务。与企业组织一样，社会组织也是构成市场经济体系的组成部分，它们的发育不良，同样会影响市场机制作用的发挥。而目前，中国的市场经济缺少能把微观主体和宏观管理连接互动的社会组织机制。没有各类体现自组织形态的行业协会、利益群体代表组织发挥沟通协调、自组织管理功能，政府职能的转变最终也不可能到位。不仅如此，社会组织的良好发展，也将为民主发展奠定一个好的公民社会基础。因为现代社会组织内部的权力配置、议事方式和运作机制，基本是以民主为基础的。”（邓聿文：“推进更大改革应对经济减速”，载《北京青年报》2013 年 6 月 22 日。）在此，作为系统的社会组织不仅被看作解决个人与经济系统之间关系中出现的问题，而且也被看作解决个人与政治系统之间关系中的问题的派生系统。

人提供更多的自由空间，比如使经济系统通过改革能够提供更多的就业岗位、提高员工的工资收入等。三是在社会系统中为个人与社会系统的关系创造沟通空间以解决二者间的矛盾和问题，如经济系统中通过工会或其他形式的谈判和沟通来扩大就业、避免裁员、增加工资等，就属于这类举措。

如果将相互渗透与意义再结合起来进行考察，那么可以确认的是，有三种不同的意义维度在参与其中，即事实维度、时间维度和社会维度[①]。事实维度对个人系统来说指的是意义性的意图所指示的对象（如某人想摘苹果，想挪动一把椅子，想咽下一口饭，想拉某人一把，等等），对社会系统来说指的则是意义性的沟通所涉及的主题（如 A 和 B 谈棱镜门事件主角斯诺登逃难的事情，谈物价上涨问题，谈南海问题，谈非洲人的肤色，等等）。在此，对象和主题既可以是事物，也可以是个人或个人构成的群体。事实维度是通过意义将所指之物的指示结构分解成“此”和“彼”而得以构造的。意义的事实表述实际上是一种原初的区分，即将某种未确定之物与其他未确定之物区分开来；在此基础上，后续的操作会被分解为一种指向内部的进路和一种指向外部的进路，或者说一种内部视野的取向和一种外部视野的取向，即当某一起点被确定之后，后续的意义生产要么与此相关，要么与此不相关。比如，当 A 向 B 提起棱镜门事件后，他们

① Niklas Luhmann, 1985, *Soziale Systeme. Grundriss einer allgemeinen Theorie*, p.112; Niklas Luhmann, 1993a, *Gesellschaftsstruktur und Semantik*, Bd.2, pp.282–283.

要么谈这个话题，此时，所有谈话都沿着这个话题进行并以这一话题构成的内部视野为取向，这一话题之外的所有话题则构成了外部视野。在意义生产的过程中，会形成清晰的边界。这些边界会不停地被跨越，使后续操作被迫不停地做出方向选择。在此意义上，事实维度使衔接操作得以可能，但每一种操作都必须做出选择：是停留在某一事件或事物上还是转向另一事件或事物。而由于所有事件或事物都可以被涉及，所以事实维度是包罗万象的。[①]

在系统相互渗透的过程中，意义的事实维度必然会具有时间面相。一方面，在一个系统内部，从一个主题或对象到另一个主题或对象的过渡意味着从过去到现在再到将来的过渡，即系统自身的时间经历。而在一个系统渗透其他系统时，所有参与相互渗透的系统都会“捆束”自己的时间，将过去和未来的当下性在当下同现。比如，在北京市政府的限购令出台后，购房者个人、房地产公司、中介公司等都必须将自己的过去和未来与这一事件联系起来进行行动，围绕这一事件形成共同的当下和秩序。当个人系统渗透社会系统时，这一情况则更加明显，因为个人的内在时间经历可能比社会系统更加复杂多变，而且社会系统的形成和维护也要求个人捆束自己的时间经历结构，让它们能够共享。[②] 比如，

---

① Niklas Luhmann, 1985, *Soziale Systeme. Grundriss einer allgemeinen Theorie*, p.114.

② 同上书，第 116 页；Niklas Luhmann, 1993a, *Gesellschaftsstruktur und Semantik*, Bd.2, p.283.

一个舞会即是一个社会系统，在舞会上无数参会者都必须共同在场，将自己的过去和未来融入舞会这一共同的当下——如果所有人都认为白天工作累了，只来舞会上瞧一眼，那么舞会将办不成；如果所有人都想多经历几种夜生活，只在舞会上露个脸就走，舞会也办不成。

社会维度在卢曼的理解中指的是个人在自己的每一种世界经历和意义固化中对作为与自己“相同”的“他我”（alter Ego）的假设和关注。对所有系统来说，社会维度与事实维度一样是普世性的。因为在每一种意义中我们都可以发现某种关涉到其他人对这一意义的态度或想法的指示[①]。

在此，可以看出，意义并不是给定的冗余的指示集群，而是某种给定的在多种维度中结构化的集群。这些维度也都有所指代，事实维度指代着现实，时间维度指代着解释的条件，而社会维度则指示着参与渗透的系统之环境视景对意义的共建。

同时，就社会秩序问题的解释而言，卢曼强调，重要的是，应认识到意义的这三个维度在社会演化的过程中是不断发展的。这种发展意味着，这些维度互相之间越来越分离（比如，科学研究就逐渐演变成一个特定人群即科研人员的事业），可以由不断变化的语义学加以描写——如用本体论的形而上学概念描写前现代社会的科学研究，用建构论概念

---

① Niklas Luhmann, 1985, *Soziale Systeme. Grundriss einer allgemeinen Theorie*, p.119; Niklas Luhmann, 1993a, *Gesellschaftsstruktur und Semantik*, Bd.2, p.283.

描写现代社会中的科学，等等。这种变化与社会复杂性的增加是同步的。也就是说，在许多历史动因（如人口增加、人口流动、城镇化等）的作用下，社会结构分化越来越细；与此相对应，意义维度也在经历相应的分化。在现代社会中，这种分化导致了某种普遍的结构出现，每一种意义维度都演变成了一种独立的领域，具有某种双重视野，即内部和外部视野。比如，法律作为一种与权利相关的意义系统就具有明确界定的内部视野（即法律应该涉及的领域）和外部视野（即法律不应该涉及的领域）。同时，作为独立领域，每一种意义维度都在二值图式论的基础上运行，这种二值图式论实际上是二值的判断标准，如法律系统中的合法｜不合法，政治系统中的有权｜无权，科学系统中的真实｜不真实，等等。[①] 显然，这种二值图式论的功能在于其减少复杂性的绩效，因为它可以保障衔接行为出现，并且在已经在场的意义基础上在短时间内将后续行为"前结构化"。

六　讨论

在社会学的知识体系中，关于人类社会经历过三种分化形式即区隔（块状）分化、等级分化和功能分化的说法已

① Niklas Luhmann, 1986, *Ökologische Kommunikation. Kann die moderne Gesellschaft sich auf ökologische Gefährdungen einstellen?* p.76; Niklas Luhmann, 1993a, *Gesellschaftsstruktur und Semantik*, Bd.2, p.284.

成为公理，因而也不再特别受关注。带着社会学关注的一个根本问题（同时也是该学科的构成性问题！），即“社会秩序是如何可能的”这一问题，卢曼对这三种分化形式中的社会语义学所进行的梳理，却使我们更加清晰地认识到了与社会演化相一致的社会思想发展轨迹。在这种轨迹中，我们看到，虽然适合描写前现代社会的不同时期的社会思想在今天仍然具有对社会的解释意义，但从根本上看，这种解释意义已经越来越有限。现代社会的诸多特征（如其社会秩序即其经济、政治、法律、学术等制度被韦伯比喻为“钢铁般坚硬的外壳”[①]；当代很多社会学家将这一社会描写为具有显著的失根性、流动性的社会，描写为僵化和异化的社会；等等）就已经很难用区隔分化或等级分化的理论来描写。而自帕森斯以来所形成的系统理论似乎更加适合描写和解释现代社会的情景，尤其是卢曼在帕森斯理论的基础上发展出的自我指涉和自我生产的系统理论所具有的相关解释能量更加可观。在这种理论中，社会秩序不再是具有相似结构的区隔或共同体的集合，也不再是不同等级的构架，而是许多相对独立和封闭的（因为自我指涉地自我生产着的）社会系统之间的相互渗透关系。在此，各系统的操作方式虽然相似，但与区隔分化的社会（在此社会中，城市作为高级共同体代表着全社会）和等级分化的社会（在此社会中，社会上层即贵族代表

---

① Max Weber, 1984, *Die protestantische Ethik*, p.188.

着全社会）不同，这些系统（如政治系统、经济系统、法律系统、科学系统、宗教系统等）是互相平等的，也是不可互相替代的，因为每一个系统都履行着独特的功能。这些互相独立的系统处于意义场域中、通过意义相互渗透着，构成一种动态而稳定的秩序。同时，作为生产意义的系统，个体也与社会系统互相渗透着；社会系统影响着个体，个体也因享有进入各社会系统的权利和要求影响着这些系统。

从这种描写和解释出发，我们似乎能够更加清晰地理解现代性的一系列特征。由于现代人不再被固定于区隔和等级当中，而是可以游走于各个社会系统之间，现代社会就呈现流动性和失根性的特征。由于各社会系统呈现封闭性即自我指涉和自我生产的特征，现代社会的秩序显得僵化和异化，像钢铁般坚硬的外壳一样罩在现代人身上。

在对现代社会的秩序成形并且独立地运转以后的情形进行预测时，韦伯写道："没有人知道谁将生活在这一外壳里；也没有人知道在这惊人的大发展的终点是否会有全新的先知出现，或者是否会有古代观念和理想的伟大再生。或者，如果两者都没有，那么是否将会在某种顽固的妄自尊大的被迫感的掩饰下产生一种机械的麻木僵化呢？"①

可以看出，韦伯和卢曼对现代社会秩序的描写本身都是脱离了价值判断和信仰的描写。所不同的是，韦伯探寻的是

① Max Weber, 1984, *Die protestantische Ethik*, p.189.

推动这种秩序形成的精神因素，而卢曼揭示的则是这种秩序的运行方式。这种秩序是否合理？能延续多久？是韦伯和卢曼均未回答的问题。对今天的社会学研究来说，重要的是感知这种秩序在全球范围内的影响和扩张的事实，从韦伯和卢曼等社会学家的研究中获得认识这种秩序的启示。

第五章　世俗化及其后果

一　引言

在社会学的研究中，宗教的处境是一个经久不衰的话题。主要发生于 17 世纪和 18 世纪的启蒙运动促成了现代科学——尤其是自然科学的形成，而现代科学的研究成果却使人们在很大程度上得以放弃用超自然的力量来解释世界真实即自然和社会现象的做法，相信人能够用自己的身体和精神力量按照自己的需求型塑和改造世界。与此相适应，首先发生于西方世界的工业化和城市化引起了人们生活方式的根本变化——传统的生活世界（居住场所等）与劳动世界的统一被破坏，许多社会初级群体（如农民的大家庭、村庄共同体等）纷纷解体，而这些变化又在很大程度上限制了制度化的宗教（教会）的影响。在这一过程中，在西方世界，尤其是第二次世界大战以来，教会的成员不断减少，宗教仪式的参加者也在减少，宗教信徒的性道德和性行为规范不断解放，教会在公共领域的话语影响也在减小。如果将这些现象概括为世俗化的主要特征①，那么尤其是在19世纪和20世纪初的社会学研究中，宗教的衰颓就是进步的和保守的社会理论所共同持有的一个观点。②

然而，在世俗化现象和影响有目共睹的情况下，一些社会学家对宗教的处境也作出了细化的判断。在探讨新教伦理与资本主义的关系时，韦伯就认为，新教伦理在一定时期内的扩散和强化实际上是某种自然的笃信宗教的强化，而这种变化的结果却是大范围的非宗教文化的产生。③在此关联下，有学者进一步指出，韦伯从未宣称过宗教的终结，而只是断定延续了千百年的物质性宗教的终结：统治和科学与上帝是陌生的，但上帝本身还存在；即使在上帝消失的地方，人们也还在相信和期待巫术、经常期待从理性主义和科学的心智主义中得到拯救；但这种"非理性主义"的结果却是继新教对世界解魔之后的第二次解魔——心智主义对非理性领域的关注和研究④。

① *Meyers Grosses Taschenlexikon*, 1987, Bd.19, pp.87–88.

② Thomas Luckmann, 1991, "The New and the Old Religion", pp.168ff; 托克维尔甚至认为，18世纪法国人宗教信仰的淡化和缺失是导致法国革命的一个重要原因。比较 Alexis de Tocqueville, 1978, *Der alte Staat und die Revolution*, p.9.

③ Walter M. Sprondel, 1973, "Sozialer Wandel, Ideen und Interessen: Systematisierung zu Max Webers Protestantischer Ethik", p.207.

④ 比较 Max Weber, 1968, *Gesammelte Aufsätze zur Wissenschaftslehre*, p.598; Günter Dux, 1973, "Religion, Geschichte und sozialer Wandel in Max Webers Religionssoziologie", pp.328–330.

在韦伯的论断提出约100年后的今天，宗教社会学的研究者则为宗教的真实描绘出了一幅全新的图景，给宗教做出了新的定位。概括地说，大多数学者认为，宗教领域的主要现象不能用世俗化概念来描写，而只能更恰当地用个体化（Individualisierung）概念来分析。在此视角下，学者们认为，如果将宗教与教会区分开来，那么只能说作为传统的制度化宗教形式的教会失去了很多影响和意义，而不能说宗教本身失去了意义。相反，他们认为，教会以外的宗教形式今天正在发挥越来越大的影响，个体化的社会成员正在越来越多地信仰和实践教会以外的宗教——东亚的宗教迷信如佛教和道教活动在西方国家的扩散、新时代信仰（New Age）的兴起、类似于宗教信仰的心理诊断的出现、人智学（Anthroposophie）的传播等就是见证。因此，学者们得出的结论是，现代宗教取代了传统宗教、填补着后者所留下的意义空缺。①

新近经验研究的结果却与这些观点明显相左。在对1957—1996年西部德国（原联邦德国）的个体化与宗教信仰的关系进行的一项研究中，两位德国学者波拉克和皮克尔

---

① 比较 Thomas Luckmann, 1980, *Lebenswelt und Gesellschaft: Grundstruktur und geschichtliche Wandlungen*, pp.184, 186; Volkhard Krech, 1998, "'Missionarische Gemeinde': Bedingungen und Möglichkeiten aus soziologischer Sicht", pp.433–444; Detlef Pollack & Gert Pickel, 1999, "Individualisierung und religiöser Wandel in der Bundesrepublik Deutschland", pp.465–466; Luc Ferry, 1996, *L'homme-Dieu ou le sens de la vie: essai*, pp.33, 207.

就证明，在德国，脱离传统的基督教信仰形式的行为并没有导致人们对基督教以外的宗教形式的认同和信仰，也没有使他们信仰基督教和非基督教的宗教调和融合形式；脱离基督教意味着从根本上脱离宗教和教会，而不是转变信仰。因此，对德国来说，教会或制度化的宗教仍然是主要的宗教形式。①

那么，宗教——或者从更严格的意义上说，制度化的宗教——到底是否在世俗化的浪潮中散失了功能和意义？仅仅从经验和现象层面来探讨这个问题，恐怕很难得出令人信服的答案，尤其是当我们将目光投向非西方国家时，这个问题则更加费解。比如，在近 30 多年来的中国，科学技术和现代治理制度高速发展，"世俗化"进程可谓十分醒目，但为什么各种宗教信仰（儒教、道教、佛教、基督教、伊斯兰教等）几乎在所有群体（农民、打工者、知识分子、商人、企业家、领导干部等）中复兴了呢？② 要弄清这一问题，可能还需从宗教与社会的关系入手，对世俗化现象进行更为深入的社会学探讨。

---

① Detlef Pollack & Gert Pickel, 1999, "Individualisierung und religiöser Wandel in der Bundesrepublik Deutschland", p.480.

② 有学者推测，中国民众信仰宗教的比例为 10% 左右（俞学明："大学生宗教信仰研究"，《当代青年研究》2011 年第 12 期）。不过，这一数额指的可能是信仰制度化的宗教（基督教、伊斯兰教、佛教等）的人群。如果将偶尔从事宗教信仰活动如扫墓、给已故亲人烧纸等的民众计算在内，中国信仰宗教的人数则远远大于这个数额。

卢曼运用其建构的社会系统理论对宗教问题进行了长时间的反思和研究，写出了多部专著和大量的文章①，以此引起了西方——尤其是德语——神学和宗教（社会）学等学科对许多相关问题的越来越多的讨论②。他的相关论著涉及宗教概念的讨论、宗教的功能、宗教组织、宗教教义、宗教的演化、世俗化等，宏阔而艰深。以下我们将探讨他运用社会系统理论分析世俗化现象时提出的一些主要思想，试图理解在经验层面难以解释的世俗化现象。

二　系统论视角下的世俗化概念

通过对神学、哲学和宗教社会学中的世俗化及相关概念的讨论，卢曼发现，相关概念史只是反映了一些受时间条件限制的宗教与社会状况，而没有切中世俗化现象的要害。"人世"（Saeculum）概念描写的是处于原罪和苦难中的、亟

① Niklas Luhmann, 1978, "Grundwerte als Zivilreligion", pp.293–308; Niklas Luhmann, 1990, "Die Weisung Gottes als Form der Freiheit", pp.77–94; Niklas Luhmann, 1994, *Soziologische Aufklärung*, Bd.4, pp.227–274; Niklas Luhmann, 1999 (1982), *Funktion der Religion*; Niklas Luhmann, 2000, *Die Religion der Gesellschaft*.

② Michael Welker, Hrsg., 1985, *Theologie und funktionale Systemtheorie. Niklas Luhmanns Religionssoziologie in theologischer Diskussion*; Hans Ulrich Dallmann, 1994, *Die Systemtheorie Niklas Luhmanns und ihre theologische Rezeption*; Hans Ulrich Dallmann, 2000, "Immanenz, Transzendenz, Kontingenz: Niklas Luhmann und die Theologie", pp.105–137; Dierk Starnitzke, 1996, *Diakonie als soziales System. Eine theologische Grundlegung diakonischer Arbeit in Auseinandersetzung mit Niklas Luhmann.*

需拯救的世界。“还俗”（Säkularisation）概念指的是剥夺教会的财产、将其分给民众，取消教会的物权和对一些领地的主权。“世俗化”（Säkularisierung）概念则主要有三层含义。其一，尤其是在天主教国家，它指的是一种思想政治纲领；这一纲领旨在消除宗教对社会、学校、科学以及对单个的社会成员的自主生活的影响。其二，它指的是对某种目的的想象，即在未来中引入结构和分化的想象。其三，尤其是20世纪以来，它指的是民众对宗教冷漠的事实，如信徒减少参加宗教仪式的现象、退出教会的现象等。

如果从历史哲学的角度来分析，那么世俗化概念在今天的世界几乎完全失去了意义。在此，卢曼认为这种意义缺失主要表现在四个方面。其一，如果将世俗化理解为启蒙的结果，那么随着启蒙本身被否定和批判[①]，世俗化也随之被否定。其二，如果将世俗化理解为现代化，那么由于后现代性中被认为包含了许多世俗化的要素，这一概念对以现代性为基础的多种人文社会科学的分析来说也失去了意义。其三，如果将世俗化理解为欧洲文化历史演变的一种特殊现象，那么面对西方世界中非西方的宗教文化的复兴，这一概念的解

① 如果将启蒙理解为“脱离传统和偏见的约束而在理性当中重新建构人类的状况”（Niklas Luhmann, 1991a, *Soziologische Aufklärung*, Bd.1, p.66），那么，卢曼认为，社会学恰恰是在反启蒙的过程中形成的。社会学的基本原则即实证的科学性意味着在可以确认的事实和社会行为的条件中寻找理论依据，而不是寻找普遍的人类理性的规律。

释能量也捉襟见肘。其四，如果将世俗化理解为经验层面的概念，那么面对社会上的一些机构和组织（如党派、学校、家庭）仍然强调宗教道德和伦理的现象，这一概念也难以作为分析工具来使用。

但是，18 世纪以来西方世界经历的许多变化使卢曼认为，世俗化概念不可放弃。比如，法国大革命以后，宗教的权力转移到了政治当中，浪漫派将具有宗教色彩的期待转移到了尘世领域。①

既然至今的世俗化概念不能准确描写宗教领域的变化而又不能被放弃，相关研究就应该拓宽这一概念的理论关联。与其他一些宗教社会学家的观点相似②，卢曼认为与世俗化概念相关的讨论之所以局限于狭窄的范围内而得不出令人信服的新成果，是因为这些讨论总是依赖宗教概念。在他看来，走出这一困境的出路在于，将世俗化概念独立于宗教概念来定位，将世俗化现象看成是某种普世的结构问题对宗教的影响③。

在此视角下，宗教首先应被定义为一种形式（Form）。也就是说，在人们观察宗教时，人们在将宗教与所有其他事物和现象区分开来，将宗教作为一种具有自身边界的形式标示出来。这样，宗教形式就具有两个界面，即一个界面是被标

---

① Niklas Luhmann, 2000a, *Die Religion der Gesellschaft*, p.281.

② 比较 Karel Dobbelaere & Jan Lauwers, 1974, “Definition of Religion - A Sociological Critique”, pp.535–551.

③ Niklas Luhmann, 1999 (1982), *Funktion der Religion*, p.227.

示的形式，另一个界面是所有其他未标示的事物，是“未标示的世界状态”（unmarked state der Welt）[①]。从这一简单明了的、毫无宗教色彩的定义中，卢曼导出了两个问题，其一，在未标示的界面上，是否可以将某一具体的、确定的领域（即非宗教的社会沟通）进行标示以便使宗教形式更具体和清晰地得以呈现？其二，宗教本身是如何看待未标示的那一面的？

从这两个问题出发，卢曼重新界定了世俗化概念。他认为，世俗化概念实际上是宗教用来描写自身以外的另一个界面，即它自身的社会环境的概念。[②]在此，宗教是一个特定的观察者，它在观察其他观察者对同一个世界即宗教环境的观察，在描写这些观察者所做的描写。比如，农业科学家在描写今天农民耕种的方式时，可能会得出选择优良的种子，科学合理地播种、施肥、灌溉等结论。而与宗教相关的观察者会在这一描写的基础上认为，今天的农业生产已经脱离了宗教的影响，完全世俗化了，因为农民不再祭天求雨、祈祷丰收。

基于这一界定，卢曼导出了他的论点：世俗化是一个用来描写可以多语境地观察的世界即现代世界的概念。在此世界中，观察者的语境不再仅仅以存在或上帝为基础，而是也可以以建构为基础，是对观察进行观察（即二阶观察）的语境。由于只有现代社会或世界的结构才使某种多语境的观察得以可能，所以卢曼认为世俗化概念只能是属于现代社会的

---

① Niklas Luhmann, 2000a, *Die Religion der Gesellschaft*, p.282.

② Niklas Luhmann, 1999 (1982), *Funktion der Religion*, pp.227, 284.

一个概念[①]。这意味着世俗化概念是与社会结构的演化息息相关的：在传统社会中，社会结构以区隔和等级分化为基础，宗教本身涵盖所有领域，它本身就相当于全社会系统；其环境由单个的个人，而不是由其他社会系统构成。而随着社会结构朝着功能分化的方向演变，宗教本身变成了一个与其他社会系统（政治系统、经济系统、法律系统、科学或学术系统等）平等的、而不再是凌驾于它们之上的系统。这样，宗教对其环境的描写也由对个人系统的观察和描写演变成了对其他社会系统的聚集态的观察和描写[②]。在此背景下，世俗化可以被理解为社会系统对宗教所提出的要求的一种相关物，理解为其关联问题（如政治问题、经济问题、法律问题、学术问题等）的专门化的一个相关物。在现代社会中，在涉及所有这些问题时，与前现代社会中的情景相比，宗教的功能和意义都已经边缘化了。[③]因此，在卢曼看来，要理解世俗

① Niklas Luhmann, 2000a, *Die Religion der Gesellschaft*, p.284.

② Niklas Luhmann, 1999 (1982), *Funktion der Religion*, pp.227–228; Niklas Luhmann, 2000a, *Die Religion der Gesellschaft*, p.285.

③ 在此，卢曼可以说在某种意义上逆转了韦伯的论点，他虽然也像韦伯那样认为宗教促进了现代化即功能分化的进程，但他指出宗教自身也是这种发展的牺牲品（Hans-Ulrich Dallmann, 2000, “Immanenz, Transzendenz, Kontingenz. Luhmann und die Theologie”, p.112）。比如，卢曼认为，现代早期的宗教分裂与印刷的新闻媒体的出现有很大的关联，而宗教分裂的一个后果是，原先在观念冲突中起裁决作用的宗教权威消失了，以至于舆论的多样性的出现得以可能（Niklas Luhmann, 2000b, *Die Politik der Gesellschaft*, p.275）。

化现象，理解宗教对社会的描写，理解社会对宗教提出的不断提高的要求，就必须先理解现代社会的分化形式。[①]

三　功能分化与世俗化

卢曼认为，人类社会迄今经历过三种主要的分化形式，即区隔分化（块状分化）、等级分化（中心 / 边缘分化）和功能分化。区隔分化的社会主要指的是原始的、古代的氏族社会。这种社会由原则上平等的子系统构成。在简单的区隔分化的社会中，这些子系统由单个家庭构成；社会只包含两个层面，即家庭和部落（社会），可以被称为二层社会。在更为复杂的区隔分化的社会中，社会则由家庭、村庄和氏族三个层面构成。这种社会的子系统可以由亲属关系或者居住空间得以定义。作为区隔分化的社会秩序的基本原则，卢曼提炼出了“先赋地位”（ascribed status）这一特征，即所有社会成员在社会秩序中的地位都是随其性别、年龄、辈分而与生俱来的。[②]

在等级分化的社会中，社会秩序总是等级秩序，社会总是包含着社会上层和社会下层。在今天的社会学研究中，很多学者仍然认为现代社会是阶层社会。但是，卢曼所指的等

---

① Niklas Luhmann, 1999 (1982), *Funktion der Religion*, p.228.

② Niklas Luhmann, 1997, *Die Gesellschaft der Gesellschaft*, pp.634–636; Niklas Luhmann, 1999 (1982), *Funktion der Religion*, p.243.

级社会是古代高度文明的贵族社会。在此社会中，社会上层即贵族的特权和荣誉可以通过帝国体系的官僚政治秩序得以保障，也可以通过类似于古希腊的城邦政体来实现。社会等级是一种家庭的秩序，而非个体意义上的秩序，是对出身和世袭的一种社会承认。在等级分化的社会中，阶层属性具有多功能的影响，在社会的所有领域都构成了利好和不利对待之分配的基础，因此功能分化受到了严格的限制。另一方面，社会上层不再承认与社会下层的亲属关系，或者将这类关系视为反常现象，为此感到耻辱。因此，等级分化的社会不再能够被描写为基于共同血缘的亲属体系。这样，其社会成员能够接受集中化的政治支配和某种通过牧师群体来管理的宗教，即制度化的宗教。①

但是，就欧洲来说，到了中世纪晚期，不仅社会分化的程度在增加，而且社会分化的原则在改变：这种原则开始由等级转变为功能。卢曼认为，历史地看，从等级分化到功能分化社会的转变首先源自于中世纪已经出现的宗教、政治和经济中的角色系统和角色关系的不一致，即宗教与世俗统治和经济领域的矛盾。而到了 17 世纪后半期，科学和教育也从宗教中独立出来，家庭也越来越脱离宗教的影响。而法国革命以后，功能分化的社会秩序至少在欧洲已经扎下根基、难以动摇。②

---

① Niklas Luhmann, 1997, *Die Gesellschaft der Gesellschaft*, pp.678–680.

② 同上书，第 229 页。

在很多文章和著作中，卢曼都详细分析过功能分化社会的特征。[①] 本章主要探讨功能分化社会中宗教的处境，故不详细论述卢曼对功能分化社会的描写，而只是概括地加以论述。

卢曼认为，功能分化的社会由许多自我指涉地进行操作的系统构成。这些系统主要指的是政治系统、经济系统、法律系统、教育系统、科学（学术）系统、宗教系统等。每一个系统都履行着某种功能（如政治系统履行着做决策的功能，科学系统履行着生产知识的功能，等等），具有自己的操作密码（如政治系统的密码是有权 / 无权，法律系统的密码是合法 / 不合法，经济系统的密码是占有 / 不占有，宗教系统的密码是超验 / 内在，等等），因此对环境呈现封闭状态。由于系统在进行操作时总是以本系统的功能和密码为取向，所以系统是自我生产的。同时，每一个系统都有自己的编程（或纲领）（如政治纲领、宗教经文等）；这种编程是灵活的、变化的，不断关注和吸收着一些新的认知和规范视点，因而使得系统对环境呈开放状态。在这里，环境指的是其他社会系统。系统对环境的开放意味着对其他系统的观察、与其他系统的互动。这样，各种功能系统就构成了一个

① Niklas Luhmann, 1982, *The Differentiation of Society*, pp.229−254；Niklas Luhmann, 1995, *Soziologische Aufklärung*, Bd.6, pp.125−141；Niklas Luhmann, 1997, *Die Gesellschaft der Gesellschaft*, pp.707−776.

动态平衡的秩序。[①]

这种秩序是社会演化的结果，是直接从等级分化和中心／边缘分化的社会秩序中演变而来的。在这一过程的早期，功能分化形式与等级分化和中心／边缘分化的形式共存，并且依赖于与后者的结构耦合关系。比如，在现代早期的欧洲，教会的官员（神职人员）和圣者就都来自社会上层和城市。但是，到了法国革命以后，功能分化的形式取得了优先位置；其对传统分化形式的结构性依赖显著减少。社会成员首先不再是通过等级差别而被捡选、被分配到固定的位置上，而是具有了进入所有功能系统的权利——受教育、结婚成家、参与政治、从事经济活动、选择自己的宗教信仰等。

社会内部的这种功能分化实际上引起了一种“结构性的和语义学的灾难”[②]。也就是说，传统的社会结构被颠覆，用于描写这种社会的话语也不适用于描写新的社会结构，而适用于描写新的社会结构的话语体系尚未形成，等等。在等级分化的形式中，社会被看作一些板块（上层／下层，中心／边缘）或者由本体（人）构成的链条；同时，人们在宇宙或世界中也设想出了与此相对应的分类秩序，将世界分为范畴、种和类。而功能分化的形式却无法在世界中找到对应形式。这样，世界本身失去了提供依靠的作用，而只能现实地被标示为系统和环境的区分，而环境是每一个系统从自身

① Niklas Luhmann, 2000a, *Die Religion der Gesellschaft*, p.286.

② 同上书，第 287 页。

的立场出发而定义的环境，它已不再具有某种共同的本质特征：政治系统的环境不同于经济系统的环境，法律系统的环境不同于学术系统的环境，等等。世界变成了一个建构的结果，系统——并且只有系统在操作性封闭地观察、在进行系统和环境的区分，而世界则正是系统和环境的差异的统一。①

这样，在卢曼的理解中，现代世界或社会是由封闭地进行操作的功能系统构成的。在此社会中，所有结构和操作都是“决策”（Entscheidungen）的结果，而可以归咎于决策的事物和现象就很难再归因于某种宗教的世界秩序、用宗教来进行解释。同时，功能细分既给社会带来了进步、激起了进步期待，又给未来带来了不确定性乃至一些损失范畴。② 在此背景下，宗教系统以及观察宗教的观察活动的系统（如科学系统）尝试着用“世俗化”概念来描写现代社会和世界。

具体地看，这种观察的结果主要应该是，在从区隔分化到等级（或阶层）分化以及从等级（或阶层）分化到功能分化的过渡中，一是在劳动和职业角色领域出现功能分化的同时，与劳动角色互补的角色也被功能性地细分；二是全社会系统与部分系统的关系发生了根本性的变化。

就第一点来看，卢曼认为，在等级分化的社会中，在劳

① Niklas Luhmann, 2001, *Aufsätze und Reden*, p.234.

② 与韦伯一样，哈贝马斯对现代社会的判断是，在宗教和形而上学所提供的使集体的信仰认同得以维护的强制性力量式微的情况下，现代世界面临着意义损失（Sinnverlust）和自由损失（Freiheitsverlust）的危机。Jürgen Habermas, 1985, *Theorie des kommunikativen Handelns*, Bd.2, p.447.

动和职业领域已经出现了功能分化，即职业构成了等级秩序的基础。而在当今社会的一些核心领域（如政治、经济、法律等领域）中的补充角色也得以细化之后，社会中才会在功能的基础上形成系统。与此同时，劳动的价值也得到了提升。劳动不再是解决贫困的手段，而是满足社会需要的过程，即马克思所说的生产交换价值的过程。在这种演化中，每一个功能圈都获得了其专有的服务对象即观众，如经济系统面对的是通过市场而组织化的消费者，政治系统面对的是选民，大众传媒系统面对的是公共舆论的受众，等等。

补充角色的功能分化构成了整个社会以功能分化的形式建构自身的前提基础。只有在此前提下，角色的补充性才能具有为社会中承担专门功能的部分系统（子系统）的建设和增加所必需的驱动功能。在这种被卢曼看作必然的、无法控制的演化过程中，角色分隔也成了一种必然现象。比如，人们不会从消费者的立场出发而进行选举投票，也不会从选民的立场出发对某一种科研结果做出判断，更不能从自己的宗教信仰出发来做法律判决，等等。但是，卢曼也承认，角色分隔也不可能是绝对严格的。角色之间往往具有内在联系。比如，法官在判案时虽然主要以法律和事实为依据，但是他的政治取向、宗教信仰和人个偏好都会发挥作用。这样，角色分化又总是与某种私人化相关联[①]。在这里，私人化一方面

① Niklas Luhmann, 1999 (1982), *Funktion der Religion*, p.237.

指功能系统中的角色行为受这一角色以外的、角色扮演者个人的一些因素的影响，另一方面也指个人在接受或不接受某一角色决定上态度的个人化。

在卢曼看来，这种功能分化和私人化对近现代宗教系统的演化都有影响。他认为，正是因为功能分化和私人化，欧洲中世纪的基督教神学所主张的普世主义和以同样方式包容所有信徒的主张在实践中都遇到了困难。社会成员的不平等和多样性（贵贱、贫富、善恶等）迫使神学寻找能够解释这种状况的学说。卢曼认为，预定论即是这一问题的解决方案——其将不确定性最大化的策略正是为了解释这种多样性而提出的[①]。

但是，到了现代，角色选择的私人化导致的问题已经不再是宗教教义的适应或另类神学的提出所能解决的。由于社会中的主要领域均已独立自主地——即摆脱了宗教的控制地——在运行，个人在这些领域中的角色行为也主要是以角色期待为取向的行为，较少受到宗教信仰的影响。因此，卢曼认为，今天的宗教已经被挤进了劳动和职业领域以外的休闲领域，教会几乎只能通过组织一些休闲活动或在信徒的休闲时间内接触他们而发挥影响。即使在休闲领域，教会经常也面临一些（结构性的）来自其他组织或个人的竞争。[②]

就第二点来看，卢曼认为，在以功能分化为主要特征

① Niklas Luhmann, 1999 (1982), *Funktion der Religion*, p.238.

② 同上书，第 238—239 页。

的现代社会中，全社会系统抓取社会中的子系统（经济、政治、法律、科学等）的形式发生了变化。如果在前现代社会中政治系统或宗教系统扮演着全社会系统的角色，并且直接影响乃至调控着其他系统（如法律系统、教育系统等）的结构安排，那么今天的全社会系统却不再由某一个系统（如政治系统）构成，而是呈现为社会中子系统的总和。社会中的子系统不再具有相同的结构，也不再以同样的形式进行操作，而是带着自身的结构互相独立地、以独特的方式在运行，并且互为环境。在这层意义上，全社会系统表现为社会内部的环境。这种社会内部环境的特征恰恰在于，它不要求子系统在确定其结构时按照统一的要求、价值和规范行事，而只是以这一作为社会而前结构化的环境为取向型构自身、履行自身的功能。

这种一般界定对解释宗教系统的处境具有直接意义。作为许多功能系统中的一个功能系统，宗教在现代社会中不可能履行其他系统的功能。比如，如果在宗教系统中嵌入教育系统的话，后者将不可能包括所有社会成员，因为一个社会中不止存在一种宗教。同时，义务教育的实行以及为其提供法律、组织和财政支持的制度安排都会成问题。

这就是说，作为全社会系统的一个子系统，宗教系统必然会随全社会的转型而转型，它不可能阻止社会中的这种变化。在功能分化的结构条件下，宗教若尝试用其特有的手段阻碍世俗化，那么它只会加速功能分化，从而加速作为其后果的世俗化。另一方面，在功能分化的演变中，宗教系统演化成了一个与其他系统具有平等地位的、边界清晰的功能系统，这一系统具有自身复杂性，同时面对着社会内部的环境和社会外部的环境（如宇宙、大地等），必须稳定地指涉这两个环境的自身复杂性。只有在自身的系统指涉和环境结构的基础上，宗教才可能运用自己的一些反省手段影响社会，发挥自身的功能。[①]

同时，在宗教失去了作为全社会的整合基础的地位、社会对宗教来说已经世俗化的情况下，宗教系统必须在自身世俗化的环境中发现一些新的、其他系统（经济、政治、家庭、科学系统等）无法回答的问题（比如关于克隆技术是否应该应用的伦理问题），从而不断界定自身的边界、履行自身的独特功能。显然，要在这种高度抽象的、高度或然的环境中回答新出现的问题，对宗教系统来说是一种新的挑战。

四　个体化与世俗化

与当下一些实证研究所得出的结论相似[②]，卢曼认为，在当代西方国家宗教信仰的图景是，只有少数人在坚定地信仰和追随教会所代表的正教，也只有少数人是无神论者，在

---

① Niklas Luhmann, 1999 (1982), *Funktion der Religion*, pp.246–247.

② Detlef Pollack & Gert Pickel, 1999, “Individualisierung und religiöser Wandel in der Bundesrepublik Deutschland”, p.480.

代表一些拒绝宗教的观点。大部分人只是改变了自己的宗教信仰形式和方式。他们接受部分信仰内容，但也拒绝部分内容——信仰上帝的存在，但不相信无性受孕的教条（即关于圣母玛丽亚的说教）；接受一些神秘思想，但拒绝占星学；相信通过信仰可以得到拯救，但不相信只能通过上帝的恩赐得到救赎；相信在冥世中可以作为个体继续生活，但不相信有逆转生死规律的奇迹；等等[①]。这种现象导致了某种“弱制度化”现象的出现：人们不再像在传统社会中那样依靠某种建基于宗教信仰的共同体的生活形式而生活，而只是需要一些零散的、点状的支持。这就导致在今天的西方国家宗教共同体变得越来越弱小，而一些新的、短暂的、松散的宗教活动群体不断涌现：唯灵论者的聚会、自我找寻研讨会、信仰信息小报等就属于这类群体形式[②]。

如果将这些现象确认为宗教世俗化的主要表现，那么卢曼认为它们的出现与社会演化过程中所出现的个体化现象直接相关。

在当代社会学的讨论中，个体化主要被理解为个体摆脱传统的集体、共同体或社会的束缚，同时进入一些新的社会约束关系的现象。贝克就认为，个体化意味着个体脱离自己的出生环境如家庭、性别角色、邻里关系、地域情景以及阶级和阶层属性，从而获得自我发展和自我实现的机会的过

① Niklas Luhmann, 2000a, *Die Religion der Gesellschaft*, p.294.

② 同上书，第 294—295 页。

程。[①] 同时，他强调个体化也是单个的人的生活孤独化和私密化的过程，意味着人们必须独自承担自己的行动后果和来自社会的强制[②]。波拉克和皮克尔在将个体化理解为个体的自我决定增加、受他者影响决定减少的过程的同时，强调社会结构、制度和文化条件对这一过程的影响。他们认为，只有当社会的生活水平和福利水平提高、福利国家不断扩展、休闲时间和劳动时间的关系发生变化、劳务市场和经济景气都发生积极变化时，个体的行动可能性和自我决定的机会才会增加。同时，只有当文化的规范和价值体系对社会的监控弱化时，个体才可能实现社会所提供的多种可能性。[③]

而卢曼则认为，以上描写的个体化现象难以解释个体化与世俗化现象之间的联系。要解释这种联系，需要在理论和历史视角下对个体化现象进行分析。

卢曼指出，在历史上个体的价值曾经被提升过。比如，在新教运动中，随着僧侣、牧师和信徒生活方式的类似化，个体的地位就得到了提升。但是这种现象并没有导致世俗化

① Ulrich Beck, 1983, "Jenseits von Stand und Klasse? Soziale Ungleichheit, gesellschaftliche Individualisierungstendenzen und die Entstehung neuer sozialer Formationen und Identitäten", pp.42, 49; Ulrich Beck, 1990, "Der Konflikt der zwei Modernen," p.41 ; Ulrich Beck, 1993, *Die Erfindung des Politischen*, p.150.

② Ulrich Beck, 1983, "Jenseits von Stand und Klasse? Soziale Ungleichheit, gesellschaftliche Individualisierungstendenzen und die Entstehung neuer sozialer Formationen und Identitäten", p.59.

③ Detlef Pollack & Gert Pickel, 1999, "Individualisierung und religiöser Wandel in der Bundesrepublik Deutschland", p.468.

现象出现。只是到了从等级分化的社会到功能分化的社会过渡的时期，一种新型意义上的个体的出现才导致了宗教的世俗化。在此时期，原有的多种社会划分（如贵族和平民、地域和民族、教会和教派、主人和仆人、家庭和家族等）已经被动摇，难以再构成社会秩序的基础，而正在形成的功能系统（经济系统、政治系统、科学系统、教育系统等）的自组织找到了一种可以作为自身运作基础的“微观多样性”（Mikrodiversität），也就是每个个体的独特性。在此，个体的所有社会标签（如出身、民族属性等）均被抹除；定义其独特性的要素仅仅是一些人类学的事实，如认知能力、激情、内在的行为动力等。同时，与这些要素相关联，尤其是18世纪的欧洲思想家还赋予了人以自由和平等的自然权利，以此作为关于人的一般命题。但是，正如卢曼所指出的①，自由和平等不仅在当时的社会中没有实现，而且可能在任何时代也不可能实现。因此，为了强调人的这种价值观，自由和平等被提升到了“人权”的高度，被打造成了现代个体的世界观的主要内容。②

正是这种世界观导致了一系列世俗化意义上的后果。首

① Niklas Luhmann, 2000a, *Die Religion der Gesellschaft*, p.291.

② 德国社会学家约阿斯就是这一观点的重要代表人物。2011年1月5日在北京大学所做的题为“个人的神圣性”（“Die Sakralität der Person”）的报告中，他就将以自由和平等为主要内容的人权视为超出基督教传统的普世价值观。Hans Joas, 2011，“Die Sakralität der Person”。

先，一直存在的宗教原教旨主义与启蒙运动以来形成的“人权原教旨主义”发生了冲突。宗教强调的是灵魂的救赎，而灵魂的救赎却不是人权、不是人人都享有的东西；自由意味着每一个人都可以选择自己的信仰，而宗教往往以自身的、完整的形式出现，与选择的自由不相符合，等等。

卢曼认为，在更深层的意义上，在自由和平等原则的冲击下，宗教陷入了合法化危机或者至少是自我辩护的强制。平等原则意味着个体享有平等的权利，包括平等地选择宗教信仰的权利，这就导致个体间具有差异，具有各自选择的区别。自由原则则使来自原先建立在宗教基础上的共同体的约束弱化，乃至失去效力。也就是说，无论是宗教信仰本身还是与宗教相关的约束都不再以某种自然的、不言而喻的现象形式出现，而是必须被选择、被论证。卢曼认为，这种规定的权威丧失或者说规定的或然性实际上是现代性的一个基本特征。在现代社会中，由于约束被观察的过程本身（一阶观察）总是在同时被观察（二阶观察），所以约束变成了被建构之物，处于合法化的强制之下，具有或然性特征。与此同时，合法化技术本身也都变得或然了。在现代社会中，只有个体自己选择的约束（如自己选择的宗教、自己组建的家庭、自己找到的工作等）才不需要论证和辩护，使得约束变成了某种许诺。①

① Niklas Luhmann, 2000a, *Die Religion der Gesellschaft*, p.292.

在此背景下，信仰某种宗教的决定就不再能够用人的本性来论证，而最多只能与人的个人经历联系起来看。卢曼指出，实际上，至少在欧洲人们很早就开始质疑人的本性与某些宗教信仰有内存联系的论断。正是因为人们对“自然的”宗教信仰的看法不一致，并不会出于本性而信仰某种宗教，所以为了保障宗教信仰的一致性，一些国家往往通过法律强制人们信仰某种国教。但是，实际上，只有当这种社会强制转变成自然地感知的道德约束时，它才可能使人们发自内心地信仰某种宗教。这种道德性恰恰需要宗教本身来培养。然而，历史地看，宗教从来没有使所有信徒完全信服自己的说教。而到了现代，当个体的经历被提升到了宗教信仰的最终原因的位置时，社会就只能让个体自己选择是否信教、信何种教了。卢曼认为，当这种局面成为常态时，社会的非一致性、与别人持有不同的想法就成了决定宗教信仰的主要（虽然不是唯一）的动机。[①] 这也就是导致以上描写的、今天的西方世界所具有的宗教信仰图景出现的主要原因。

宗教信仰的个体化自 18 世纪以来已经常态化。这种变化导致的结果有两种，一是基于宗教信仰的社会分化，二是与个体主义处于悖论关系中的原教旨主义形式的共同体化[②]。在此，社会分化指的是基于不同的宗教信仰而形成不同的社

① Niklas Luhmann, 2000a, *Die Religion der Gesellschaft*, p.292.

② 同上书，第 295—296 页。

会群体的现象。在前现代社会中，宗教信仰的群体往往是自然形成的大群体（如天主教区、新教区、伊斯兰教区等）。而在现代社会中，由于个体将选择宗教信仰当作自己的合法权利来对待和实践，所以每个人在选择自己的宗教信仰时都需要对自己和他人说明自己的动机、需要获得社会支持和承认。此时，正如英国社会学家威尔逊所指出的那样[①]，与传统社会中的情景不同，今天人们不再能够简单地推测别人与自己具有相同的信仰、本能地感知他人的想法，而只能通过建立边界清晰的信仰共同体来体现相同的信仰。现代社会中的许多宗教团体如原教旨主义团体、再神秘化团体、通过神圣仪式来更新信仰的团体等都可以说是因此而产生的。卢曼甚至认为，这类高强度的、情感化意义上的共同体化既以世俗化（信仰选择的个体化）为条件，又是反世俗化的一种现象。如果将这种现象理解为反对派行为，那么它们的基础并不主要是将某些历史起源原教旨化，而在于现代社会为个体提供了此类权利。在此，现代个体主义陷入了一种悖论关系。一方面，个体选择宗教信仰构成了现代社会中宗教的存在基础；另一方面，个体又不能仅仅按自己的想象而生活和信仰——他需要社会支持。这就导致了在现代社会中普遍存在的原教导主义中个体与自身相对抗的现象出现，导致了现代社会中的宗教沟通往往显得激进和悖谬。[②]

---

① Hans Joas, 2011, “Die Sakralität der Person” , p.16.

② Niklas Luhmann, 2000a, *Die Religion der Gesellschaft*, p.296.

除了以上两种后果之外，卢曼还总结出了现代社会中的个体化给宗教带来的两种后果。一是宗教团体的进入和退出发生了变化，二是宗教系统的权威结构和教条指令受到了影响。就第一点来看，卢曼指出，随着可选择的宗教信仰的可能性增加，个体会根据自身的生活状况选择加入和退出一些宗教团体。这样，传统社会中的改宗（Konversion）在今天就失去了意义。在传统社会中，改宗意味着某种来自外部的、涉及信徒的整个生活状况的大事件；而在现代社会中，改宗则仅仅意味着个体决定接受某种宗教信仰，而不涉及其地位的变化。而且，今天的改宗往往要经历一些过程。首先是个体会尝试某类新的交往，然后是他将这类宗教活动作为某种事业来对待。而由于现代社会中的个体往往倾向于排斥社会中的许多内容，所以到了一定的时候，个体会感到自己加入的宗教团体对自己限制太多、不符合自己的期待，从而选择退出并寻找新的宗教团体。[①]

就第二点来看，卢曼认为，今天的宗教教条和教义已不再像以前那样能够简单地被传播和接受，而是会经常受到普通信徒和神职人员的质疑。这样，教会对教义的解释权威就受到了挑战，教会面对的难题既有个体化带来的信徒减少问题，也有教会内部观念不一致的问题。[②]

---

① Niklas Luhmann, 2000a, *Die Religion der Gesellschaft*, p.297.

② Niklas Luhmann, 1999 (1982), *Funktion der Religion*, p.262; Niklas Luhmann, 2000a, *Die Religion der Gesellschaft*, pp.295–296.

五　现代社会中的包容、排斥与宗教

如前文所述，卢曼将现代社会描写为功能分化的社会。在这种社会中，政治、经济、法律、科学、教育等系统履行着自身的功能，互相不可替代，但彼此互相影响，处于结构耦合的关系中。这种功能分化形式的存在依赖某种“微观多样性”（Mikrodiversität），即个体的独特性，依赖个体的决策和选择。这种结构特征是世俗化的一个重要原因[①]。但是，卢曼认为，社会的包容和排斥在功能分化的时代与以前相比发生了显著变化，这一变化也对宗教产生了很大的影响，也是世俗化的一个重要原因。

卢曼对包容与排斥形式的演化与宗教处境关系的关注首先受到了帕森斯的影响。帕森斯认为，社会文化的演化实际上有四种意涵：一是社会适应新情况的能力提升（adaptive upgrading）；二是社会的分化形式发生变化（differentiation）；三是社会包容方式发生变化（inclusion），也可以说包容范围在扩大；四是价值的普世化（value generalization）[②]。这种演化给宗教带来的后果则是，宗教必须适应社会分化形式的转变和社会包容规则的改变，加大对自身的符号结构的普世化，以便在社会中保持某种统一。[③]

---

① Niklas Luhmann, 1999 (1982), *Funktion der Religion*, pp.247, 255, 261, 262.

② Talcott Parsons, 1971, *The System of Modern Societies*, pp.26–27; Niklas Luhmann, 1999 (1982), *Funktion der Religion*, pp.233–234.

③ Niklas Luhmann, 2000a, *Die Religion der Gesellschaft*, p.300.

但是，卢曼认为，帕森斯的这种解释是一种单线条的解释方案，要弄清现代社会中的世俗化现象，需要探讨包容/排斥变量与社会分化形式之间的关系。[①]

在卢曼的理解中，包容是一种区分的结果，它只有在与其对立面“排斥”相区分时才能被定义。在此，包容是一种形式。在这种形式的内部，个人参与社会系统沟通（如经济活动、政治活动、科研活动等）的机会得以标示，而其外部则未被标示、不具有这类机会。因此，包容的存在是以排斥为基础的；只有当一些个人和群体被排斥在某种秩序之外，不能被整合进社会时，被包容的条件才能得以确定。[②]这一观点看起来有些不人性，因为它似乎认定总有一部分人和群体无法进入某一时期的主流社会。但是，它却符合至今人类文明史的真实情况。可能只有当某种实质上的（而不是形式上的，即权利意义上的）人人平等得以实现时，这一观点才会失去意义。但是，社会学不是未来科学，而是现实科学，是研究已经发生的事情和事件的学问，所以它只能也只应该基于社会真实提出观点。

就包容与排斥这种社会现象而言，卢曼认为，人类社会是在不断进步的，包容的条件至少在形式上逐渐地变得对越来越多的人有利。在区隔分化的社会中，人们只能被自己所

---

① Niklas Luhmann, 1997, *Die Gesellschaft der Gesellschaft*, pp.621–622.

② 同上书，第 621 页；Niklas Luhmann, 1999 (1982), *Funktion der Religion*, p.236.

属的区隔所包容；在自己的区隔之外，单个的人则几乎没有生存的机会。也就是说，在区隔内部基本上只存在包容（在简单的部落社会中，少数犯了罪过的人要么被处死，要么被驱逐出部落而不再被任何群体所包容），而基本上不存在排斥。在等级分化的社会中，包容的规则以社会等级或阶层为基础，人们的社会地位由出生决定，所以只被自己所属的等级和阶层所包容，而被其他等级和阶层所排斥。此时，在被包容的范围内，排斥比以前变得经常。贫困、婚姻等都可能构成排斥的原因。由于被排斥的人数不断增加，一些相关的场所和职业也得以发展，乞讨、卖淫、卖艺、当水兵、入寺院甚至当海盗，在欧洲中世纪和当今很多后发展国家就是很多被排斥者的生存之道。排斥领域的一个显著特征是，它不具有包容领域中的期待，尤其是被排斥者几乎不能期待来自包容领域（家庭、家族、村庄、城市社区等）的同情、团结和帮助，而只能通过履行宗教义务而期待得到拯救。而当时的宗教实质上只是表面上的包容基础，它无法取代作为真正的包容基础的家庭。宗教的包容主要运用的资源和手段一般是社团的、法律的、仪式的和道德诡辩的技术，而家庭则是人们的生存场所，其归属决定了人们在社会中的位置。[1]

而在现代社会即功能分化的社会中，家庭则不再构成

---

① Niklas Luhmann, 1997, *Die Gesellschaft der Gesellschaft*, pp.622–624, 626; Niklas Luhmann, 1999 (1982), *Funktion der Religion*, pp.234–235; Niklas Luhmann, 2000a, *Die Religion der Gesellschaft*, pp.301–302.

包容 / 排斥的决定性结构①。取而代之的是功能系统。在原则上看，每个人都有被政治系统、经济系统、教育系统、法律系统等功能系统所包容的可能；他是否在需要时能利用这种可能、成功地进入这些系统、在这些系统中取得成就，这一点决定了他的社会地位。关于这种情形，卢曼写道："某人'是'什么，现在是由他所占有或所挣到的财富，由他所获得的权利，由学历，在政治、学术、艺术、大众传媒中的声誉成就，并且在相同的意义上也由他的宗教信仰决定的……正是这种与功能分化相关联的结构使个体的决定变得更加重要，它也使年轻人比老年人更受偏爱，还为个体可能的自我定义提供了框架，并且这种定义在心理上如何完成或接受，它也不予限定"②。

如果在区隔分化和等级分化的社会中人的社会存在和处境是由一种要素——即他的区隔和家庭（家族）归属——所

---

① 实际上，今天西方国家的婚姻家庭秩序也表明，家庭不可能再扮演这一角色，因为不仅大家庭在那里已经消失，而且由父母和子女构成的"核心家庭"也在减少。德国社会学家贝克的研究表明，在 80 年代中期的联邦德国，离婚率即已超过三成，在大城市甚至已达五成；1988 年，德国的非婚生儿童已占儿童总数的 10%，而在瑞典，这一数据则为 46%（Ulrich Beck, 1986, *Risikogesellschaft. Auf dem Weg in eine andere Moderne*, p.163; Ulrich Beck & Elisabeth Beck-Gernsheim, 1990, *Das ganz normale Chaos der Liebe*, p.25; Ulrich Beck, 1995, *Die feindlose Demokratie. Ausgewählte Aufsätze*, p.43）。由此可见，在现代社会中，家庭本身已变得很不稳定，完整的家庭在减少。因而，从这一客观事实出发，也可以断定家庭不再能够为个体确定其在社会中的位置。

② Niklas Luhmann, 2000a, *Die Religion der Gesellschaft*, p.302.

决定，那么在功能分化的社会中，其存在则是由他进入和参与功能系统的沟通结果的总和所决定的。在此，每一个功能系统对这一总体结果的影响是不同的。从个体的角度看，经济、法律、教育和医疗系统对现代人的处境具有至关重要的作用，进入这些系统的机会和在其中的沟通成就在很大程度上决定了个体的地位。政治、艺术、宗教、大众传媒等系统在此发挥的作用则小得多。当然，卢曼强调，这种功能评估只是基于个人视角的评判，而并不意味着这些功能系统的社会意义不显著。同时，他也强调[①]，一方面，功能系统的包容形式对系统自身来说是一种重要的变量——如占有财产对现代经济系统来说就是至关重要的包容形式。另一方面，这种包容形式又依赖于个体参与的积极性——如教育系统中的考试制度如果过于不合理、导致很多受教育者放弃受教育的机会，教育系统的包容形式可能就值得讨论、需要调整；宗教系统的沟通内容（如关于婚姻家庭的伦理要求、对弱者的帮扶方式）如果受到很多信众的质疑和反对，就会导致信徒减少、教会或宗教组织遇到危机。

从作为现代社会一般特征的功能系统的包容与排斥形式的描写出发，世俗化现象又得到了进一步的厘清。宗教系统虽然可以被视为现代社会中的与其他功能系统平等的，也具有自己包容形式的系统，但它已不再像在前现代社会中那样

① Niklas Luhmann, 2000a, *Die Religion der Gesellschaft*, p.303.

具有全社会层面上的包容性——即归属于某一宗教，就归属于某一社会、能够享有社会中的各种资源，而只是个体所能享有的所有包容中的一部分；宗教的包容对今天的个体来说是一种弱包容，因为这种包容不像经济、法律、教育等系统的包容那样不可或缺。

卢曼所提出的用于解释世俗化现象的、与包容和排斥相关的另一个视角是包容的相互依赖。在此，包容的相互依赖指的是进入某种功能系统的现实可能和在此系统中的成就（如上某类学校并且取得相应的成绩），与进入其他系统的机会和在其中取得成就之间的相互影响。这种相互影响可以是正面的，也可以是负面的。在现代社会中，一个文盲就可能找不到工作，也很难有效地行使选举和被选举的政治权利，同时也难以健康地饮食、高质量地居住、舒适地出行等。在社会保障制度不健全、未能覆盖全社会的国度如美国和大多数后发展国家，这种负面的相互依赖往往导致相关个体数量庞大，被社会完全排斥的城市贫民窟中的居民几乎只剩下自己的身体，面对的只有生存忧虑、饥饿、暴力和性的不安全状况。由此可见，在排斥领域，某种短缺导致的不利可能是一种恶性循环，使寓于其中的个体难以逃脱。①

而在包容领域，情形则不同。在此，个体可以自由地组合利好和代价，也可以自由地决定是否利用一些机会，从而

① Niklas Luhmann, 1997, *Die Gesellschaft der Gesellschaft*, pp.631–633; Niklas Luhmann, 2000a, *Die Religion der Gesellschaft*, p.304.

比较自主地实现和提高个体的区别。在此，参与沟通的个人互相之间的认识很重要[①]。比如，在一家企业，员工的身份、技能、特长、教育背景等都必须为相关的管理人员所熟知；员工对上司和员工互相之间也较“知根知底”。因此，如果将社会整合定义为“对选择的自由度的限制”[②]，那么包容领域中的整合比排斥领域中的整合要松散一些。在包容领域中，由于个体具有在各个功能系统中的沟通机会，所以他选择的自由度较大。他也由此能够形成更大的为社会所承认的独特性。而在排斥领域，由于一种短缺会强化另一种短缺，所以被排斥者的选择自由很少，社会的整合水平较高。这种现象使卢曼得出了一个与涂尔干完全相反的结论。在涂尔干看来，劳动分工越发达，有机团结就越紧密、社会整合的水平也就越高；作为劳动分工高度发达的社会，现代社会的整合程度比以往任何时代都要高。[③] 而卢曼则认为，在现代社会中，由于个体被功能系统所包容的可能性大，被排斥者已大幅度减少（即使被经济系统、教育系统等所排斥，个体也

---

① “个人”（person，在法学界通常也译作“位格”）被卢曼定义为“在沟通过程中被涉及的同一性标志”，这些标志与作为环境的生物系统和心理系统所经历的细胞的、有机的和心理的过程不同（Niklas Luhmann, 1997, *Die Gesellschaft der Gesellschaft*, p.620）。

② Niklas Luhmann, 1997, *Die Gesellschaft der Gesellschaft*, p.603; Niklas Luhmann, 2000a, *Die Religion der Gesellschaft*, p.242.

③ 〔法〕埃米尔·涂尔干:《社会分工论》，渠东译，三联书店 2000 年版，第 16、89—92、113、142—143 页；Niklas Luhmann, 2000a, *Die Religion der Gesellschaft*, p.304；Heinz Abels, 2001, *Einführung in die Soziologie*, Bd.1, pp.113-114.

还能被社会保障系统所包容），社会的包容是一种弱包容，个人所做出的自由选择比以往更加容易获得社会承认。因为这些选择只需要被各个相关的功能系统所接受，而不再受道德和宗教的束缚。[①] 相反，道德和宗教今天必须面对社会现实、适应现代社会的包容和排斥关系、主动地接受某种社会维度，以便能够适应社会结构所带来的分化。[②]

在对作为现代社会整合形式的包容与排斥和各系统的包容与排斥之间的关系作了分析之后，卢曼专门讨论了宗教的包容和排斥及其与其他功能系统的包容和排斥之间的关系。

首先，他指出，宗教系统虽然有自身的包容和排斥，但与其他系统不同，这种包容和排斥不必依赖组织上登记的成员资格（如经济系统的包容和排斥就以经济资源分配单位的成员资格为基础，教育系统中的包容和排斥则以教育机构中的成员资格为基础，等等）。因为在没有这种成员资格的情况下，人们也可以通过不同的方式进入宗教沟通[③]。其次，他发现，在宗教系统的包容和排斥与其他功能系统的包容和排斥规定之间只存在极弱的相互依赖关系。一方面，与前现代社会的情形不同，在现代社会中，被某种宗教或者被所有宗教所排斥并不会导致被其他功能系统所排斥、被社会所完全排

① 比如，卖淫和同性恋婚姻在一些西方国家被法律允许，却并不为道德和宗教所认可，但相关的个体却能够在这方面按照自己的想象而生活。

② Niklas Luhmann, 1997, *Die Gesellschaft der Gesellschaft*, p.633; Niklas Luhmann, 2000a, *Die Religion der Gesellschaft*, p.304.

③ Niklas Luhmann, 2000a, *Die Religion der Gesellschaft*, p.304.

斥。另一方面，被其他功能系统所排斥（如未接受职业教育、找不到工作、无家可归等）并不会导致被宗教系统所排斥[①]。

宗教与其他功能系统在包容和排斥方面的相互依赖程度低，这一现象被卢曼视为宗教在现代社会中缺少整合功能的表现。他认为，这一现象是由其他功能系统的细分导致的，是这种意义上的一个世俗化问题。但是，他并不认为这种整合的缺失意味着宗教功能的丧失。对宗教来说，重要的是它是否利用和如何利用由此产生的机会[②]，而不可能是尝试重新实现前现代社会的整合情景。因为对宗教来说，功能分化是一种不可逆转的发展趋势："其他功能系统必须与宗教的控制相对抗而实现自己的自主，宗教却只能忍受其他功能领域摆脱它，因为任何用宗教的手段阻挠功能分化的过程都只会强化功能分化"[③]。

那么，今天的宗教能够履行哪些功能呢？首先，卢曼认为，至少基督教具有悠久的救助穷人的传统，教会可以继承这一传统，调整救助方式，继续在这方面发挥作用。今天，世界各国虽然不同程度地建立了社会保障制度，后发展国家通过自身努力和在发达国家的援助下也在一定程度上摆脱了贫困，但无论是在发达国家还是在后发展国家，国际和国内政治措施都

① Niklas Luhmann, 2000a, *Die Religion der Gesellschaft*, pp.243, 304–305.

② 同上书，第 244、305 页。

③ Detlef Pollack, 1991, "Möglichkeiten und Grenzen einer funktionalen Religionsanalyse. Zum religionssoziologischen Ansatz Niklas Luhmanns," p.967.

会留下帮扶空缺，而教会恰恰可以调动资金和人员（如志愿者）来填补这一空缺。但是，卢曼强调，教会的帮贫扶弱不可能再像中世纪那样以直接介入生产和再生产的方式而发生[①]。

对教会来说，更为困难的是，在制定帮扶措施和进行帮扶实践时会遇到一些棘手的问题。在一些基督教国度的某些贫困地区，居民因为恶劣的生存环境已经难以信仰上帝和基督，所以教会帮扶往往会面临信仰基础问题。同时，在帮扶过程中，教会会遇到来自其他社会系统的一些障碍。比如，在筹资和发放低息贷款的过程中，就会遇到贷款困难和利息问题，还可能遇到一些法律问题，等等。[②]这些问题一方面来自世俗化，同时也在加深世俗化。随着教会被迫减少乃至放弃一些帮扶活动，其影响还在进一步减小。[③]

六　文化与宗教

前文主要论述了卢曼所分析的社会结构变迁对宗教的影响。可以说，在这种分析中，世俗化被理解为现代社会中日

---

① Niklas Luhmann, 2000a, *Die Religion der Gesellschaft*, pp.305−306.

② 在今天的中国，宗教机构与政府部门和社会组织之间就经常在募捐方面发生矛盾和冲突。陕西扶风县法门寺与地方政府及其他社会组织和人员之间的冲突就是一例。参见曾鸣等：“斗法法门寺”，载《南方周末》2013年5月9日。

③ Hans-Ulrich Dallmann, 2000, “Immanenz, Transzendenz, Kontingenz. Luhmann und die Theologie”, p.124; Niklas Luhmann, 2000a, *Die Religion der Gesellschaft*, p.306.

益增加的非宗教取向对宗教的冲击①。这种冲击使西方社会的主流宗教即基督教虽然说尚未陷入危机，但已面临着较为严重的结构性的不兼容问题。②

在此背景下，卢曼认为，现代社会正在寻找和实验一些与自身相适应的宗教形式。天主教教会和教义适应现代生活关系的尝试（Aggiornamento），文本原教旨主义（Textfundamentalismus），新时代信仰（New Age），用科学研究为坐禅、墨斯卡灵（Mescalin），伊斯兰乞丐舞，墨西哥真菌祭礼提供合理依据，从而使其成为可选用的心理分析和诊疗手段的尝试等，都被卢曼理解为对传统的宗教场地翻耕和平整以后植入新的、与时代相适应的宗教形式的尝试。③

这样一来，宗教概念本身就值得重新讨论了。在一般的宗教定义中，往往有某种本质标准被视为定义的基础，如对上帝存在的信仰或超验存在的信仰，一些实践活动（如有规律的崇拜、布道、祈祷等），神圣的叙事与神话、教义，等等。④ 卢曼以及其他一些宗教研究者则认为，至今的科学研

---

① Niklas Luhmann, 1999 (1982), *Funktion der Religion*, p.240; Niklas Luhmann, 2000a, *Die Religion der Gesellschaft*, p.312.

② Niklas Luhmann, 2000a, *Die Religion der Gesellschaft*, pp.317–318.

③ Niklas Luhmann, 1999 (1982), *Funktion der Religion*, p.241.

④ 〔英〕尼尼安・斯马特:《世界宗教》，高师宁等译，北京大学出版社 2004 年版，第 3—7 页；牟宗三:《中国哲学十九讲》，上海古籍出版社 2005 年版，第 12 页；Niklas Luhmann, 2000a, *Die Religion der Gesellschaft*, pp.23–24, 307–308; 梁漱溟:《中国文化要义》，上海世纪出版集团 2003 年版，第 112—117 页。

究并未能够确认这种本质标准的存在[①]。受现代先锋派艺术通过艺术作品本身来定义艺术之尝试的启示，卢曼认为宗教也应该通过宗教本身得以定义，并且这种定义不应该是主体论的定义，即不是或不仅仅是宗教活动的参与者所做的定义，而应该是一种社会学的、形式上的定义。在此视角下，"能够作为宗教被观察的事物就是宗教，并且这种情形是二阶观察层面上的。在宗教的确定性中观察（这里需要重复，观察指的是经历或者行动）的人可以这么做，前提是他知道他的观察在被观察。这并不必意味着，他必须寻找和找到认可，但他的观察被鉴定为具有宗教属性，这一点必须同时发生，或者更谨慎一点地表达，无论其他观察者事实上如何在观察，初级观察者必须能够将他的被观察作为具有宗教属性的观察而观察"[②]。也就是说，当行动者将自己的行动活动视为宗教活动、其他人也认为他的活动具有宗教属性、他同时也明白他人在如此看待自己的活动时，他的活动就是宗教活动。这样，对宗教活动的界定就变成了宗教系统自身的权限，是发生于该系统自我观察的网络中的事件。来自该系统外部的——比如科学系统的（哲学的或社会学的）——描写因此就受到了严格限制；科学不再能够确定某种本质特征，然后在此基础上将某些宗教定义为真正的宗教，将其

---

① Detlef Pollack, 1996, "Was ist Religion: Problem der Definition," pp.163–190; Niklas Luhmann, 2000a, *Die Religion der Gesellschaft*, pp.308, 320.

② Niklas Luhmann, 2000a, *Die Religion der Gesellschaft*, pp.308–309.

他宗教定义为宗教迷信，等等。如果这么做，就意味着科学系统歧视性地介入了与其具有平等地位的、自治的、自我生产的宗教系统。

卢曼对宗教概念的这种拓展对世俗化现象的解释具有直接的后果。可以说，由于他认为宗教概念只能由宗教系统本身来定义，从而包含了比传统的宗教概念的内涵多得多的内容，所以传统意义上的宗教退出很多生活领域、失去对社会的许多影响，这并不意味着社会就世俗化了、宗教活动就减少了、宗教的意义就变小了，因为在现代社会中非传统意义上的宗教活动比以前增加了很多。在此视角下，卢曼提出了一个与世俗化相关的问题，即在现代社会中宗教得以观察和实践的条件问题。

通过引入文化概念，卢曼探讨了这一问题。因为在他看来，宗教是文化的一部分，弄清了现代以来的文化概念的演变，也就能够理解宗教的演化。[1]

首先，卢曼认为，16 世纪以来欧洲社会内部的变化和欧洲人的领土扩张使欧洲社会本身变得比以往多样和复杂，也使欧洲人见到了世界上民族、文化和社会结构的多样性。[2]这样，到了 18 世纪后半叶，欧洲思想界出现了一种新的、适合于涵盖更宽泛的时空视野的文化概念。在此之前，文化

① Niklas Luhmann, 2000a, *Die Religion der Gesellschaft*, p.312.

② Niklas Luhmann 1993a, *Gesellschaftsstruktur und Semantik*, Bd.2, p.223.

被理解为对某种对象（如植物、动物等）的培养[①]。而在此时，文化则包含了所有由人创作的物质产品和文本，构成了一个与自然不同的、独立的、按照自身条件发展的现象域。在这一现象域，不同地域和历史时期的文化被比较，而这种比较只能在一定的比较视角下进行，并且这些视角本身又是文化性地被限定的（比如，法国人的文化比较视角与英国人和德国人的都有所不同）。因此，卢曼得出结论，文化综合征只能以自身为基础得以辨认和定义；文化的现代性在于其特定的普世主义特征——只要能够引起人们的兴趣，即纳入比较的视野，哪怕是最罕见的、最遥远的、最陌生的、最费解的事物都可以被看作文化现象[②]，同时，由于文化的普世化建基于比较的旨趣，所以文化域中的所有现象都被二重化了。因此，卢曼继而将文化定义为“给日常生活提供取向的描写之再描写”[③]。

在严格意义上看，对卢曼来说描写和观察是一回事[④]。

---

① Georg Simmel, 1993, *Aufsätze und Abhandlungen* 1901—1908, p.165; Niklas Luhmann, 1997, *Die Gesellschaft der Gesellschaft*, pp.880−881; Niklas Luhmann, 2000a, *Die Religion der Gesellschaft*, p.310.

② Niklas Luhmann, 1997, *Die Gesellschaft der Gesellschaft*, p.881; Niklas Luhmann, 2000a, *Die Religion der Gesellschaft*, pp.310−311.

③ Niklas Luhmann, 2000a, *Die Religion der Gesellschaft*, p.311.

④ 在其主要著作《社会的社会》中，“自我观察和自我描写”就构成了一个独立的章节（Niklas Luhmann, 1997, *Die Gesellschaft der Gesellschaft*, pp.879−893）；在通过引入观察和描写概念来描写现代社会中宗教的处境时，这两个概念也是互相替代着使用的（Niklas Luhmann, 2000a, *Die Religion der Gesellschaft*, p.311）。

观察指的是将一物与他物所作的区分并对其所作的标示；在其标示某物时，观察同时生产了一个未标示的领域，即一个非意图性地或非主题性地被理解的领域，一个作为“此外的世界”被前提化的世界。与此相对应，被观察之物则总是被意图性地或主题性地理解的对象[①]。而对文化现象的理解来说，卢曼认为重要的是要区分两种不同的观察类型，即一阶观察（Beobachtung erster Ordnung）和二阶观察（Beobachtung zweiter Ordnung）。在一阶观察中，观察者关注的是客体的使用意义和价值，是事物的表象（如圣物和崇拜行动的神圣性），在此所发生的一切都被看作自然的和必然的现象。在二阶观察中，一阶观察中的现象被复制，一阶观察者也被观察，但这些现象不再被看成自然的和必然的，而是被看成人工的和或然的现象。这种观察的结果就是文化，或者说是现代文化。由于现代文化总是包含着二重化，所以它也面对着自身特有的一些后果问题，如文化相对主义、历史主义、实证主义、决定论等；并且为了克服这些不足，形成了一些作为现代文化内容的思潮（如关于直接性、真诚性、真实性、同一性等文化概念的讨论）。这些文化现象被有的学者概括为文化征候学（Symtomatologie），在此每一个文化主题都被视为他物的表征；对其进行考察时，人们总是怀疑其背后隐藏着某些旨趣、被排斥的动机、潜在的

---

① Niklas Luhmann, 1997, *Die Gesellschaft der Gesellschaft*, pp.882–883.

功能等[①]。

卢曼对现代文化的这种界定对作为文化的一个组成部分的宗教具有直接的认识意义。如果世俗化概念表达了在现代社会中宗教必须面对逐渐增多的非宗教取向这一处境，那么以上意义上的文化概念则可以解释现代社会中宗教多样性的图景：在现代社会中作为文化现象的每一种宗教都面对着与其他宗教的比较。在此情景中，在前现代社会中能够确定比较视点的主流宗教——基督教——就必须放弃这种自主权，基督教神学也不再能够确定宗教信仰的某种本质特征，从而将自己的信仰定义为真正的宗教信仰，并在此背景下歧视性地将其他宗教信仰与自己的信仰进行比较。相反，今天宗教比较的视点必须是中性的，而不是精心地为某一种被比较的宗教而裁剪出的。这样，一神论教和多神论教乃至万物有灵教都可以被互相比较，各种宗教与道德的关系及其生死观也可以被比较。由于这种比较倾向跨越所有宗教，所以它导致的结果会是人们已经习惯的期待——即找到现象的内在的本质特征——的落空，但人们会通过宗教比较得到某种意外的惊喜，即发现各种宗教具有出乎意料的相似性。而由于这种发现是比较的结果，所以它不可能像在传统的神学理解中那样被看成是神启[②]。这样，通

① Ingeborg Hoesterey, 1991, *Zeitgeist in Babylon: The Postmodernist Controversy*, p.157; Niklas Luhmann, 2000a, *Die Religion der Gesellschaft*, pp.311–312.

② Niklas Luhmann, 2000a, *Die Religion der Gesellschaft*, pp.312–313.

过文化比较现象的揭示，卢曼消除了神启这一宗教的神秘信仰，将宗教进一步世俗化了。

同时，通过对文化比较的分析，卢曼甚至否定了上帝的存在。他认为，任何一种比较都以某种比较的视点为前提，而这一视点本身是不会在比较中被比较的。比如，当我们以拯救或救赎方式为视点来比较不同的宗教时，会得出不同的宗教具有类似或不同情况的结论。但是，在这种比较中，救赎作为比较的视点不会与其他视点（如上帝的存在）相比较。卢曼将比较的视点称为“第三值”或“不被观察的观察者”。他认为，在传统社会中这一观察者即为上帝。而当这一观察者被确认为文化比较的视点后，作为某种本质而存在的上帝也就消失了。①

与此同时，通过文化比较，上帝的另一些隐征如不可见性和不可支配性也“世俗化”，即解神秘化了。在文化比较中，人们会发现宗教之间的许多区别。为了解释这种区别，19 世纪的许多学者倾向于用潜在动机、旨趣或利益、功能、结构等来自潜意识的因素解释行动。而在传统的解释形式中，这些要素被统统视为上帝的意志。在卢曼看来，这些要素实际上是对系统自身来说不可避免的不透明性，不是上帝的不可感知而作用巨大的决定。在现代思想和学术中，这些要素构成了怀疑、批判、启蒙和心理诊断的对象。而卢曼将

① Niklas Luhmann, 1997, *Die Gesellschaft der Gesellschaft*, pp.144, 1110; Niklas Luhmann, 2000a, *Die Religion der Gesellschaft*, pp.151, 313.

所有这些活动都概括为二阶观察，即现代人特有的一种观察活动。在此背景下，上帝的位置仅仅寓于这类控制不透明性的尝试失败的地方。也就是说，只有当科学无法解释一些现象时，人们才会用上帝的意志和力量解释它们。

至此，我们实际上从两个方面讨论了卢曼关于现代社会中宗教处境的思想。一是从世俗化方面看，卢曼的观点是，随着功能分化的深入，社会中的诸多功能系统（经济、政治、法律、教育系统等）变成了独立的、自治的、自我生产的系统，它们自己调控着自己，因而不再受宗教取向的支配。二是从文化角度看，卢曼得出的结论是，文化是比较的可能性之建制；由于文化比较是二阶观察活动，具有或然性和开放性的特征，所以文化比较的前提是限制性，即观察者（尤其是长期以来占有话语霸权的西方学者）不能简单地从自己的宗教出发确定比较的视点。在二阶观察的视野中，曾经被视为具有宗教属性的现象，即未被触破的层面（inviolate levels）也失去了宗教色彩。

如果将世俗化视为现代社会的一个不可逆转的发展趋势，将宗教本身视为一个与现代社会中其他系统类似的、具有平等地位的功能系统，那么宗教系统在全球化的今天面临着一个与这些系统类似的问题，即复杂性压力不断增加的问题。如前所述，卢曼系统理论的一个基本观点是，系统是人面对环境的复杂性而生产出来的，是减少复杂性的产物；系统本身所包含的复杂性总是小于环境的复杂性；社会进化的结果是系统本身所包含的复杂性在不断增加；但是，在现代社会中，一些事件（比如全球化）却会导致环境复杂性增加的速度远远大于系统扩大自身复杂性的速度，并使系统难以生产出“必要的多样性”（requisite variety）①。今天的功能系统就都处于这种困难处境中。但是，卢曼认为，与其他系统相比，宗教系统的处境似乎更加困难：作为现代性的重要特征之一，社会中重要的功能系统都能进行自我观察，都能认识到自身复杂性的限度，意识到自己不可能与世界相适洽地进行操作（如经济系统就不可能为满足来自环境的所有物质需求而运行，某一企业即使货物积压爆棚也不可能撒货济众），从而在这种认识的基础上安排自己的意义供给。一般来说，系统的这种自我观察是由系统内部的派生系统或亚系统所完成的。比如，经济学就承担着经济系统的这种观察（二阶观察），认识论则在对科学系统进行反思，等等。在宗教系统中，神学承担着宗教自我观察的任务，但出于多种原因，神学不愿放弃对一些教条的解释（如对上帝的解释），从而难以适应社会复杂性的要求。②

那么，当今的宗教是如何应对环境复杂性压力的呢？卢曼认为，今天的宗教系统在尝试用一种中间方案解决这一问

---

① Niklas Luhmann, 1985, *Soziale Systeme. Grundriss einer allgemeinen Theorie*, p.249; Niklas Luhmann, 1997, *Die Gesellschaft der Gesellschaft*, pp.134–139 ; Niklas Luhmann, 1999 (1982), *Funktion der Religion*, p.249; Niklas Luhmann, 2000a, *Die Religion der Gesellschaft*, p.316.

② Niklas Luhmann, 2000a, *Die Religion der Gesellschaft*, p.316.

题，即用某种适当的“必要的单一性”（requisite simplicity）来应对“必要的多样性”要求。这种方案有两种面相，一是实践面相，二是结构面相。在实践层面，许多宗教都尝试给信仰者提供一些简单的技术用于解决他们个人的问题（如用瑜珈解决一些信徒的身体痛苦和精神压力问题），或通过保留一些传统的宗教实践形式来解决社会结构和群体文化未能消除的不确定性和不安全问题。[①] 在结构层面，这种必要的单一性往往表现为一些宗教的结构特征。比如，基督教神学的三位一体之神存在的论点，天主教中对信徒原罪意识的假设和容许信徒通过内省（自我观察）与忏悔来获得上帝的原谅的做法。但是，卢曼强调，由于像忏悔和原罪之类的单一性直接与一些世界主题（如金钱和性）挂钩，并且随着社会的变化而变化，所以这类单一性容易失去可信度。在此背景

---

① 2014 年 3 月 8 日，载有 227 人（其中 154 名为中国乘客）的马来西亚航班 MH370 的神秘失联引起了全世界的高度关注。至今（2014 年 4 月 7 日）已有包括马来西亚、中国、美国、日本、越南、澳大利亚等在内的十几个国家动用先进的民用和军用船舰、飞机和卫星等工具设备参与搜索，但仍未发现失联飞机的踪迹。在这种搜索进行若干天而未得出结果的情况下，马来西亚政府竟然请本国有名的巫师作法，以便确定失联飞机的航向和位置。而这种借助宗教手段来弥补现代科学技术之不足和无助的做法虽然引起了一些媒体受众（网友）的反感和嘲弄，但也有一些民众对通过巫术找到失联飞机充满了期待（《北京青年报》，2014 年 3 月 9 日；《凤凰网》，2014 年 3 月 12 日 22 点 14 分：“巫师作法寻马航失联飞机现场曝光 网友：竟非谣言”）。这一现象较为直接地阐释和证明了卢曼的这一观点。

下，宗教系统只能在特定的信徒群体中维护这种必要的单一性，因此必须认清信徒、非信徒和其他信徒之间的差异，在这种差异的基础上寻找强化自身信仰的可能性[①]。这种局面导致的后果只可能是宗教信仰的多样化。

七　讨论

作为来自德国天主教家庭的学者，卢曼经历了第二次世界大战以来德国和欧洲社会的快速现代化过程和基督教在这一过程中遇到的许多问题：教会的婚姻家庭伦理与现实不适洽的问题，信徒减少的问题，外来宗教涌入欧洲并且冲击传统宗教的问题，等等。他也看到，在面对这些问题时，教会和作为宗教的反省系统的神学主要是在尝试通过强化传统的观念来维护基督教的权威和影响，而这种尝试往往收效甚微。卢曼认为，宗教系统的这种困境一方面来源于功能分化意义上的社会结构转型，另一方面又与宗教本身没有或者不愿意认识这种现实、未能调整自身结构和功能方式有关。在功能分化的过程中，宗教早已丧失了以前的地位，不再扮演整合全社会的系统的角色，而是演变成了与其他功能系统具有相似地位的一个功能系统；在今天的社会中，它所发挥的功能甚至不像一些主要的功能系统（政治系统、经济系统、

① Niklas Luhmann, 2000a, *Die Religion der Gesellschaft*, p.317.

法律系统、教育系统等）的功能那样不可或缺。这种描写显然给宗教系统带来了压力，但当宗教系统坦然面对这种现实时，它将可以从中悟出改革自身以寻求新的、更加符合现代社会情景的发挥自身功能和影响的可能性。在此意义上，尤其是对基督教来说，卢曼的学说可以被视为一种中肯的“危机感知”[①]。实际上，正如哈贝马斯所指出的那样，在现代社会中，个体面对着许多生活危机，面对着孤独、罪过、疾病、死亡等。[②]无疑，这些问题有很多系统、组织和机构（社会保障和救助系统、医疗机构、心理诊疗机构等）在应对和解决。但是，宗教在解释和解决这些问题方面肯定可以找到发挥作用的空间。

在西方神学和宗教学界，卢曼的宗教研究引起的反响较大，但褒贬不一。有学者认为，卢曼的研究缺少全面的神学知识基础，有以偏概全之嫌。由此导致的结果是，他描写的是一种“丛林和荒原的宗教模式”，忽视了宗教内部的一些细化的讨论结果。[③]另一些学者则认为，他的分析对宗教和神学具有启发意义，可以推动它们的自我反思。[④]

---

① Hans-Ulrich Dallmann, 2000, “Immanenz, Transzendenz, Kontingenz. Luhmann und die Theologie”, p.132.

② Jürgen Habermas, 1973a, *Legitimationsprobleme im Spätkapitalismus*, p.165.

③ Michael Welker, 1992, “Einfache oder multiple doppelte Kontingenz? Minimalbedingungen der Beschreibung von Religion und emergenten Strukturen sozialer Systeme,” p.365.

④ Hans-Ulrich Dallmann, 2000, “Immanenz, Transzendenz, Kontingenz. Luhmann und die Theologie”, pp.132–133.

但是，作为一种从社会结构转型的层面分析世俗化和宗教处境的新范式，卢曼的系统理论分析可能是至今最为全面的一种宗教理论，尽管将来还会产生某种更有说服力的、基于历史铺垫的宗教理论。

第六章　道德无涉的社会理论与道德的社会功能

一　引言

道德问题是当下中国社会关注最多的问题之一。在经历了和经历着从计划经济到市场经济转型过程中出现的一系列社会问题的情况下，许多社会民众和学者都在诟病和讨论道德缺失问题。无论是在传统媒体还是新兴媒体（互联网）上，关于道德的一般讨论和由具体事件引发的关于道德的争论都很频繁[①]。为解决“道德缺失”问题，有学者提出重建“道德共同体”。而当另一些学者从概念上厘清了“共同

① 比如，《北京青年报》在 2006 年 7 月 24、26、30 日就以发表系列文章的方式讨论了“80 后”的“道德虚无”和“价值失范”的问题。郭敬明抄袭，邱贻纵酒晚归，陈玘在比赛现场摔球拍、踢凳子、爆粗口等个人行为以及“以偶像替代英雄”“以价钱替代价值”“以成败掩盖是非”的普遍价值取向和行为被广泛讨论和诟病等。

体”所具有的强制性和依附性（对个性的约束）特征，并指出从马克思到滕尼斯的诸多思想家都持有共同体的解散和理性化社会的出现是历史进步的观点以后，这一建议似乎失去了合理性和可行性。设立共同道德底线的设想却成了解决中国社会面临的许多问题的共识性良方[①]。现在的问题是，如果道德规范的功能在于将不同的人和群体整合在一个和谐的秩序中，并保障社会生活的和谐运行，那么在社会已经分化成不同的自治领域（如经济、政治、教育等领域都有自身的运行逻辑）和不同利益群体的情况下，共同的道德底线如何划定？比如，学术（科学系统）遵循的是真理原则，即学者的研究过程只能是寻求真理的过程，研究结果只能是真理的表述；而政治家的政治方针和实践是维护群体利益和秩序平衡，其中可以并且经常是违背真理和损害某些个人和群体利益的行为（如将谎言作为政治手腕来使用）；将真理作为两个领域的道德底线来看待，显然是行不通的。

跳出道德问题并从社会转型的角度思考中国社会整合基础的尝试也时有出现。有学者认为，中国引入市场经济的过程本质上就是引入依托资本而整合资源的经济体制的过程，即建立现代经济体系或制度的过程；在此过程中出现的一系列问题如血汗工厂、企业排污和采矿严重污染环境、城乡差别扩大、土地征用时的野蛮拆迁等导致人们对资本之恶相当

① 秦晖：“‘道德共同体’还是‘共同的底线’？”《北京青年报》2014 年 7 月 25 日。

痛恨，呼吁用道德来克服这些问题[①]。但是，在中国血汗工厂并不违法，只是被视为不道德；要想在治本意义上解决经济增长的道德性问题，中国应该约束资本，而不是放纵资本："资本与权力一样，在我们社会中都很强势。只有通过法治，将其限定在正常轨道内运作，将其关在制度的笼子里，才能发挥其作用又不致危害社会。"[②] 的确，作为一种高度复杂的社会系统的经济系统在何种程度上能够在道德制约下运行，是一个值得思考的问题。在系统论的观点看来，系统封闭性和开放性的特征导致系统的运行总是具有自治性和对其他系统的依赖性。经济系统的运行状况与政治、法律、宗教、科学等系统的影响和干预密不可分。仅仅指望在道德的作用下排除经济系统运行的负面后果是单面的、不充分的期待。除了法律之外，政治、教育、科学等系统对经济系统运行的影响也十分重要。

实际上，在西方学术界关于道德的讨论至今很多。著名哲学家、社会学家哈贝马斯对现代性的诟病就是，为私利服务的工具的理性扩张导致了社会的单面发展乃至异化，这种异化表现为以共同的背景假设为基础的生活世界被功能专门化的系统殖民化；其后果是社会中充满了策略行动，以真实、真诚和规范为基础的沟通越来越少，社会弱者被排斥等

① 卢周来："资本之'恶'与人性之'善'"，《北京青年报》2014年5月9日。

② 同上。

不人性、不道德的发展；解决这一根本性问题的良方是重建具有道德规范意义的沟通理性；等等。[①]

这种分析和判断显然具有怀旧和道德判断的色彩，它与某种社会理论的原则问题相关。在解决这个原则问题之前，实际上难以对社会真实中道德的意义和功能有准确的把握。

下文将探讨卢曼关于社会理论的道德无涉性基础的思想，以及他在此基础上提出的现代社会中道德所发挥功能的主要观点，以期在学术层面能更深入地理解现代社会中道德的面相和功能，在实践层面为思考和解决包括中国社会在内的现代社会的道德困惑提供参考。

二　道德无涉的社会理论：系统理论

在西方社会科学界，自韦伯以来，价值中立问题似乎早已盖棺定论：社会科学只能描写和分析社会真实，而不应对其做价值评判。[②] 但是，在思考和研究道德问题时，每一学科都会遇到一个根本性的难题，即本学科是应遵守道德性的

---

① Jürgen Habermas, 1985, *Theorie des kommunikativen Handelns*, Bd.1, pp.3–5, 385–390; Jürgen Habermas, 1985, *Theorie des kommunikativen Handelns*, Bd.2, pp.229–230, 552;〔德〕尤尔根·哈贝马斯：《作为未来的过去——与著名哲学家哈贝马斯对话》，章国锋译，浙江人民出版社 2001 年版，第 205—214 页。

② Max Weber, 1973, *Soziologie. Universalgeschichtliche Ananlysen. Politik*, pp.263–264, 325–326, 330.

规范，赞美善，谴责恶，还是应该将自身的任务定义为道德无涉的认识绩效的生产，将道德视为与其他研究对象类似的一种研究对象？

关于这个问题的答案，一些学者往往从一些简单的逻辑推论中导出。他们认为，道德概念的定义本身即已经暗含了对这一问题的某种答案：如果将道德定义为某种特殊的价值和规范的总体，那么对这些价值和规范的有效性理由的认识必然会导致对其有效性的承认。或者说，在谈论道德问题时，人们已经在做道德判断，因为无论是在理论还是在实践（即研究对象）领域，语言都暗含着描写和表态两种行动。[①]

这种与韦伯的相关主张显然相左的推论看似很缜密，但由于其建基于相关意义（Relevanzen）和结论的道德性的预选，它已经不适用于在今天的科学发展水平上来分析道德问题。卢曼的相关观点是，要对道德进行专门的学术研究，科学就必须与道德保持距离；科学对道德的兴趣是其作为事实的存在及其在社会系统构成的结构中所处的位置问题。因为在今天的世界中，道德性的价值和规范之有效性的原由往往较少具有实践的约束力，因而也较少具有科学研究的意义。只有当道德性的价值和规范与其他变量相关时，它们才具有

---

① Friedrich Kaulbach, 1974, *Ethik und Metaethik: Darstellung und Kritik metaethischer Argumente*; Niklas Luhmann, 2012, *Die Moral der Gesellschaft*, pp.56, 134.

这种意义。[①] 在今天的发展水平上，科学已经具有较强的对多样的、异质的概念和经验材料进行分解、再组合和综合的能力，以至于对于相关意义和结论的道德性预选会限制（和干扰）科学研究。

尽管如此，卢曼认为，即使在今天，不同的理论方案对自身的要求也不一样。在一般的水平上，具有理论导向的科学研究并不专门反思认识论的前提和道德要求，而是简单地做出操作性的决策。而当某种理论被提升到较高的要求水平时，这种反思则是必要的。这种理论被卢曼称为“超级理论”。其功能在于接收或防拒道德的和认识论的要求。也只有在这种理论水平上，科学所面对的道德冲突问题才能得以讨论。卢曼首先提炼出了超级理论的一些主要特征，以便澄清某种道德无涉的道德理论得以生产出的复杂条件。要弄清其所提出的道德的社会功能，我们需要先认识超级理论的特征。

首先，卢曼认为，超级理论是近代社会演化和科学发展

① 比如，在今天的中国农村和城市，露天垃圾焚烧都被视为一种不道德的行为，因为它污染空气、影响和损害人们的健康，严重时（比如形成雾霾后）直接影响人们的日常生活（如妨碍飞机起降、汽车行驶等）。但是，这些原因和后果对“不焚烧垃圾”这一道德的维持本身无太大意义——不然，焚烧垃圾的现象就会减少或消失。因此，它们对科学研究的意义也就不大。在此，科学研究应关注的问题可能是生产生活方式的改变导致的垃圾增量、垃圾处理设施的欠缺、相关法律法规的建构、执法力度的加强等。

的结果，准确地说，是康德以后才产生的。在康德所处的启蒙运动时代，科学已经或正在作为一个独立的系统从社会中分化出来。作为对这种演变的反应，康德看到了对认识论问题和道德问题进行反思和重新表述的必要性，并且在其三大批判中完成了这项任务[①]。在此后的发展中，作为全社会系统的一个子系统，科学系统的独立性日趋彰显，其所发挥的功能也逐渐变得不可或缺。一方面，在为全社会系统满足某种（特定的）功能，即在真实与不真实的命题之间做出判断或决断时，科学系统自身的、与外部环境相关的指涉不断增加（比如，社会学的指涉就由其创始之初的国家、宗教、经济、法律、教育、家庭等领域扩展到了环境、气候、数学、物理、性、性别关系、代际关系、劳动、风险等问题和话题），其与其他社会子系统（如政治系统、法律系统、经济系统等）的关系也日益扩展和加深。另一方面，通过反涉和对自身同一性及连续性的取向，科学系统越来越关涉自身；与其他逐渐分化和独立的系统（如政治系统、法律系统、经济系统等）一样，科学系统的这种自我指涉也愈加难以被其他自我指涉所替代[②]。在此，卢曼实际上区分了两个层面：一是一般的科学研究层面，二是科学的反涉层面。在第一个层面，在某种认识论和方法论的支持下，通过对符合真实的和不符合真实的命题进行判断，科学系统为社会生产着知识、履行

---

① Niklas Luhmann, 2012, *Die Moral der Gesellschaft*, pp.58, 79.

② 同上书，第 58 页。

着自己的社会功能。在第二个层面，科学研究呈现为自我指涉活动，科学呈现为超级理论。在此，科学或某一学科的统一被反思，科学发展的连续性和非连续性得以接洽，既有的认识论和方法论会被质疑，并通过其他认知工具被中断和再表述。

卢曼对传统认识论的主要质疑是其将认识和对象相分离的做法，即认为科学只是在认识其研究对象的一些特征和属性[①]。卢曼认为，在超级理论的视野下，对象不是外在于科学而存在的，而是被建构的；科学研究的对象既包括客观真实，也包括科学研究和理论本身。随着科学系统作为独立的社会系统被分化出来，科学理论的转变在激进化和加速，随之而来的是，关涉到对象的理论在相互替换，建构对象的标准在不断更换。随之而来的问题则是，如何控制或限制研究对象的选择？要解决这一问题，科学只能采取自我指涉的关系化方式，即通过对理论本身的反涉和研究的方式将科学理论纳入研究对象。科学用于确定研究对象的方案也适用于其

---

① 比较 Niklas Luhmann, 1996, *Die neuzeitlichen Wissenschaften und die Phänomenologie*; Niklas Luhmann, 2001, *Aufsätze und Reden*, pp.111–136, 218–242; Niklas Luhmann, 1985, *Soziale Systeme. Grundriss einer allgemeinen Theorie*, pp.647–661; Niklas Luhmann, 1997, *Die Gesellschaft der Gesellschaft*, pp.893–911, 1016–1035; Niklas Luhmann, 1962a, "*Funktion und Kausalität*", pp.9–30; Niklas Luhmann, 1964, "*Funktionale Methode und Systemtheorie*", pp.31–53; Niklas Luhmann, 1962b, "*Wahrheit und Ideologie. Vorschläge zur Wiederaufnahme der Diskussion*", pp.54–65; Niklas Luhmann, 1967, "*Soziologische Aufklärung*", pp.66–91.

自身的研究。在这一逻辑中，科学在研究客观真实时所应遵循的客观性和价值中立原则和方案也适用于对自身的研究。而作为科学理论的一个种类，关于道德的理论当然也摆脱不了这一原则。这样，关于道德的理论本身必须是道德无涉的。

从作为现代社会一个功能系统的科学系统的另一特征来看，超级理论也应该是超越道德的理论。卢曼指出，与其他功能系统一样，科学系统的分化也意味着对不同期待的辨认层面的分化，即对个人、角色、纲领和价值之期待辨认的分化。卢曼认为，价值是一些普遍有效的优先（权），其在很多功能系统中已经被二值地图式化，可以被称为“密码”（Codes）[①]。对科学系统来说，“真实 / 不真实”这一密码具有功能优先权。纲领则是用来确定选择性的经历或行动的正确性或可接受性的条件的，因而科学系统的纲领可以被称为理论[②]。科学系统要正常运行，必须满足对科学密码与科学理论进行清晰区分这一前提。只有这样，科学理论才能在科学密码的框架内被批判、被推进和被替换。但是，卢曼强调，作为自我指涉之反思的超级理论应游移于这一前提之外：对超级理论来说，密码和纲领（理论）的界限会变得模糊，因为其任务在于联结（科学系统的）密码层面和理论层面，为科

① Niklas Luhmann, 1986, *Ökologische Kommunikation*, pp.75–88; Niklas Luhmann, 2012, *Die Moral der Gesellschaft*, pp.60–61.

② Niklas Luhmann, 1986, *Ökologische Kommunikation*, p.91.

学系统或其中的一个专业提供统一。

如上文所述，在延续至今的某种传统中，这种统一往往由某种方法论的原则来提供。这种原则即为因果解释原则。作为一种被普遍接受的一致性，这种原则保障了理论和方法、研究结果和研究过程两种取向的分化。也就是说，只要遵循因果解释这一基本原则，就可以按照不同的理论、运用不同的研究方法得出有效的研究结果。卢曼一方面强调科学系统所经历的两种结构普世化事实，即理论作为科学系统之纲领所特有的结构和方法作为选择研究过程之规则分别得以普世化的现象，认为科学理论在对研究结果之正确性的条件进行普世化，科学方法则在对研究过程正确性的条件进行普世化。另一方面，他指出，自休谟对归纳推论做出批判，即认为寓于自然现象中的因果关系实际上是人对自然现象的先后感知结果以来，因果概念不再具有自然证成的特征。理论与方法论的联合需要某种超级理论的辩护。因果范畴虽然也可以履行这种辩护功能，但它不再是唯一具有这种功能的范畴，因为现代科学中的很多研究领域都是一些复杂的系统，它们往往使因果解释难以胜任这一功能。卢曼因此得出结论：超级理论应该是关于复杂系统的理论；复杂系统应该既是理论的出发点，又是方法论的出发点。

由于将复杂性作为出发点，超级理论不可能是预先算定的理论，而只是或然的、怀疑的、不断提问的理论："它们也不作为规范的，预先的即对自身进行评价的理论出现。它们完全被关联化，以至于人们可以从它们的每一个观点出发对一切进行质疑，如果人们坚持这一观点的话”[①]。

之所以如此，是因为为了适应社会真实的复杂性，超级理论的基本操作规则与以前相比发生了根本性的变化。卢曼认为，无论是人的实践活动还是认知活动，都基于一种基本规则，即否定（Negation）。在每一个领域，世界都呈现为或然状况，任何事物既可以这样也可以那样，人们在每一情景中可以选择的可能性都很多。为了减少复杂性，人们总是在将世界无限的或然性转变成有意义的否定和确定的可能性，转变成结构化的或然性。这样，到了晚近，就出现了很多具有自身的或然性公式的功能系统。比如，宗教系统中的上帝概念、经济系统中的紧缺、科学系统中的限制性就是这类减少复杂性的或然性公式。[②]

就限制性来看，卢曼认为，18 世纪以前，欧洲思想和科学所使用的公式是种和类的区分。人们普遍接受的一种假设是，自然本身的秩序呈现为种和类，所以认识的过程只能是或必须是对其进行分类拣选的过程。影响至今的亚里士多德传统中的自然概念不仅包括自然世界，而且也包括人和其他高级本体、社会秩序和人的行动（包括诗词创作和实践行

① Niklas Luhmann, 2012, *Die Moral der Gesellschaft*, p.63.

② 比较 Niklas Luhmann, 1999 (1982), *Funktion der Religion*, Ffm., pp.82 ff.; Niklas Luhmann, 1972, “*Knappheit, Geld und die bürgerliche Gesellschaft*”, pp.186 ff.; Niklas Luhmann, 2000a, *Die Religion der Gesellschaft*, pp.147 f.; Niklas Luhmann, 1999a, *Die Wirtschaft der Gesellschaft*, p.177.

动）。认识则止于对存在的确认；逻辑的功能在于纠错：当某种被宣称为符合真实的认识不符合真实时，它应按照逻辑规则被纠正，反之亦然[①]。到了 18 世纪，尤其是随着黑格尔辩证法的提出，这种认识的自然前提的有效性受到了质疑和批判。通过将否定引入概念结构和社会现实之生产或证成的过程，黑格尔提出了另一种限制性原则：通过否定来限制认识和生产过程，从而使概念（认识）和社会（实践）获得自决（Selbstbestimmung）。但是，在后来的科学发展史上，认识论和方法论的演变都没有完全脱离类的逻辑。卢曼主要讨论了两种传统，一种是分析的现实主义，一种是批判的理性主义。前者在延续类的逻辑传统时对其涵括的可能性前提持怀疑态度，即认为将对象类型化时可能难以全面认识对象特征的全部构成因素；因此，其在建构类型时总是尝试通过概念分析来将一些边界变量纳入考量，以期获得完整可靠的知识。[②]

批判的理性主义则主张对判断进行测验，以便按照一些方法论的条件淘汰不符合真实的判断，增加符合真实的判断、扩大知识库。批判的理性主义虽然遵循在一定的（限制性的）方法论的条件下“判断的可证伪性”原则，但其并未反思如何在可以生产出的无数（错误）判断中选取一些值得

① Niklas Luhmann, 1997, *Die Gesellschaft der Gesellschaft*, p.908; Niklas Luhmann, 2012, *Die Moral der Gesellschaft*, p.64.

② Niklas Luhmann, 2012, *Die Moral der Gesellschaft*, pp.64–65.

测验的判断进行测验的问题，而是简单地认为人们在做出此类取舍时已经具有相关知识。因此，它并未真正解决限制性问题①。

而只有当某种系统理论的基本假设被提出时，科学系统的限制性问题似乎才得以真正解决。这种假设是，系统和环境之间存在复杂性差异；这种差异持续地在给系统提出问题，以至于系统必须持续地将自身与环境相区分，从环境中选取与自己相关的信息用于自身的操作，限制和解决问题的复杂性；而由于系统内部不停地分化出子系统，每一个子系统都以其他子系统为环境，这种限制性在循环出现。

在此，科学所涉及的还仅仅是认识论问题。但是，道德理论选择何种范式来限制自己的研究，却会决定其状况和属性。如果说从道德出发来进行否定、选择和限制的超级理论对自身具有普世性的要求，卢曼所主张的以系统/环境区分为或然性公式的超级理论也具有这种要求。但前者是赋予某一对象领域即道德以普世性，而后者则仅对某种特殊的限制性原则持有普世性的要求。卢曼意义上的超级理论不限于研究某些对象或对象群，而是可以涉及所有对象；它不寻求对现实中的所有具体事物和现象都做出表述，而是（通过）在概念层面的努力探索而提出足够抽象的组合概念。

---

① Niklas Luhmann, 2012, *Die Moral der Gesellschaft*, p.65.

通过这类抽象概念的提出，卢曼意义上的超级理论即系统理论在进行与其他超级理论所不同的总体化。进行这种总体化的原因在于克服社会学中两种常见的观点。一种观点认为每一种学科都是一个聚合的整体，其中每一份理论和经验研究的学术贡献都在为其积累知识。另一种观点则认为，每一个学科中包含许多不同的理论取向；这些取向互相竞争、不可比较。而卢曼则认为，总体化的理论尝试兼顾二者（即统一和多样性），形成一种包容的理论。这种包容的理论应该是符合今天社会发展情形的，它应避免以往的理论将时间、社会和道德维度糅合在一起的弊端。

卢曼认为，这种让三种维度纠缠在一起的总体化在黑格尔的思想中比较明显。首先，黑格尔的总体化概念是一个跨越时间差异的概念。他认为，人类社会历史的发展是人类意识辩证地向前发展的运动，而运动则是包含时间差异的过程。其次，意识的这种运动又表现为社会关系和结构的同步变化，所以黑格尔的总体概念又包含了社会维度。另外，意识和社会维度的运动是由低到高的运动，所以黑格尔的总体化又包含了道德维度、在生产道德期待——时间的终结就意味着道德的完美化[①]。

在卢曼看来，黑格尔的这种时间（社会性的、受道德约束的辩证的总体化）方案实际上是其所处的从传统到现代之

① Niklas Luhmann, 2012, *Die Moral der Gesellschaft*, p.68.

过渡时期的特有处境的产物。在此，以黑格尔为代表的思想家已经感知到新的时间结构的出现，但尚未能够预测这种变化给社会秩序和道德带来的后果，即二者相分离的趋势。而到了米德那里，时间维度和社会维度在分析层面被清晰地分离、真正意义上的实证科学能够出现，摆脱了道德暗含意义的超级理论因此才可能出现。在此理论中，总体化不是基于道德做出的，而是将道德作为与其他社会领域或系统具有同等地位的一个领域来对待的理论。这种理论之所以是总体的、适用于解释所有社会领域和现象的理论，是因为其基本假设指向真实历史或社会史。它不是从某一个历史阶段出发简单地否定以前的历史，而是从问题化的角度来考察不同的社会阶段，即从社会自己解决自身问题的能力上来考察社会：从每一个社会阶段抽象出自身面对的主要问题并对其进行或然性的加工、设计解决方案选项的能力。这样，可以发现，一个时期的社会往往比以前的社会有更多的选择可能性并在这种意义上优越于前者。而能够洞察这种机会的超级理论即系统理论也就显得比其他理论更具有解释能量。

通过不同于以道德为基础的总体化方案——即以问题化为基础的、指向系统理论的总体化方案的提出，卢曼所设计的超级理论就摆脱了理论探讨中经常出现的道德纷争。

从对超级理论的评判标准来看，卢曼认为，以道德、价值和规范为基础的超级理论也应被系统论的超级理论所取代[1]。道德论的超级理论建立在对过去的社会发展阶段的否定之上，而系统论的超级理论则以系统/环境区分或系统对环境的否定为基础。后者认为，社会发展是以复杂性的增加和减少复杂性的学习能力增强为进化特征的；为了网捕和加工环境中发生的众多事件，社会系统在不断使自身复杂化；随着这种自身复杂性的增加，系统在复杂的环境面前也会更加稳定；等等。当然，系统自身复杂性的增加可能会导致系统膨胀，也会导致由系统构成的环境的复杂化（如对政治系统来说，经济系统、法律系统、教育系统等的复杂化就意味着环境的复杂化）[2]。但是，卢曼认为，即使作为系统的社会接近或超过了复杂性增加之优势的边界，也不能通过重树价值和规范信仰来解决问题，而只能通过对社会自身引起的系统和环境变化的分析来解决。这样，基于系统理论的超级理论的优势，就并不仅仅在于其自身的复杂性，而在于其将复杂性与社会处境关联起来进行反思的能力。[3]

之所以不能通过重树价值和规范即道德信仰来解决包括科学系统在内的所有社会系统所面对的复杂性问题，是因为自康德以来，科学与道德以及其他社会系统（如政治系统）与道德的统一即已经被分解。卢曼指出，康德的三大批判的

① Niklas Luhmann, 2012, *Die Moral der Gesellschaft*, pp.75–77.

② 同上书，第 10 页；Jürgen Habermas, 1985 (1981), *Theorie des kommunikativen Handelns*, Bd.2, pp.231–233, 552.

③ Niklas Luhmann, 2012, *Die Moral der Gesellschaft*, p.77.

目的之一在于将科学和道德的有效性基础的统一重新论证。此后，科学逐渐分化成一个独立的系统，其分解和再组合的能力不断增强，以至于其对于认识论和道德问题都得出了新的结论[①]。作为这种演化中出现的一个学派，系统理论对统一问题的思考是系统特有的，即统一不再发生在超越各系统的层面——如通过等级制中的顶端（Spitze）来实现统一，而只能出现在系统之内。在预先选择系统指涉（如与货币相关的经济系统的指涉、与权力相关的政治系统的指涉、与认识相关的科学系统的指涉等）之后，系统理论探讨这些系统中的统一问题和科学系统的分化对其自身的反作用，即在超级理论层面反思与科学系统相关的认识论和道德问题[②]。

这种反思导致了一系列与传统的社会理论——尤其是人文主义传统的社会理论——完全不同结论的得出。在运用人文主义的视角对现代社会进行分析时，人们得出的结论往往是，现代社会中缺少自由、平等和博爱，因而是不人道的和不道德的。卢曼也承认，法国资产阶级革命所宣称的这些价值在现代社会中的确欠缺，但描写现代社会的理论本身却不能用这些价值来评判；道德情绪会阻碍分析可能性的挖掘[③]。卢曼从系统理论与人文主义传统的几点分歧上阐释了这一观点。

---

① Niklas Luhmann, 2012, *Die Moral der Gesellschaft*, p.79.

② 同上。

③ Niklas Luhmann, 1997, *Die Gesellschaft der Gesellschaft*, pp.1108–1109; Niklas Luhmann, 2012, *Die Moral der Gesellschaft*, pp.80–81.

首先，在两种理论的分析中，人的地位不一样。自柏拉图和亚里士多德以来的旧欧洲传统中，人们只看到了一种情况，即社会是由个人构成的。作为政治共同体，统括的、自在的（selbstgenügend）社会被认为是由那些有家业、能够为公共事务做贡献的个人组成的整体；社会中的所有群体都被想象为由单个的个人或个体构成的集体，个人被看作社会整体中的部分。人因此在双重意义上被认定为政治本体（zoon politikon）或卢梭所说的社会动物，即一方面将人看作只能在社会联盟中生存的本体，另一方面又将人看作制度设计和安排的标准、看作其完善的最终目标。这样，寓于社会整体及其构成部分之间的约束性结构就被理解成了一种自然道德的产物①。

---

① 这种约束性结构实际上是一种不平等的等级结构。为这种不平等作辩护的自然道德在亚里士多德为等级分化的社会秩序和组织化的城邦所提出的指令中得以清晰地呈现："在所有由多个部分构成的并且由它们——无论是由相互联结的还是由分开的部分——生长成一个共同的单位的现象实体中，总是会出现一个统治者（to archon）和一个被统治者（to archomonon）。"(Aristoteles, *Politik 1254*, pp.28–31; 转引自 Niklas Luhmann, 1997, *Die Gesellschaft der Gesellschaft*, p.918) 在 16、17 世纪关于执政艺术和国家理性的讨论中，人们首先采用的是道德视角。马基雅维利以降，人们纠缠的一个基本问题是，作为权力和反权力的统一，政治的统一是否构成了道德行为和非道德行为的条件，即当权力受到挑战时，原本以道德为出发点而从政的君主是否也可以采取非道德的行为维护政治权力？在此意义上，当时的政治学实际上是政治伦理学。Niklas Luhmann, 1993e, *Gesellschaftsstruktur und Semantik*, Bd.3, p.65; Niklas Luhmann, 1997, *Die Gesellschaft der Gesellschaft*, pp.914–919; Niklas Luhmann, 2012, *Die Moral der Gesellschaft*, pp.81–82, 85.

到了晚近，随着传统社会被现代社会所取代，这种描写社会的语义学受到了挑战。马克思在其政治经济学批判中即已指出："社会不是由个体构成的"[①]。而系统地提出另一种社会描写方案的则是帕森斯以来的社会系统理论。帕森斯的行动系统理论区分了有机体、个人、社会系统和文化四种系统，而行动系统则是寓于其上的一种统括的系统。这样，帕森斯虽然将个人与社会系统分开了，但寓于其上的行动系统则在调控着这两个系统之间的输入 / 输出关系，它们实际上也就没有完全分开。而在卢曼的系统理论中，作为有机-心理单位的单个的人被看作与由沟通构成的社会系统具有完全不同的系统指涉的个人系统。二者互为环境，对任何社会系统和对全社会系统来说，具体的单个的人是环境；对单个的人来说，所有社会系统又是环境[②]。作为沟通系统，社会在将人建立在其物理的、化学的、有机的、心理的基础之上的潜

① Karl Marx, 1939, *Grundriss der Kritik der politischen Ökonomie*, p.176; 转引自 Niklas Luhmann, 2012, *Die Moral der Gesellschaft*, p.82.

② 卢曼思想中的这一核心观点引起了很多争议。有学者认为，卢曼所提出的作为其理论前提的"主体的死亡"这一命题并未在其著作中得以证成（Hans Bernhard Schmid, 2000, "Subjektivität ohne Interität. Zur systemtheoretischen 'Überbietung' der transzendentalphänomenologischen Subjekttheorie", pp.127, 134–136, 138）。在为卢曼所作的悼词中，德国社会学家哈恩对这一观点略表异议地写道："尽管他的著作会永存，这位建筑大师会使他的崇拜者和朋友感到惆怅。不仅仅是因为失去了一位受钦佩的人（他是这么一个人，这一点当然并不与他的将人只看作社会系统之环境的理论相对立），而且也许还因为他留下的复杂的系统理论的工具可能将我们置入歌德的魔幻学徒的艰难处境。"（Alois Hahn, 1998, "Ein Nachruf", p.402）。

能进行选择性的整合；而在控制这种选择时，社会具有其自身的真实和其自身的系统自治，其内在的结构和过程总是能使其与环境区别开。

卢曼指出，实际上，作为有机-心理单位的人的选择性与作为沟通系统的社会的选择性根本不同，这一点以前的思想家也已经看到了。但是，在看到这种差异时，他们往往从道德维度出发来处理和证成人与社会的关系，即认为人应该和平地、善良地、循规蹈矩地行事，从而维护社会秩序。而卢曼则认为，这种图式性的批判与现实不符。在他看来，作为具有高度复杂的、精致调控的选择性的人提供给社会的恰恰不是稳定性，而是生动性和不稳定性。这样，人类的共同生活必然会导致另一种具有自身稳定性的系统的出现，即社会系统的出现。作为物理-有机的以及人类-个人的单位，人具有很多属于自己的而不属于社会的选择过程和结构，它们构成了沟通即社会系统的前提；同时，社会又在影响人，尤其是在全球化的今天，全球性的世界社会使人变得更加依赖它。这样，系统理论的这种对人与社会的独立性和依赖性的强调，就打破了传统的功能（社会系统）与道德的统一。[1]

通过将人和社会厘清为互相独立、互为环境、互相依赖的系统，卢曼为摆脱人类学的思考前提并将道德作为社会系

---

① Niklas Luhmann, 2012, *Die Moral der Gesellschaft*, pp.83–84.

统的一种结构来考察奠定了基础。而这种考察尝试的是运用道德无涉的概念来理解道德这一事实①。

三 道德的社会功能

1. 尊重作为道德产生的原因和基础

在探讨道德的社会功能问题时，卢曼首先引入的一个核心概念是“尊重”（Achtung）。他认为，尊重才是道德产生的原因和得以维护的基础②。这一显然有别于哲学、宗教和神学解释的社会学观点需要从系统论的角度得以论证。

如前文已经提及，系统论的一些基本观点是，当多个个人相遇并互动时，就会产生社会系统；而当社会系统产生后，就会出现两种关系，一是个人与个人的关系，二是个人与社会系统的关系；社会系统一旦被生产出来，就会外在于人。个人与个人不会融合在一起，个人与社会系统也不会融合在一起；对个人来说，已经形成的社会系统是环境；对社会系统来说，个人是其环境。但需要强调的是，在一般情况下，在个人互动时所形成的社会系统之外，已经有其他社会系统存在（比如政治系统、经济系统、法律系统等）。而对个人、对他们所生产的社会系统和对所有其他社会系统来说，环境总是比系统要复杂。这样，对每一个系统（包

① Niklas Luhmann, 2012, *Die Moral der Gesellschaft*, p.97.

② 同上书，第 104 页。

括作为心理系统的个人）来说，其所运用的出发点是系统与环境的复杂性差异。面对比自身要复杂的环境，系统在选择自身的状态和过程，即进行"内部的关系化"（interne Relationierungen）。同时，在系统内部，选择又被选择性地加以组合；当这种对选择的选择不超出系统对环境做出反应的能力时，会形成某种稳定的模式①。卢曼称这种对选择的选择为"选择性的调试"（selektive Akkordierungen）②。

由于对每一个系统来说，其他系统都是其环境的一些部分，而且这些系统也都在以环境为取向而运行，所以没有哪一个系统能了解和计算另一个系统的运行过程和状态变化。这样，系统互相之间是不透明的；对任何一个系统来说，其他系统的复杂性是不可分解的。这种复杂性只可能通过或然性形式得以减少：在一个系统与另一个系统互动时，前者只能将后者的某一状态看成是或然的，即既可以这样也可以那样的；反之亦然。对每一个系统来说，这种或然性既意味着不确定性，又意味着取向的增赢。面对或然性，系统可以通过自己的选择行为而追求和实现自己的愿望，并排除自己所不愿要的结果。

从这些关于系统的一般性描写出发，卢曼分析了个人系

① 比如，在我国目前的婚姻系统中，在一些地区女方结婚时可选择的彩礼可能是一对金耳环、一个金手镯、一个金戒指这"三金"或现金人民币20万元左右。当某一女性或其家庭既要三金，又要现金时，其对选择的选择就超出了当地居民的经济能力，难以或无法实现。

② Niklas Luhmann, 2012, *Die Moral der Gesellschaft*, p.98.

统（即我们通常所说的“人”）之间互动的情景，从而引入了道德话题。至少两个以上的个人系统互相沟通时的情景，被他称为双重或然性情景。如果将两个互相沟通的人分别用“自我”（Ego）和“他者”（Alter）来表示，那么在沟通过程中，我和他者会互相将对方的行动看成或然性的选择；对我来说，他者的行为和对他者行为的期待都是或然的。反过来看，他者也会这样看待我。这样，对我和他者来说，社会关系就具有双重或然性的形式，而且双方都在经历这一现象，并且也都知道对方对此是有意识的。

基于这种双重或然性，古典社会学家们（如涂尔干、韦伯、帕森斯等）都已经意识到，社会系统需要非理性的行动基础，尤其是价值共意。在涉及道德问题时，他们关注的不是作为社会系统之存续前提的道德的道德性，而是作为事实的道德。也就是说，对他们来说，值得探讨的社会学问题不是“什么是道德的”或“什么符合道德”，而是道德对社会系统的存续有何作用或功能。但是，卢曼认为，他们虽然提出了这一问题，但其理论并没有能够深入分析道德的功能问题。在将道德作为事实、作为一个独立的系统来对待时，从卢曼所主张的等值功能主义的方法论视角看，道德本身变成了或然的现象，即取代道德的功能等值问题也就出现了[①]。

当两个或两个以上的个人进行互动时，情况是很复杂

① Niklas Luhmann, 2012, *Die Moral der Gesellschaft*, pp.99-101.

的。这时，尊重作为道德的基础就变得至关重要，因为它可以减少复杂性，使沟通成为可能。在社会互动的双重或然（即我不确知他者的选择、他者也不确知我的选择）的情景中，每个互动参与者都必须将三种角色整合在自身中。他既是“自我”，又是对他者来说的“他者”，而且还知道他人在将他看作“他我”。这样，在互动中，每个人都必须将他人的选择和选择要求纳入自己的同一性公式，即接纳或扮演他人的角色；互相缠合的视角和沟通的整合也就成了一个重要的、复杂的问题。在互动中，往往会就这一问题进行沟通。由于这种沟通很复杂，所以它往往被简化为对互相尊重的条件的沟通。有了这一沟通，其他沟通似乎才会可能。而尊重则是他人将作为他者以及作为他我的我纳入他的视角和自我认同的做法；当我在他者中认出并接受作为他者的我时，我也会尊重他者。这种尊重实际上是那些复杂的事实情况的一种“符号性替代”（symbolische Substitution）[1]。在这种简化的、关于尊重的沟通帮助下，互动双方可以达到一些新的敏感水平：他们可以互相告知或暗示让对方猜测，哪些经历和行动会导致尊重的赢得或失去，以及这种尊重的影响在何种程度上会波及交往的延续、交往的正常性和非正常性，等等。

在关于道德的讨论中，一般认为，作为道德行为之基础

① Niklas Luhmann, 2012, *Die Moral der Gesellschaft*, p.102.

的尊重往往与共意、规范和利益相关①。卢曼并不否定这种相关性，但他认为，首先，尊重并不是共意和符合规范的行为简单的和直接的产物；通过某种使他人能够意识到自己本来的期待或应有的更高期待的行为，人们也可以原本地获得尊重；在很多情况下，道德创新往往发生在非共意化、未规范化的领域，需要打破常规而凸显一些新的期待整合水平。比如，在今天的中国社会，在遇到老年人摔倒时，青壮年人是否应该扶起他们，就是一个不确定的问题，因为有人扶起老人后反被他们指控事先撞倒了他们、应承担法律责任。但是，如果某人不顾被无端指控的风险而坚持帮助摔倒的老人，他会赢得受助者和社会的尊重，这一点是可以期待的。

就尊重与利益的关系而言，卢曼认为，尊重并不是利益实现的简单结果，而是可以是双赢的结果。顺此推论，博爱也就不会是赢得尊重的不可或缺的原则，也不是唯一的道德原则，因为博爱会给他者的利和弊留下很大的活动空间②。

卢曼强调的尊重的另一个特征是，尊重不是一种特性，而是一种分配。它是在不同的社会系统中获得或失去、提高或降低的，因此首先只具有系统相关性。而在系统分化增加的复杂社会中，这种分配会遇到无常性问题（比如，如果说在传统社会中官僚会受到普遍的即各群体的尊重，那么在

① W. Gouldner, 1971, *The Coming Crisis of Western Sociology*, p.226.

② Michael Baurmann, 1999, "Warum wollen wir Freiheit?" p.1089; Niklas Luhmann, 2012, *Die Moral der Gesellschaft*, p.103.

现代社会中，经济界的成功人士可能会因为财富的比较优势而瞧不起官僚，知识分子可能会因为自己的知识修养更好而小看官僚，宗教界人士则会因为有些官僚的私生活有违宗教伦理而鄙视他们，等等）。在此情况下，应对尊重值无常浮动情况的措施有两种：一是赢得或失去尊重的条件普世化，二是个人系统形成“自尊”。前者指的是在某一社会系统中发展出不依赖于其他社会系统的评判标准的、赢得或失去尊重的条件，比如视经营成就为企业家是否赢得社会尊重的一般条件。后者指的是个人发展出独立于“尊重市场”（Achtungsmarkt）浮动的自尊，以便在进入新的社会关系时能够更容易期待得到尊重。在其感情出轨的错误被曝光后，美国前总统克林顿面临来自公众舆论、反对党和司法机关的强大压力，带着坚定的自尊和自信，从容应对，不仅渡过了难关，而且赢得了各方面的尊重，就是一例。

在描写和分析了尊重的这些特性以后，卢曼再次辨析了尊重作为道德基础的问题。他指出，作为使道德建构成为可能涌现的符号化，尊重只是在以他的理论为代表的道德无涉的社会学分析中才被视为道德的基础；而在此前漫长的宗教、哲学、人类学等学科以及今天的一些社会学分析与思考中，情况则恰好相反：道德被看作已经证成的范畴，尊重的分配以此为基础[①]。卢曼从系统论的角度颠覆了这一观点。

---

① Niklas Luhmann, 2012, *Die Moral der Gesellschaft*, p.104.

他发现，在对卢梭的思想发挥了重要影响的法国哲学家阿巴迪那里，道德基础的证成已经具有现代特征，但因为其与宗教和人类学的关联紧密而又不完全符合现代科学精神[①]。阿巴迪将自爱（Selbstliebe）看作道德的基础，这种将个人的自我指涉与道德相关联的做法具有现代特征。但是，他同时又认为，人的这一本性是上帝赐予的，并且在三个层面以不同的方式在发挥作用：在动物性层面作为乐趣（plaisir）、在理论层面作为尊重（estime）、在自然宗教层面作为良知（conscience）在发挥作用。而这三个层面又处于一种控制论的等级秩序中——良知调控着对尊重的追求，后者又调控着对兴致的追求。这样，尊重就不能完全构成道德的基础，而只是道德表达的一个层面。但这一层面是很重要的一个层面，根据上帝的意志，对尊重的喜爱会使人做出文明、正直、受人喜爱和称道的行为，同时也会使他人难以侵蚀的理性监督自己的行为。[②]

但是，由于自爱有可能被侵蚀，人在面对贫困和生命的有限性时可能放弃能赢得尊重的品质而做出欺骗行为，所以阿巴迪将自爱与对上帝的爱统一起来，认为上帝创造了人的良性本质，对上帝的爱会使人克服短暂的动机、追求永恒的善和自爱。这样，宗教的重要性就被具体化和人类学化了。

卢曼认为，由于给自爱奠定了创世神学和永恒信仰的基

① Niklas Luhmann, 2012, *Die Moral der Gesellschaft*, pp.104, 106.

② 同上书，第 104 页。

础，阿巴迪等人的将自爱原则再特定化，从而证成道德的尝试就没有成功。而在先验哲学产生以后，人们则有意识地摆脱宗教关联而对自我指涉进行了再特定化。此时，主体概念体现着这种自我指涉，尊重原则则被置于主体概念之下；对尊重的过度追求被否定，以尊重为动机和自身目的的行为被视为不道德的、堕落的行为[①]。这样，先验哲学实际上在未确定道德之实质的前提下尝试证成道德，其前提是社会的各阶层都在尽量适应市民阶层的道德想象，而这种想象是不言而喻的。这样，先验哲学的尝试也是失败的。

卢曼的立场则是：近代以来，社会自身演化成了自在的、意义构造的系统；在此总体或统括系统中，经济、政治、科学、教育、宗教等功能系统得以分化出来，且每一系统都发展出了自身的相应的普世化原则；这样，以前被视为道德之基础的三个人类学要素乐趣、尊重和良知也分化成了不同系统的沟通原则——乐趣寓于个人系统中，尊重寓于理性社会（系统）层面，良知属于宗教系统的范畴。在这一社会前提下，尊重才真正凸显为道德的基础。[②]

2. 道德的功能

在一般的哲学和社会科学的研究中，道德往往被定义为

① Heinrich Stephani, *System der öffentlichen Erziehung*, Berlin, 1805, p.295；转引自 Niklas Luhmann, 2012, *Die Moral der Gesellschaft*, p.106.

② Niklas Luhmann, 2012, *Die Moral der Gesellschaft*, pp.106–107.

特定规范的集合或系统，而这种定义又建基于某种对应然的或对某种条件化的规范概念的预先理解[①]。但是，卢曼认为，道德的含义并不必然是被规范性地表述的，尽管道德不能完全脱离规范而得以实践。

那么，什么是道德呢？卢曼认为，道德是一种密码化的过程。这一过程的特定功能在于，通过对互相尊重的条件的确定来调控以尊重为基础的沟通以及调校自我 / 他者之综合（即我们日常所说的人际关系）。因此，一个社会的道德是由事实上在实践的、互相尊重或蔑视的条件的总和构成的。也就是说，道德不是由尊重或尊重的表示构成的，但它与尊重并且只与尊重相关。因此，卢曼认定尊重是道德的基础。只有在明确地或隐含地就尊重进行沟通时，才会出现道德。比如，在中国，承担年老的、失去劳动能力的父母的赡养义务，会赢得社会的尊重，否则会受到社会的蔑视；因此，赡养父母就是一种道德。而在西方国家，由于养老已经普遍社会化，子女已经普遍不用承担赡养父母的义务，是否赡养父母就不是一个道德问题，甚至不是一个道德话题。

卢曼进一步指出，关于尊重的沟通得以进行的前提是，自我和他者互相允许对方赢得尊重，并且将有效的条件显示给对方；而这种显示可以是明确地或隐含地、微妙地或急促地、具体而独特地或抽象-规范化地、顾及或不顾及他人观

---

① Niklas Luhmann, 2012, *Die Moral der Gesellschaft*, pp.109, 114.

点地做出的。这样，通过沟通的或社会系统特有的要求的提出，尊重和赢得尊重的条件得以分化，特殊的道德想象得以分离和积淀①。通过这种分析，卢曼就得出了一个与其他哲学家和社会学家所不同的道德理解：道德不是某种范畴命令，也不是调控人际关系的某种法律，尽管道德所面对的问题与二者是一致的——其面对的也是人际关系或沟通的调控。面对这一问题，人们通过对一些主题、符号、结构、观念、期待的道德化而生产出一些意义内容，用于对尊重和蔑视的条件进行沟通和元沟通时使用。这些意义内容并不是在每一个互动情景中被生产出来的，而是经常已经被记录和文本化了的。其有效性可以局限于一些特定群体，也可以适用于全社会、适用于陌生人之间的交往。但是，卢曼强调，在实践中，文本化的道德并不是原原本本地、不加反思地被实践和应用的，而是在沟通性的应用中被赋予了道德特质的。在这种应用中，道德性的文本获得了自我 / 他者整合的指示器功能，即为有效而兼容的沟通提供了前提。②

基于道德的实践性特征，卢曼认为，尊重与道德之间存在一种交互关系。道德标准是获得尊重的条件，而这些标准又根据每个人所享有的尊重和声望而变化（比如，一个罪犯和一个牧师所面对的道德要求就会比普通人高）；道德本身趋向于正常和一般状态，因此会惩罚偏离行为；而道德的变

① Niklas Luhmann, 2012, *Die Moral der Gesellschaft*, p.107.

② 同上书，第 108 页。

化性、滑动性特征在实践中会使人们难以掌握应用尺度，使声望的影响过大。因此，道德标准往往会以忽略个人声望、对人人平等的法律的形式得以制度化。此时，道德即获得了一种更高级的形式。

虽然道德可以演变为法律规范，但卢曼更多地强调道德在与尊重相关的实践中的无限再生能力。他指出，尤其是在欧洲传统中，道德化与规范的期待形式之间具有高度的相关性。但是，一方面，规范可以是道德无涉的；另一方面，道德观念也可以不具有规范形式。比如，在一个社会中，富人从事慈善事业往往被视为一种功劳、一种具有高尚道德情操的行为；但是，不从事慈善事业的富人也不会因此被视为不道德的人而得不到社会的尊重；等等。因此，卢曼认为，道德的符号结构的形式是变化的甚至不清晰的。

道德虽然不一定以规范的形式出现，但却在很大程度上与正常化相关。这种正常化的意义在于使隐含的、无需沟通的标准成为可能。这里，正常 / 不正常并不是以某类情况出现的频率来判断的，这一标签的意义也不是用于对行为进行归类，而是用于通过对一种行为的核准来调控对其他情况的评估：一个在某一方面行为不正常的人可能会被认为在其他方面也是如此（比如，在中国，一个不赡养年迈父母的人可能被认为是对同事、邻居、朋友也不仁义的人）。当然，如果当事人能够找到为其行为辩护的理由用于限制非正常性范围，其某一方面的非正常行为会对其其他方面所受的评估产生较小的影响（比如，一个不赡养父母的人若能说明是因为父母身体状况和经济条件好、想享受清静生活而拒绝被赡养，其他行为关系人就可能会减少对他的消极评价）。卢曼进一步指出，正常性/非正常性是一种行为期待普世化的图式，即所有情景和行为类型都被这一图式所评判和核准，并且这一图式在通过某种“土地平整”（Terrainvorbereitung）而支持道德的图式主义：在正常/不正常的标准下，对行为的道德/不道德的评价更容易得出。但是，他强调，两个图式并不是一致的。非正常的行为既可以招致蔑视，也可以赢得高度尊重（如英雄的行为、禁欲者的行为等可以说是非正常行为，但往往被高度尊重），从而决定道德评估——位于两种评价之间的“正常的”行为往往被接受。

当道德被赋予规范性的特征时，它往往被看作共意的基础：互动双方理所当然地会承认和遵守规范。但卢曼认为，如果将道德理解为“将相关他者成功地纳入自身的自我之操作同一性”[①]，那么道德则具有差别乃至冲突特征。作为相互尊重的条件，将他者纳入自我的过程本身就是不同的选择立场和视角互相磨合的过程。在此过程中，道德的纷争和冲突的特征会显现出来，不同的观念和行为方式会出现，不同互动伙伴的自我/他者之综合会陷入相互公开冲突（即互动双方互相指责对方没有正确地理解自己、接受自己）。即使不

① Niklas Luhmann, 2012, *Die Moral der Gesellschaft*, p.111.

发生冲突，互动双方也不一定处于共意情境中，他们可以互相不承认、不接受对方的观念和行为方式，但理解和尊重对方。卢曼更多地认为，在与道德相关的互动情景中，共意和分意都不能被排除。而且在冲突出现时，互动参与者的意图可能会发生转变：若双方坚持自己的立场，不顾本来目的地将损害对方视为更高目标，道德的作用则不再是促使互动成功，而是在生产出其他动机而使互动双方通过固执己见和互相惩罚来获得被尊重的感觉。

由此可见，当冲突的缘由和苗头出现时，道德不仅不会像法律那样限制冲突势头，而且会扩大冲突。当冲突的苗头出现时，就意味着互动参与者的尊重受到了挑战，沟通的话题与个人的同一性或人格挂上了钩。而由于个人同一性与一些其他主题（如出身、修养、生活状况等）纠缠在一起，此时的冲突就有可能复杂化和激化。卢曼认为，在就某个主题进行沟通时直接公开自己所认为的获得自我尊重的条件，实际上是在给对方提出冲突挑战。因此，要使与道德相关的沟通顺利成功，善于跟人打交道的人往往策略性地选择对道德话题进行间接沟通，通过暗示而使对方知道某些话题关涉到尊重。这种间接的道德化实际上是一种必要的策略，被卢曼称为“元道德”（Metamoral）。元道德的作用不在于对道德的证成进行再证成，而在于使道德具有反涉性，将道德用于监控道德所特有的风险。卢曼指出，这种元道德在 18 世纪被生产并盛行，但在今天的社会中仍然被广泛实践。比如，保留做出人人都已知或能猜到的决定，富有智慧的间接性，中听的、能让对方意识到真相的谎言等，属于“第二意义”（zweiter Sinn）的即元道德的策略。这些策略往往能保护尊重，是一种过去和现在都被社会接受的精致。[①]

在一些行为心理学和社会心理学研究的启示下[②]，卢曼还发现了避免道德纷争的另一种可能性，即通过向第三方表达对某一互动对象的行为和道德的非议来避免跟某个互动对象直接发生冲突。通过这种方式，人们可以轻松地避开纷争，但却可能导致对道德一致性的高估，因为人们可能会在第三者那里得到对某种普遍有效的“善”的看法的支持。因此，这种路径是否可行，尚应存疑，但可以确认的是这种路径具备使当事人减轻烦恼的解脱功能。

卢曼意义上的道德概念的另一个要点是否定道德层面的平等。这一点在中国的传统伦理（如三纲论）和西方传统的上下级社会关系以及今天仍然存在的许多或显或隐的等级关系中都可以得到证实。在这些等级结构化的道德中，互动各方获得尊重的条件以上下级秩序为基础而互相区分。这样，卢曼认为，道德的平等原则在经验上并未实现，而只能在规范层面引入；要做到这一点，则只能以规范性的道德概念为

① Niklas Luhmann, 2012, *Die Moral der Gesellschaft*, p.112.

② 如 Richard L. Schanck, 1932, “A Study of a Community and Its Groups and Institutions Conceived of as Behaviors of Individuals”; Ragnar Rommetveit, 1955, *Social Norms and Rules: Explorations in the Psychology of Induring Social Pressures*; C. H. Simous & Melvin J. Lerner, 1968, “Altruism as a Search for Justice”, pp.216–225; 等等。

基础[1]。

但是，以规范的形式出现的道德是否有效，取决于人们是否遵守这些规范，因此，其对沟通的调控功能比较有限。而以获得尊重的条件的形式出现的道德则更具有实践意义。在在场者之间的互动中，将他者整合进相应的自我公式中，这一点决定着互动是否能够成功进行。无论是对积极的还是对消极的互动（如斗殴）来说，持续尊重的表示和关于尊重的元沟通都决定着互动是否能够持续。这样，对卢曼的理解来说，道德只是对在场者之间的互动具有意义，而对远离互动的社会关系不具有相应的意义。

虽然道德——作为将他者整合进自我公式的行为——调控着在场者之间的沟通，并且决定着沟通是否能够持续，但是，与其他领域（如经济、政治、法律等）相比，道德所包含的二值“好 / 坏”或“善 / 恶”却不具有绝对性、排他性特征。因此，道德不可能像经济、政治等领域那样构成自身的系统。

卢曼认为，要形成独立的功能系统，必须在某种功能优先的基础之上发展出符号普世化的沟通媒介，从而使某种二值的图式化成为可能。这种图式化在技术层面可以使一种值简单地转化为另一种值。比如，在政治系统中，通过选举，“有权”可以转变成“无权”，反之亦然；在经济系统中，通

---

① Niklas Luhmann, 2012, *Die Moral der Gesellschaft*, pp.113−114.

过交换，财产（如大米）可以变成非财产（即卖给了别人），反之亦然；在科学系统中，通过论证，真理可以变成非真理，反之亦然；等等。而由于道德在全社会中的功能在于，通过获得尊重的条件的确定，来调整关涉尊重的沟通以及自我/他者之综合的平衡[①]，从而对互动具有约束性，且这一功能对社会来说具有核心意义，所以它不可能通过某种专门的系统建构和操作的技术化而分化出来。专门为道德而设立的社会系统也就不可能出现。

道德的二值是尊重和不尊重，它们是不能简单地相互转化的，而是关涉个人的、分别可以显示不同明暗层次色调的事实情况。尊重和不尊重既不是紧缺的物品，也不囿于某种总量恒定的规律：尊重的损失并非必然导致不尊重，而是被当事人漠然对待；不尊重也难以通过某种功勋的建立转变为尊重（比如，待过监狱的人就很难洗清污点以赢得尊重）。因此，卢曼认为，一些关键性的事件会决定道德评判的积极或消极的聚焦，并由此影响后续沟通中尊重的增减；因此尊重和不尊重是两种不同的质，它们不可能通过简单的否定而被互换。而这种与其他功能系统的清晰的二值图式不同的二元形式，恰恰最适合用于表述互动参与者的最基本的系统/环境-视角[②]。

另一方面，好和坏这种道德的二元化的适用范围很有

① Niklas Luhmann, 2012, *Die Moral der Gesellschaft*, p.107.

② 同上书，第 115 页。

限，它无法作为一种超级二元对立使所有其他二元形式得以结构化并使所有对立最终都作为好 / 坏的一个变量来对待。道德问题只是社会需要解决的诸多问题中的一个特殊问题，因此，道德符号的任何普世化都无法突破这一限制。即使每一种互动情景都可以用道德来判断，也并不意味着它只能用道德标准、不能用其他标准来判断。“非好即坏”的规则与道德行为的更高要求、与“自我 / 他者–综合”的复杂性、与尊重问题的敏感化均不相符。①

尽管如此，卢曼还是强调，道德的逻辑合理性和技术性方面的弱点并不能导致对其二元化（好 / 坏）功能的低估。在此，二元性的形式至少发挥着三种功能。其一，使两种价值的相互排斥以及整体观（即对好和坏的判断）成为可能。其二，根据参与互动的个人以往得到尊重或不被尊重的经历，对情景依赖的经验朝正面和负面的总体评价方向进行渠道化。其三，通过二值评价维度的提出和维护，道德判断具有了足够的开放性。同时，卢曼也看到了道德判断尺度演化的问题。他认为，无论在什么时代，道德情景总是通过二元对立的取向，即在两个不同方向对尊重条件的注意而定义的。但是，随着社会的演化，这种条件会不同程度地得以细分、得以普世化和专门化。因此，道德判断形式的变化并不意味着一个时代比另一个时代更具有道德。

---

① Niklas Luhmann, 2012, *Die Moral der Gesellschaft*, pp.116–117.

3. 自由作为道德的基础

卢曼的另一个核心观点是，作为与尊重的条件相适应的道德与自由有密切而复杂的关系。一方面，自由是道德的基础。自由首先可以理解为行为或行动的或然性，理解为行动选择的自由。这样，只有在自由存在的时候，才可能出现受道德判断约束的行为或行动。[①] 换句话说，自由是道德的基础，它既引发道德问题，又构成道德的伴生问题。因此，卢曼认为，自由催化着道德的结构演进，道德与自由的关系是矛盾乃至对抗的，即道德允许自由存在，但不允许其随意存在。[②]

卢曼从两方面入手阐明了道德与自由的关系。其一，从对意志自由理论的修正入手，他提出了自由只是沟通中产生

---

① 一位做医生的朋友给本书作者讲述的一个故事可以清楚地说明这一点。这位朋友介绍，他的一位生长在农村的中学同学结婚十多年后一直没有小孩，夫妻俩在县乡级中西医医院以及各类祖传中医专科诊所和民间游医处求治无果后，找到了在省城著名大医院工作的这位老同学，请他引荐到该医院男科和妇科专家处问诊。这位朋友陪他到男科专家处问诊时了解到，他结婚至今竟然未曾有过一次性生活！而这十多年来不仅他本人接受了许多医药治疗，而且他爱人也服用了许多催产药、忍受了很多精神和身体痛苦。作为一位受过中学教育的女性，她无疑知道没有性生活是不能怀孕的。但可能是农村的相关思想传统对她具有过于强大的约束力，使她感觉没有选择其他可能（如离婚再嫁）的自由，她只能在这种婚姻关系中痛苦地生活下去。据称，她和他爱人的处境在村里被看作命运；人们只是同情他们，却对他们无任何非议。但是，假如她有选择的自由，离婚改嫁或跟人发生私情，那么人们对她（或他们）的道德判断将会接踵而至。

② Niklas Luhmann, 2012, *Die Moral der Gesellschaft*, p.118.

的效用而非行为本身的特征或人的自然特性的观点。他指出，在道德无涉的情景中，自由意味着纯粹的行动选择的或然性：在A与B的互动中，当A做出了某种行动时，他可以期待和预测B做出什么行动，但他也可能对自己的期待保留否定的可能性，即做好失望的打算。在这一互动层面，尚未出现决定论与非决定论问题，也未出现自主的无缘故的自发性与因果机械的不自主之间的矛盾问题。也就是说，B可以毫无限制地、完全自主地对A的行动做出反应。但是，当A对B的期待、预测或理论假设被或明或暗地通知给B时，B就遇到了行动自由的问题。此时，在知晓关于自己的行动理论或为自己的行动所做的预设时，他可以否定这种理论或预设，做出与此不同的行动。而在此之前，他是没有这种选择可能性或必要性的。因此，卢曼认为，是先有的对行为的确定或限制导致了自由的出现，即否定某种确定的行为之可能性的出现。否定是人与生俱来的一种普世的可能性，这也就导致人在知晓关于自身行为的预设时才具有了自由意志、追求自由意志的实现。在具有对这种预设的认识时，人可以对其否定而做出其他行动，当然也可以按这种预设来行动。人做出什么选择，这将有赖于其动机。而只有在知晓行动选择可能时，人做出的选择才是自由的。

有趣并且重要的是，卢曼强调，并不是所有对行为的确定都会引起自由的出现。对行为的确定实际上有两种形式：一种是降临到个体身上的事件或生活处境，另一种则是对个体自身的行为选择的确定。前者与外部原因相关，往往被理解为个体的命运，与此相关的对抗行动往往是用以影响外部因素的巫术和仪式，而关于命运的想象以及对抗命运的手段在古代后期和高级文明的早期已经出现。后者则产生于社会演化到一定程度、人们可以借助宗教来限制行动的或然性时。此时，对行动的预测才真正会导致相反的行动做出，即导致自由的出现。比如，只有在使用公交工具时应给需要帮助的人（老、弱、病、残、孕）让座这一期待出现以后，才有是否让座这一选择自由问题的出现；只有在垃圾分类的建议或规定出现以后，才会出现垃圾处理的自由问题；等等。

这样一来，道德与自由的关系就呈现出来了：自由是道德的或然性公式①。或然性公式这一概念是卢曼社会理论中的一个核心概念。它指的是关于或然性的解释。这种解释适用于不同特定的功能领域或特殊的社会简化机制，其功能在于将源于过高的复杂性的不可确定的或然性转化成可确定的或然性。这种转化过程是通过建基于或然性公式之上的二值图式得以实现的。比如，对经济领域或系统来说，紧缺就是其或然性公式，而建基于其上的二值图式则是占有 / 不占有财产和货币②。通过财产和货币，紧缺表现为由每一种变化所引起的一种物品的增加和另一种物品的减少——比如，某人卖掉一套房子，增加了手中的货币，却减少了一套住房。对道

---

① Niklas Luhmann, 2012, *Die Moral der Gesellschaft*, p.120.

② Niklas Luhmann, 1999a, *Die Wirtschaft der Gesellschaft*, pp.177–229.

德领域来说，自由发挥着同样的或然性公式的作用。在自由的基础上，才会出现作为二值图式的受尊重 / 不受尊重的道德判断。而与所有其他的或然性公式一样，自由这一或然性公式也是可以被否定的。在道德无涉的领域（比如在经济领域），自由就不可能催生出受道德约束的行动（比如，一个人不能因为见义勇为而获得了社会尊重，就可以在不支付货币的情况下要求商家免费给他提供商品）。但是，在其功能领域，或然性公式却发挥着不可替代的结构化作用。在经济领域，在否定紧缺的前提下就不可能找到行动的可能性；在道德领域，若否定自由，也不可能有道德判断；等等。[①]

那么，具体地看，或然性公式在各领域是如何发挥结构化作用的呢？我们可以先想象一种在（历史）现实中可能或实际出现的情况：某人养有良马，但缺少布匹；他找到一个既不缺良马又不缺布匹的家庭，想用自己的良马换其布匹，而后者表示对此交易无兴趣。此时，二者之间可能会终止互动，但也可能发生很多“双重或然性”的事件（前者盗窃、抢劫后者的布匹，后者对此采取各种应对措施；前者采取各种措施使后者失去良马、被迫和自己做交易，后者则采取多种对应措施；等等）。在这种情况下，双方的互动情景会十分复杂。而当双方都处于某种紧缺状况中时，则可能做出有序的、结构化的经济交易活动。再次，紧缺这一或然性公式

① Michael Baurmann, 2003, “Majority without morality? – why democratic decisions demand ethical principles”, pp.113–115.

发挥着减少和确定行动催化剂的作用。催化剂指的实际上是双重或然性持续不断地生产行动可能性的情况，而这些可能性是无法穷尽的，因而是无解的。或然性公式则在反思这种无解现象的基础上限制行动选择的可能性。①

4. 道德的功能等值体

作为获得尊重的条件，道德存在于任何时代和社会。但是，如果说道德的功能在于通过尊重条件的提出而使自我/他者之综合得以可能且沟通能够进行，那么在任何时代和社会，能够并且实际发挥这种功能的并不只有道德，而是还有其他一些建构物。从等值功能主义的方法论基本观点出发，卢曼论证了道德的功能等值体存在的可能性。

正如前文已经分析过的那样，卢曼的等值功能主义的基本观点是，当一个问题关联（Problembezug）被界定后，可以有多种功能等值的方案被提出。比如，当一个国家要解决自身面临的防卫问题时，就可以考虑施行修建防卫屏障（如长城）、组建或扩大军队、与其他国家结盟以共同御敌、发展先进武器、主动出击以消灭潜在敌人、与敌方议和等措施。而要解决自我/他者之综合的问题，除了道德约束之外，卢曼认为，历史上和社会结构层面还有衔接理性、法律和爱（情）这三种重要建构物或可能性。

---

① Niklas Luhmann, 2012, *Die Moral der Gesellschaft*, p.121.

（1）衔接理性。理性概念是用于解释现代社会的一个核心概念。但是，关于理性概念的定义和理性所包括的思维和行为方式的设想却十分多样。韦伯认为，西方现代化的历史就是基督教的禁欲伦理世俗化的历史；在此过程中，人们从以传统和情感为基础的非理性的生活方式全面转向了禁欲的、合理的生活方式，使现代社会的整体建构（包括经济、政治、法律、教育、音乐、建筑等）都具有了理性特征。在后来的社会学思想中，计划理性、批判理性、沟通理性等理性概念纷纷被用来从不同角度描写现代社会。[①] 如前文所述，卢曼也属于理性主义者，并且一直将现代社会中的理性认定为功能理性或系统理性。但是，在讨论道德的等值功能体时，他却并未严格界定理性的内含。他指出，就道德所要解决的双重或然性问题来说，理性仅仅意味着实现自己的优先选择的考量。对类似情景的抽象是，我（Ego）接受他者（Alter）的决定，并做出与此相适应的选择。比如，购物时，我按照商家的定价付款，或者不买这家人的商品；作为法官，当有人做出触犯法律的事情时，我依法裁决；作为大学生，我按照政府部门的规定申请助学金；等等。在这些情况下，我的做法都是理性的，因为它衔接上了他者的决定。而

① 比较 Friedrich Heinrich Tenbruck, 1967, “Zu einer Theorie der Planung”; Jürgen Habermas, 1985, *Theorie des kommunikativen Handelns*, Bd.1, pp.255, 455; Max Horkheimer, 1981, *Traditionelle und kritische Theorie. Vier Aufsätze*; Max Horkheimer & Theodor W. Adorno, 1985, *Dialektik der Aufklärung*.

当我做出与他者的决定不相衔接的行动时，这种理性则不存在。比如，当我试图以私人的方式解决一个涉法案件时，我就必须背离法律原则行事；当我为一个商品讨价还价时，我就抛开了商家经过某种计算过程做出的价格决定，而重新引起一个可能比较复杂乃至冲突的过程；当我批判助学金制度的不合理时，我也会偏离正常的申请过程而引起新的事件；等等。

显然，这些非衔接行为都会增加复杂性，而不是减少复杂性。而他者在做出一个决定时，也是在经历一个复杂过程（比如，一部法律的制定就是一个相当复杂的过程）。当我接受他者的决定时，我实际上抛开了这一复杂过程，同时也避免了引起另一个复杂过程。此时，我感兴趣的既不是这一决策过程所遵循的优先原则或理论，也不是我是否应该接受这些原则和理论，而是一个过程的结果，即作为事实的相关决定。这样，在社会互动情景中，一个人的决定会给另一个人提供情景确认和出发点，从而提高他的理性行动机会。在此情景中，行动决定会次序化，前一种行动会作为已完成的过去被对待，时间的有效利用会转变成社会优势。

由于在这种衔接理性的次序化过程中双重或然性问题转变成了关于互动伙伴的决定的信息问题，所以尊重这一道德的基本问题就不存在了。行动者既不必在主观或客观意义上考虑对方是否尊重自己，也不必考虑自重问题（比如，当一个商户对其商品明码标价后，他就不必担心顾客是否因为其商品定价过高而认为他不道德、不受尊重，也不必有任何自责；相反，他若跟每一个顾客讲价并在此过程中尽量抬高价格，则会有不受尊重和承受道德谴责的担忧）。在这种意义上，衔接理性可以被视为道德的功能等值体[①]。

卢曼认为，近代以来，随着资产阶级社会的兴起，出现了大范围的、用于拓展衔接理性行为的制度性的预防措施（即法律、政策规定等），以至于可以说衔接理性中呈现着现代社会的理性风格。而且，货币和实证法是这种理性的主要机制，其在现代社会中的扩展大面积替代了尊重条件即道德的作用。卢曼指出，如果说道德与作为现代社会结构条件的功能分化和系统自治难以兼容，那么衔接理性恰恰符合这种结构条件。在不介入单个系统决策布局的前提下，衔接理性能促成系统间的往来（比如，按照有关法律法规申请助学金，就是发生于法律系统、政治系统和教育系统间的一种衔接理性的行为）。

这里显然会出现一个问题，即衔接理性与社会理性之间的矛盾问题。卢曼指出，衔接理性所引起的次序化会给社会的时间预算增加负担，从而使同步化变得困难（比如，一个法律案件的审判会经过多个步骤互相衔接的过程，在此过程中，若某一中间机构想进行调解，可能得不到司法机构尚不能公布的证据信息，从而无法同时进行调解）。衔接行为

① Niklas Luhmann, 2012, *Die Moral der Gesellschaft*, p.126.

以外的、可能有利于社会福祉的、因而展示社会理性范畴的行动机会也因此无法完全利用。但是，卢曼所看到的解决这一问题的方案不是终止衔接理性，而是依靠这一理性，在所有个体化的决定及其所引起的效用积累状态中持续做出衔接合理的行动。至于这种衔接理性是否会导致“系统膨胀”问题，则不是卢曼所关心的问题。哈贝马斯对这一问题的担忧和诟病因而也可以说是一种衔接理性行为[①]。

（2）法律。在卢曼看来，法律既是衔接理性的一种手段，又不仅仅如此。通过法律，衔接理性的前提得以拓展，其所包含的行为期待的逆事实的稳定化，使衔接行为从已经出现的事情延伸到了想要发生的事情（即通过诉讼能够引起的事情）。但是，这种延伸不是随意的，而是受理性原则限制的。法律行为前提的普世化必须建立在对期待的专门化的基础上，这样，才能在法律的基础上对可期待和不可期待的事情进行裁决。通过这种专门化，许多期待被筛掉了。而这些被筛掉的期待中就包括一些道德期待。这样，法律就原则上摆脱了行动的道德掩护。但是，这并不意味着法律规范完全独立于任何道德基础，而只意味着当可以依据的法律条文在为社会协调提供保障时，以尊重为取向的自我/他者之综合即不再构成这种协调的前提。[②]

不仅如此，作为调控社会互动和关系的一种选项，当法

① Jürgen Habermas, 1985, *Theorie des kommunikativen Handelns*, Bd.1, p.470.

② Niklas Luhmann, 2012, *Die Moral der Gesellschaft*, p.127.

律独立于地位、权力和尊重问题而且具有可靠性时，它甚至可以顶住道德压力而发挥保障行动决定的作用[①]。比如，财产法就可以保障财产占有者不顾向穷人和弱者分享财富的道德要求而占有和享受财富，现代国家大量的自由法（如同性婚姻法）保障公民在来自教会和一些社会群体的道德压力面前享有自由权，等等。而由于道德要求本身容易引起纷争乃至冲突，所以当中性化的法律在冲突情景中作为唯一有效的裁决基础而发挥作用时，很多不必要的纷争可以避免[②]。在此意义上，法律在道德无涉的情景（如道路交通）和道德纠缠的情景（如两性关系）中都发挥着道德冷却的作用。

当然，卢曼也强调，在一些日常情景中，道德对法律是排斥的。比如，在处理邻里关系时、在一些专门委员会的活动中、在企业中或在商业往来中，经常拿法律来说事就会引起互动伙伴的反感，被理解为一种明显的敌意和对互动的

① 国内近年一些有争议的案子的判决可以说反映了我国尚处于法律和道德纠葛时代的特征。比如，于欢案（2016 年 4 月 14 日，女企业家苏银霞被 11 名催债人凌辱长达一小时之后，施害人之一的杜志浩脱下裤子，当着苏银霞儿子于欢的面污辱苏银霞。22 岁的于欢摸出一把水果刀乱刺，致 4 人受伤。被刺中的杜志浩自行驾车就医，却因失血过多休克死亡）就是一例。2017 年 2 月 17 日，山东省聊城市中级人民法院一审依法判处于欢无期徒刑，引起舆论（尤其是网络舆论）哗然：网络舆论几乎一边倒地认为被刺者的侮辱行为过于违背道德，引起了于欢的过激行为。可能是在舆论的压力下，2017 年 6 月 23 日，山东省高级人民法院撤销一审判决，改判于欢五年有期徒刑。参见 *https://baike.so.com/doc/875593-26369002.html*（“百度百科：于欢”）。

② Niklas Luhmann, 2012, *Die Moral der Gesellschaft*, p.128.

干扰。这样，可以说，在许多社会情景中，跨越法律的门槛都可能带来地位和尊重的损失。卢曼进一步指出，法律和道德的分化不可能随意扩大，因为二者有一个共性，即都依赖于行为期待的普世化[①]。基于这一共性，二者大范围地互相重叠，而且都必须与社会秩序保持一致才能发挥作用，所以二者也不可能完全区分开来。这样，二者的关系是分化和互相影响。互相影响主要表现为道德压力经常导致法律的改变，而法律的改变反过来又会影响道德判断。另一方面，如果将互动层面与社会层面区分开来，则可以确认：在互动层面上，当法律被看作干扰互动的因素时，规避法律的道德压力会增加；而在社会（秩序）层面，道德化的价值如自由、安全和经济效益等则支持着法律秩序的存在。

这样，卢曼得出的结论是，作为道德的等值物，衔接理性和法律都不可能完全排斥和取代道德；在特定的情景中，关于尊重的沟通即道德是不可或缺的，因为衔接理性和法律不足以调控这些情境中的沟通。而当衔接理性和法律足以发挥这一作用时，道德应清晰界定与二者的关系、明确自身的边界，以便更加稳定地发掘和利用自身的资源。[②]

（3）爱（情）。卢曼看到的道德的另一种功能等值体是爱（情）（Liebe）。当我（Ego）重视他者（Alter）的所有复杂性而不仅仅是其行动的或然性、根据他者的个人系统的环

① Niklas Luhmann, 2012, *Die Moral der Gesellschaft*, p.130.

② 同上书，第 129 页。

境做出行动选择时，我与他者的互动就建立在爱的基础上，并因此能够克服双重或然性障碍而成功。显然，卢曼这里所说的“爱”是理解他者的一种基本态度或取向。带着这种基本取向，我总是先考虑当“我”处在“他者”的情景中时，会做出何种选择？这些选择对他者有何意义？也就是说，我在设身处地地为他者着想。根据这种考虑而做出的选择会符合他者的期待，但这并不意味着我在满足他者的所有愿望或屈从他者①。

由于基于爱的行为选择是以他者的个人系统为出发点、将自我作为环境（即完全设身处地地为他者着想）而做出的，所以可以说爱是无条件的。如果为爱设置条件，即意味着从自己的个人系统出发、将他者作为自己的环境而行事了。这么做显然不是爱的举动。而无条件的爱又不能与责任挂钩、爱的稳定性不可能通过互动双方在设定行动条件时取得共识而达到，而只能在反思的层面出现。在此层面形成的一个原则是施爱者会作为施爱者充当他者（被爱者）所需要的行动选择环境；对他者来说，作为施爱者的我不仅是他者，而且也是他我（alter Ego）；在施爱时，“我”将其自我性（Egoität）同时投入，以至于可以说我在作为施爱者爱自己——这正符合让·保尔的名言：“所有爱，爱的都只是爱，

① Niklas Luhmann, 1994a, *Liebe als Passion. Zur Codierung von Intimität*, pp.9–10; Niklas Luhmann, 2012, *Die Moral der Gesellschaft*, p.130.

它是其自身的对象”[①]。

就爱与道德的关系而言，卢曼的观点是，一直到现代早期，爱与道德的区分是不明确的。一直到17世纪，爱与道德所面对的问题都是由“友谊”（amicitia）这一语义学的整体所体现的，而随着性爱这一符号普世化的沟通媒介的被区分，即随着“对女性的友爱”这一模式的出现，爱与（宗教）道德就日益分化了。[②]对女性的友爱实际上缩小了爱所涵盖的“自我/他者之综合”的范围，将这一综合限制在了两性关系上。而这种快速的、短期形成的私密沟通机会对道德来说是危险的。正是为了避免与道德的冲突，爱情在其作为一种特殊的沟通媒介而分化的过程中专门集中到了二人（男女）关系上。只有在此关系中，“我”才能接受另一个人的整个世界和所有不道德的行为可能性，将它们作为自己的行动前提来对待[③]。

正是因为这种包容性，爱情不能给爱的人带来尊重。真正的爱情不可能在道德和社会层面被普世化——今天，人们不可能为真正的爱情设定普遍有效和适用的规则。正是因为爱情与道德的这种区别，二者的关系是一种功能等值的关系。这种关系能够帮助人们确认对尊重规定可以期待什么、

---

① Jean Paul, 1930, *Sämtliche Werke, 1. Abteilung*, Bd.5, p.209；转引自 Niklas Luhmann, 2012, *Die Moral der Gesellschaft*, p.130.

② Niklas Luhmann, 2012, *Die Moral der Gesellschaft*, pp.131−132.

③ 同上。

不可以期待什么。这样，如果说道德的功能在于通过规定获得尊重的条件而使自我 / 他者之综合成为可能、使互动能够成功，那么爱情则通过使互动双方互相接受对方的世界、成为对方的世界、使获得尊重的条件无必要存在而为互动的成功提供着基础。在这种意义上，爱情发挥着与道德等值的作用。

四　讨论

在作为道德无涉的社会理论——系统理论——的视角下，现代社会中的功能分化必然会导致道德功能的被压缩，因为各种独立自治的系统（经济、政治、法律、宗教、教育、科学等系统）的运行只能遵循自身的逻辑，而不可能依赖道德律令。每个系统运行过程中产生的问题也只能由系统本身以及系统与系统的相互制约和影响，而不是（仅仅）依靠道德来解决。经济系统运行带来的失业、环境污染和破坏、劳工权利损害等不可能由——或至少不可能主要由——经济主体的良心发现和道德意识来解决，而只能通过政治措施、法律规范、科学研究等系统活动来克服。在很大程度上，西方国家近几百年的演化正是遵循这一逻辑发生的。在那里，完备而复杂的、专门化的法律，严密而规范化的、专业化的经济，组织严密的、程序化的政治，专门化的、自身规则不断细化的学术研究等支撑着社会的运行，以至于西方社会表面上看显得像一部精确运转的机器。在这个社会中，这部机器以外的、类似于哈贝马斯所说的、逐渐萎缩或被压缩的生活世界即日常交往领域中似乎才能看到道德的影子。对于这种道德式微的现象，西方人似乎已经习以为常。在中国社会中可能被视为违背道德（如在居住区大声喧哗而影响他人休息）的行为，在西方国家会被视为违法行为并可能据此依法阻止。在此意义上看，今天中国社会面临的诸多道德问题和人们对自己的理解中违背道德的行为的痛恨，可能可以被理解为制度（如法律）缺失或不健全的结果。但是，不可否认的是，在建设中国特色社会主义的进程中，中国社会已经或正在成为一个包含了诸多复杂的社会系统的社会，只是在此进程中系统建构尚不协调（如经济发展可能快于法律调控系统的建设），一些本来应该由系统来解决的问题经常只能由道德规范或期待来解决而已。作为一种软手段，道德在体量庞大、发展迅速的社会面前实在显得无能为力。因此，系统（类似于我们日常所说的制度）建构和完善才应该是解决中国社会面临的“道德”问题的可行之路。

第七章　环境问题分析

一　环境问题及其对社会学的挑战

在人类漫长的社会实践中，破坏环境与被环境破坏的后果所困扰的现象一直存在。[①] 但是，在人类正在经历的全球化运动中，由于现代性模式快速、大范围地扩张，以及这一模式本身所包含的巨大的利用自然的能力和对自然的高度依赖性，人类对环境的破坏越来越严重。今天我们能够列举的环境破坏和环境污染现象已经十分多样，比如由人类的多种活动造成的空气污染、水污染、土壤污染，不可再生资源的高速利用以及对相应的人工替代品依赖性的扩大，物种的减少及由此造成的生物链的破坏，医药越来越难以征服的病毒的泛滥等。在中国，人们面临的环境问题经常是 30 年前闻

① Karl Heinz Kreeb, 1979, *Ökologie und menschliche Umwelt: Geschichte —Bedeutung—Zukunftsaspekte.*

所未闻的。比如，在 30 年前，大理石、瓷砖尚未用于普通百姓的住宅装修中，因此人们未曾受到这类装饰材料所释放的放射性污染的影响，当然也未认识到这个问题。

随着环境问题的增加，社会对环境问题的关注也越来越多。20 世纪 60 年代以来，西方国家此起彼伏的环境保护运动更是极大地推动了政治、经济、法律、宗教、学术等领域对环境问题的关注。在公共领域当中，关于人类生存的生态条件以及社会与自然环境关系的讨论越来越多。社会越来越难以应对自己在自然环境中引起的后果，越来越经常地给自己拉响环境警报。但是社会又没有掌握足够的认识手段来预测环境变化及人类与环境有关的活动，以指导自己的实践。随着西方国家所面对的环境问题在非西方国家的快速出现，非西方国家也正在经历与西方国家类似的甚至甚于西方国家的“环境危机”。可以说，环境问题已经不再是人类沟通中的一种干扰性的噪音，而是一个实在的、严重的、必须面对的问题。

然而，面对社会的环境困惑，在其创建时期即以拯救世界为己任的社会学却反应迟缓。实际上，首先开始关注环境问题的学者不是社会学家，而是生物学家和经济学家①。如果

① 在环境研究中，美国生物学家卡逊的著作《寂静的春天》(Rachel Carson, 1962, *Silent Spring*)、经济学家波尔丁的文章（Kenneth E. Boulding, 1966, “The Economics of the Coming Spaceship Earth,” pp.115–119）、生物学家哈丁的文章（Garrett Hardin, 1968, “The Tragedy of the Commons,” pp.1243–1248）等都被认为是推动了全球环境保护运动的早期环境研究成果。

我们追问社会学对环境问题关注较晚的原因，我们会找到许多种解释，并且可以无止境地展开相关讨论。显然，这一工作不是我们在此所要完成的。我们想强调的是，虽然社会学发现环境问题的时间比较晚，但是近年来社会学在其多元的学科视野的支持下已经取得了大量的环境研究成果，而且这些成果通过两种途径已经和正在转化成有利于环境保护的实际操作“指南”。一是通过政策制定部门的吸收而转化为相关政策，二是通过被社会吸收来影响社会公众的环境保护意识，推动环境保护运动的发展，促进环境友好行动的产生。

尽管如此，环境社会学研究至今还是有不少缺陷。对不同人群、不同企业、不同领域的环境意识和环境保护行动的研究，对环境保护运动效果的研究，对不同地区和民族保护公有资源的成功和失败的经验的研究等，主要是实证取向的研究。这些研究往往发生在旧的理论框架中，其结论呈现明显的理论弱点。这些研究有一个共同的理论预设，即社会中心论。这种预设的内容是：社会进化依赖经济成就，经济成就的取得又离不开自然资源的利用；但是，在经济发展的过程中，资源开发的速度超过了环境的承受能力，人类给环境释放的压力已经使生态环境不堪重负，以至于社会本身的存在受到威胁；要改变这种状况，社会必须自我改良——合理地调控市场、加速科技创新、提高人们的环境保护意识等。也就是说，这种预设认为，社会通过自己的活动危害了自然环境，因此它应该停止这种危害，社会学应该通过自己的研究找到“过失者”，以便社会阻止他们继续破坏环境，甚至惩罚他们。这种制裁环境破坏者的道义权利与抵制社会的自我毁灭相联系，因而属于社会秩序的维护者。在这种逻辑中，关于环境问题的理论讨论往往以道德提问的形式出现，环境研究中的理论缺陷往往被道德热情所掩盖，人们在提出和讨论某种新的环境伦理时往往忽略了对社会结构的分析。在下文的论述中，我们会发现，恰恰是社会结构本身决定着社会所面对的环境问题。

二　系统理论的提问

在社会学所进行的环境研究中，将不同的理论范式用来思考环境问题的尝试经常出现。[①] 卢曼在其创建的社会系统理论的基础上对环境问题所做的分析就属于这类尝试。

卢曼认为，在西方国家所进行的环境讨论中，人们往往赞同这么一种环境理想，即生态平衡。带着这种理想，人们往往对过去的时代和其他文化，甚至对发展中国家表示羡慕和赞赏，而对当代西方社会持整体批判的态度。因为似乎只有这一社会才通过自己的工业、技术和生活方式（消费方

① 比如，德国社会学家察普夫就将现代化理论用来分析环境保护运动（Wolfgang Zapf, 1991, *Die Modernisierung moderner Gesellschaften*, pp.23–39），美国社会学家穆尔费（Raymond Murphy, 1997, *Sociology and Nature*）也运用建构论分析了自然环境的社会地位。参见吕涛：“环境社会学研究综述——对环境社会学学科定位的讨论”，《社会学研究》2004 年第 4 期。

式）破坏了生态平衡。这种观点的结论是：西方社会或现代社会应该被全面干预；如果将人类社会看作世界（宇宙）的一部分，现代社会似乎不是一个“系统”，因为它和自然环境没有构成一个和谐的整体。卢曼认为，这种观点代表了一种“消极的本族中心论”，即在生态问题上将西方世界妖魔化。在他看来，这种态度对解决环境问题益处不大，因为它建立在对生态提问的理论结构的误解上。在他看来，生态提问建立在一个悖论的基础之上，这类提问必须将一切事实关系同时与整体和差异联系起来加以考察，即同时与生态关联构成的整体以及将生态关联加以分解的系统-环境差异联系起来加以研究[①]。也就是说，与生态环境有关的提问应关注的是，同一个生态环境问题（如森林死亡）是如何被不同的社会系统——如经济系统、法律系统、教育系统等——所感知和对待的。

卢曼所主张的这一新的提问方式看似简单，但它一方面是系统理论内部范式变换的结果，另一方面对关于“全社会系统”的理论又会产生后果。

在范式变换方面，卢曼的提问意味着从将环境理解为系统到将环境理解为系统的相关物。在古希腊和中世纪的欧洲，环境被理解为一个无所不包的躯体，甚至被看作可见的、鲜活的宇宙，这个宇宙中的万物都有自身的指定位置

① Niklas Luhmann, 1986, *Ökologische Kommunikation. Kann die moderne Gesellschaft sich auf ökologische Gefährdungen einstellen?* pp.20-21.

和边界。也就是说，无数个小躯体被包容在环境这个大躯体中，而对小躯体的限定实际上是环境内部的定形，是对小躯体的固定和保护。对环境的这种定义和想象一直延续到19世纪中后期。19世纪以来，欧洲思想中出现了一种转变。卢曼认为，只是到了20世纪后期这一转变才最终完成。这种转变实际上颠倒了系统与环境的关系。环境本身不再被看作系统，系统自身确定着自身的边界，将自身生产和分化出来。在这个过程中，系统将环境构造成自身边界以外的东西。相对于系统而言，环境则变成了外部状态的总和，其作用在于限制系统的形态发生的随意性，使系统接受进化的选择。①

将系统和环境进行区分的做法对社会理论产生了直接的后果，这种后果对社会学认识社会对生态环境问题的反应又能提供很多启示。卢曼总结了两个主要后果。其一，社会理论不应再把社会整体作为一个大统一体——世界——中的小统一体来研究，而是应该以社会系统与环境的差异为取向。这样，社会学的研究对象就不再是社会系统，而是社会系统与其环境的差异的统一。在此情况下，社会学仍然研究整个世界，但这个世界是通过社会系统的系统指涉来圈定的。当社会系统将自身与一种环境区分开来时，这一差异就既是分的工具，又是系统本身的反思工具。通过这种差异的设定，系统限制了自身的反思可能性。其二，社会理论应当放弃将

① Niklas Luhmann, 1997, *Die Gesellschaft der Gesellschaft*, pp.60–63.

个体看作构成社会系统的基本单位，同时将自我指涉的操作看作这种单位。这种操作只可能发生在系统中，并且只能借助由同类操作构成的网络得以生产。这样，系统是自我生产的，因为其构成要素是自我生产的。对社会系统来说，这种要素是沟通操作[①]。社会则是“统括的社会系统”。它是由所有相互关联的意义性的沟通构成的；通过沟通的持续再生产，社会将自身与由其他系统构成的环境相隔开。

三　社会系统的特征与环境问题

在卢曼将社会定义为最广博的、由意义性的沟通构成的社会系统之后，他揭示了社会作为系统的一系列特征，以便从这些特征出发来考察社会对生态环境问题的反应方式。

卢曼提炼的第一个特征是系统操作的封闭性。他认为，社会系统的统一实际上指的是系统的自我生产的操作方式的封闭性。而系统中的操作又必然是单个的操作，是许多操作中的一部分，这就使得系统中不可能有总体操作存在。其次，单个的社会（如古代的印度社会、中国社会、埃及社会，当代的西方社会、中国社会、俄罗斯社会等）总是分化为部分系统，而每个部分系统又总是将其他部分系统当作自己的、社会内部的环境来对待（比如，政治系统就把经济系

① Niklas Luhmann, 1986, *Ökologische Kommunikation. Kann die moderne Gesellschaft sich auf ökologische Gefährdungen einstellen*? pp.23–24.

统、科学系统等作为自己的环境看待，以避免为这些系统中的操作担负直接责任）。这就使得社会系统不可能作为一个封闭的统一体对环境变化做出反应。社会对环境的反应总是社会中的部分系统对环境的反应。用这一“分化公理”去认识不同社会以及不同社会系统对环境问题的反应和处理，会导致一系列结果。

首先，要弄清一个社会是怎样对环境危害做出反应的，我们就不能再笼统地研究这个社会整体的可能性，而是必须检查这个社会的部分系统在对环境问题做出反应时具有哪些可能性和局限。卢曼认为，一个社会所要完成的重要绩效总是由它的部分系统完成的，因为只有部分系统才具有相应的专门化程度来完成一些特定的任务，而当社会分化成许多部分系统时，它才可能达到相应的复杂性水平，面对和解决各类复杂的问题。当然，不同的社会所包含的部分系统的形式是不一样的，这就使得它们对同样的问题——如环境问题——做出反应的方式也不一样。

其次，作为全社会系统，每一个社会的统一都只能在这个社会所包括的社会系统当中得以再现，系统的再现只是系统的统一被重新引入系统自身。这样，这种再现必须与系统分化的图式相符合。如前文所述，卢曼发现人类社会至今经历了三种分化形式：区隔或块状分化、等级分化和功能分化。在块状分化的社会中，系统又被分化为中心和边缘（比如，城市是中心，农村是边缘）。在这里，系统可能再现为中心，也可能再现为边缘。系统对某个问题（比如环境问题）的反应也与这种表现形式相一致，例如城市对空气污染的反应会不同于农村。在等级分化的社会中，系统被分化成不同的等级、阶级或阶层，系统的表现也与各个阶层相符合。而在功能分化的社会中，系统则表现为不同的功能子系统，如政治系统、经济系统、法律系统、教育系统等，每个子系统对同一个问题的反应也是不同的[①]。

此外，在每一个系统中，每一个操作都只是许多操作中的一部分，所以每一个操作都可以被系统中的其他操作所观察。如前文所述，在卢曼的思想中，观察是一个具有特定含义的概念，它指的是根据一个区分图式、一般情况下根据已经满足或未满足的期待所作出的信息加工。在此意义上，在社会这个系统中，总有伴随操作而出现的自我观察存在，这种自我观察在不停地生产着效果。这种效果可以与操作所生产的效果相辅相成，也可以与它们相对立，这就使得社会中已经开始的行动可能夭折（如江苏铁本项目[②]）。另一方面，

---

① Niklas Luhmann, 1997, *Die Gesellschaft der Gesellschaft*, p.595.

② 指 2003 年发生于江苏的违反国家环境保护法等法律的钢铁投资项目。2003 年 6 月，在未经国家有关部门审批的情况下，民营企业江苏铁本钢铁有限公司开建 800 万吨钢铁项目，在常州市新北区春江镇违法占地近 6000 亩，迫使 4000 多农民搬迁，有的人甚至住进窝棚、桥洞、废弃的渔船。2004 年 4 月，国务院派出专项检查组赴江苏调查该事件。核查认定，铁本公司的该项目严重违反国家环境保护法、环境影响评价法、土地管理法等法律，非法骗取银行贷款等。后国务院依法叫停了该项目，并依法处理了一些违法、违纪、渎职的党政领导干部。参见 https://baike.so.com/doc/5367937-5603713.html。

社会中也可能出现一种“效果爆炸”。这种爆炸往往不受操作的牵制，它既不会等待操作实现自己的目标，也不会依赖操作实现自己的目标。

系统分化、系统再现和系统自我观察现象的初步描写已经表明，要认识社会对环境问题的反应方式，就必须认识社会作为系统的基本特征。基于这些特征，简单地号召社会成员提高环境意识，无法直接解决社会所面对的环境问题。同时，对政治、经济、科学等系统操作的观察又可能引起“效果爆炸”的出现，从而导致社会发生变化。

四　社会分化类型与社会对环境问题反应的方式

卢曼强调，在自然环境方面，社会在两种意义上可能自己危害了自己。一是它引起自然环境的变化使自己的再生产在一定的进化水平上无法持续；二是社会只能用沟通来破坏沟通，即社会的操作与环境变化的关系如果对它的后续操作构成威胁进而变成问题，那么这些问题只能在社会中的某一地方（或某一系统中）以某种方式引起反应。基于环境问题的这种社会关联，卢曼发现了研究和解决环境问题的一个关键问题：社会加工环境信息的能力呈现什么样的结构？卢曼考察了古代社会和现代社会所包含的这种结构。

在古代社会以及今天尚处于原始状态的社会中，人们的生活或社会中的沟通往往通过神话和巫术的想象得到调控，人类生存的自然条件往往通过禁忌和仪式得到修整和维持。比如，在巴布亚新几内亚，人们就是通过“屠宰节”这一仪式控制养猪的数量，以维持生态平衡。在这个地区，当猪的数量过多而导致居民的农田和园地被破坏时，居民们会举办一个严格仪式化的“屠宰节”，以恢复当地的生态平衡，同时改善居民的营养状况。由于“屠宰节”中包含了许多高度神圣的关系和内容，同时又具有明显的实用主义的取向，所以在这个社会中，社会系统与自然环境的关系可以在缺少相关讨论的情况下保持平衡。这种结构状况虽然经常被环境研究者和环境保护者所青睐①，但它仪式调控的社会在经济增长和社会发展方面也受其自身结构的严格限制。这类社会几乎不会想到寻找功能等值的解决环境问题的方案。比如，在人口增长、对粮食和蔬菜的需求量扩大时，更好地保护种有粮食和蔬菜的田地，同时也允许更多的猪生存，等等。

从以上生态平衡的维持方式中，卢曼总结出了古老的社会系统对待生态风险的一般模式。他认为，在这类社会中人们具有生存所必需的知识，如人们知道猪会破坏农地、土地的过度利用会导致农作物收成减少和荒漠化等。但是，这类知识的语义学组织及其与人的行为动机的联系往往是由宗教语义学来完成和生产的。其原因是，超验的权威更容易解决

① Christoph Dieffenbacher, 2000, “Lofanga oder die Kultur des Teilens”, pp.173–181; Elinor Ostrom, 1990, *Governing the Commons: The Evolution of Institutions for Collective Action*, pp.73–83.

矛盾和问题，当人们将尘世的矛盾推给超验时，与社会对一些问题（如生态问题）的反应相关的不确定性可以被排除，甚至转变为确定性，社会中的各部分系统对同样的生态问题做出的不同反应（如一部分人认为猪的繁殖对自己的农地带来了比对其他人更大的破坏）可以被有效地消解。

普遍看来，靠宗教进行自我调控的社会有一个潜在的存在前提，它依赖神话，靠保密来运行；在其宗教语义中，总是存在一些战略性的设计和定位的不确定性。因而，在这类社会中，“不知”以及因为不知而产生的不确定性往往被置入一种语义压缩的过程，被压缩成一种无法澄清的未定性残余，比如压缩成上帝的旨意而被绕过。

但是，随着现代社会的产生，这一前提逐渐消失了。卢曼指出，文字的使用、教育的普及和印刷术的推广导致的文化和宗教语义的转型已经使禁忌和仪式失去了解决环境问题的功能。这些新的传播基础和技术对知识——包括环境知识——提出了新的要求。此时的知识必须本身即在脱离外在关联的情况下能够被理解，它必须被明确地、细化地表达出来，并且因此比以前更加明显地暴露在比较和修正的强制下。人们“想准确知道的愿望”使自然知识和相应的行动动机很难再与神话和秘密挂上钩。

另一方面，卢曼认为，文字、教育和印刷术虽然是作为沟通系统的社会发生深刻变化的诱发因素，但它们本身还无法描写现代社会，也无法揭示现代社会进行生态沟通的可能性。它们不是引起这种变化的唯一因素。古代社会向现代社会转变的一个重要特征是社会的分化形式发生了变化，古代社会往往分化为家庭和家族（块状分化），而现代社会则分化为功能系统。要描写现代社会并且分析它解决生态问题的可能性，就有必要认识功能分化社会的基本特征。因为在功能分化的社会中，社会系统只能通过单个的功能系统对环境事件和环境变化做出反应。[①]

五　功能系统的基本特征

1. 密码

在考察功能系统的特征时，卢曼首先关注的问题是，社会中最重要的功能系统如法律系统、经济系统、政治系统、教育系统等是怎样将自身的沟通结构化的。他认为，功能系统中的沟通是通过一种二值的密码被结构化的。对每一个系统的特定功能来说，这种密码具有普遍有效性，因而能够排除第三种可能性。对科学这一功能系统来说，这种二值密码为“真实 / 不真实”；法律系统的操作基础是“合法 / 不合法”的密码；经济系统则总是在“占有 / 不占有”财产和货币的区分基础上进行操作，对物质财产和货币的支付可能性作长期的组织和计算；与此相应，政治系统的操作基础是

① Niklas Luhmann, 1986, *Ökologische Kommunikation. Kann die moderne Gesellschaft sich auf ökologische Gefährdungen einstellen*? p.75.

“有权 / 无权”，即占有还是不占有政府中的官职，而权力的占有又是以某种意识形态的密码（如“保守的 / 进步的”政治，或者“限制性的 / 扩张性的”政治）为基础的操作结果；教育系统的操作密码是学习成绩“更好 / 更差”，而宗教系统的密码则是“内在 / 超验”①。

卢曼认为，二值密码是一些复制规则，也就是使某一次存在的事实得以再制的规则。二值密码形成的方式是，在沟通过程中，信息得以评估，同时被与一个刚好相对应的反值相比较。实际上，由这些信息构成的真实只存在一次。比如，在中国的政治系统中，环保部门有权处理各类环境问题，而林业部门无权处理各类环境问题，这两种现实都只存在一次。但是这种真实又可以被虚拟地复制，以便每一次评估都可以找到替补、可以在其对应中得以反射。例如，中国的环保部门有权处理各类环境问题，而不是无权处理各类环境问题，这一评估就是这类复制。卢曼认为，虽然世界上不存在否定的事实（比如，“A 乱扔了垃圾”是事实，那么同时，“A 没有乱扔垃圾”的事实就不存在），但是，通过对关于真实的沟通进行密码化，人们可以达到这么一个目的，即让一切被处理的事情得到或然性的对待，可以通过一个反值得以反射。也就是说，在这种补充过程中，事实情况并未增

① Niklas Luhmann, 1986, *Ökologische Kommunikation. Kann die moderne Gesellschaft sich auf ökologische Gefährdungen einstellen*? pp.76, 101–104, 124–130, 150–160, 167–182, 187, 193–201.

加或减少，只是有一种对正面和反面的区分呈现出来了。这样，相反的事实存在的可能及其引起的后果才可能得到检查——环保部门有权（而不是无权）处理各类环境问题，因此它们应对空气污染问题、水污染问题等负责。

由于二值密码构成了现代社会中各系统的基本操作原则和现代性的重要特征，所以卢曼在他的理论建设过程中较多地研究了这一现象。① 综合地看，他提炼出了二值密码的以下特征。

（1）这类密码是总体建构，是具有普世性要求的世界建构，因为它没有本体论的限制。就是说，通过这类密码，每一个系统能够划定自己的相关领域，并且就所有属于这个领域的事件、话题、问题进行沟通，而将这一领域以外的东西作为"寄生物"加以排斥。

（2）在密码中，所有能够被作为信息加工的现象都被或然性地加工；一切通过密码的过滤在系统中得以呈现的东西都呈现在"反值"的可能性中，它们表现为既不是必然的，也不是不可能的。

（3）密码是一些受条件限制的抽象。只有当沟通选择了某一密码的应用范围时，这些密码才有效。比如，当一对

① Niklas Luhmann, 1985, *Soziale Systeme. Grundriss einer allgemeinen Theorie*, pp.197, 602–607; Niklas Luhmann, 1986, *Ökologische Kommunikation. Kann die moderne Gesellschaft sich auf ökologische Gefährdungen einstellen?* pp.57–61; Niklas Luhmann, 1997, *Die Gesellschaft der Gesellschaft*, pp.113, 225–230, 359–371, 459, 562, 748–758.

夫妻闹矛盾时，如果他们并不通过法律来解决矛盾，而是请求所在地区的政府官员来给他们解决矛盾，婚姻法系统中的“合法 / 不合法”密码就得不到应用，也不会有效果；如果这对夫妻诉诸法律解决矛盾，这对密码也就有效了。也就是说，在全社会层面上，即对社会中出现的所有沟通来说，密码的涉及是一个或然的现象。密码可以被应用，也可以不被应用。只有这样，社会中才会有二值图式被总体化。随着社会的进化，在密码化与功能特定化之间出现了一种内在联系。在一定的进化水平上（如在现代西方社会中），一方面，只有当操作在相应的功能系统中进行时，一定的二值密码才会被应用；另一方面，只有当所有功能系统都针对某种确定的密码所涵盖的操作进行专门化时，社会的功能系统才会对所有与它们有关的操作具有意义。

（4）密码具有解悖论化的作用。卢曼认为，在所有自我指涉的关系中都有一个悖论问题需要解决。比如，在法律系统中就有这么一个问题，什么权利能够维持合法 / 不合法这一区分的正当性？或者说人们无权认为自己是有权的（自己有权做某事）。而密码所引导的操作找到了解决这类问题的方案，即将这类问题转换成一种矛盾形式，给一种存在建构出一个对立面，由“A 因为非 A”变成了“A 不是非 A”。“A 因为非 A”这种悖论在前现代社会是一种普遍的操作基础。比如，人们（社会精英）能占有财产（A），因为他们占有权力（非 A）。而在现代社会中，这种情况已经变为人们占有权力（A）的时候并非等于占有财产（非A），否则，贪污腐败、行贿受贿将不需要受到制裁。

（5）在密码构成的区分图式中，从一边到另一边的过渡已经被预设，因而是容易发生的事情。比如，在经济系统中，通过交换或买卖很容易使财产的占有变成非占有。由于密码是一种逻辑技术化的产物，所以在密码引领的操作中，一次否定就可以完成从一边到另一边的过渡。而正值与反值间的这种操作性的接近必然会导致功能系统的细分，即现代化的深入。通过交换和买卖而出现的财产转变方式（由占有到不占有或由不占有到占有）对经济系统来说具有明显的操作优势，但它对法律系统和政治系统却难以适用。当交换和买卖发生在这类系统中时，系统本身必将遇到巨大的操作困难（如中国近几十年来出现的权钱交易问题给国家带来的损失就是佐证）。

（6）密码的主导价值（如科学系统中的真理、法律系统中的权利或法律、经济系统中的财产占有等）不能作为系统中选择的标准来使用。也就是说，与主导值相反的值（如科学中的谬误或错误结论）也可以被系统选择，并且引起后续操作。比如，在政治系统中，政府也可以选择不承担其职责范围内的某种决策责任等。系统中正确操作的标准是由系统中的编程所确定的。

（7）密码和编程的区别使同一系统中的封闭性和开放性能够组合在一起，系统中的每一个评判，如“真实 / 不真实”“合法 / 不合法”等，都仅仅指示同一密码的相反值，而不会指示系统以外的任何判断值（如“真实”不会指示“不合法”），因此系统是封闭的。同时，系统的编程又使系统能够加工系统以外的事情，即确定某种判断值得以应用的条件。比如，克林顿政府的编程（政治纲领）就比较关注弱势群体的生存状况，因而在他执政期间弱势群体的医保问题、子女受教育问题、收入问题就得到了比布什政府多得多的关注。这样，系统对外部事件呈开放的状态，同时系统对其环境的反应能力也因为编程得以提高。

（8）在系统的编码（即密码化）过程中，第三种判断值被排斥在外。但是，通过编程，这些被排斥的判断值又可以被重新引入系统。比如，在科学系统中，操作是在“真实 / 不真实”的密码基础上进行的，而不是在“真实 / 不真实 / 环境”这样的密码基础上进行的。但是，通过科研规划的制定（即编程），科学又可以将环境问题纳入自己的考察范围。这样，编码和编程的区分使被排斥的第三者能够重新进入系统，尽管这种再进入只是具有帮助调控密码值的指派的功能。

（9）编码会导致操作的分流，也会导致由操作构成的结构的分流，而这种分流又会建构出历史的不可逆的复杂性。比如，科学系统中的编码“真实 / 不真实”就会导致一个由真实的知识构成的整体的出现，这一整体具有历史特征，并且是不可逆转的——它只包含被科学系统判定为真实的知识。

（10）编码使自身领域中的所有后续的信息加工渠道化。通过将首次区分奠定为主导区分（如一个投资项目的开始酝酿就属于这种区分），编码使信息能够呈现出来（开始考虑投资计划后，与项目相关的物价、消费期待等方面的信息才可能出现，才能够归属于一个功能系统）。首次区分后的所有信息加工都是从区分到区分的转变。

（11）对功能系统的细分来说，具有以上特征的编码是技术上最有效果和后果的形式。当然，卢曼对这一判断（命题）作了两个限制。其一，并不是只有在这种清晰的编码基础上才可能建构出功能系统。例如，教育系统和宗教系统中的编码就不像法律、政治等系统中的编码那么清楚。其二，并不是在某一历史时期先有密码被生产出来，然后有系统建构出现；编码及以此为基础的系统建构都是进化的结果。因此，这个过程并不是一帆风顺的。进化会根据自己的进步情况创造自身的条件。当这些条件不存在时，进化会减慢或停滞。但是，卢曼强调，对那些对现代性具有标志性意义的功能系统来说，二值密码是它们的操作基础，也是辨识它们的基础。

（12）二值编码在导致系统分化和细分的同时也在促成全社会系统的整合。卢曼认为，功能系统不是作为“存在区域”和量，也不是按照统一的观点，而是通过差异进行分化的。在系统细分的同时，各系统之间的相互依赖性却在增加，全社会的整合程度也在增加。每一个系统运作的前提是其他的功能会在其他地方、由其他系统来完成，从而关涉一个系统密码的操作链可以很快变换到其他密码中去（如松花江水污染事件就很快从政治系统转移到了科学系统、经济系统、法律系统等）①。

总之，卢曼强调，二值编码是社会进化的产物，它总是会导致系统的分化和细分。这种分化的开端在西方可以追溯到古希腊。当时，希腊文化中已经出现了逻辑-认识论的语义学、政治-伦理的语义、与友谊相关的语义学、经济的语义学等。这些语义学分支实际上已经具有不同的功能系统的特征。但是，当时的希腊社会主要还是呈现“城市-农村”（中心-边缘）以及等级分化的状态，城市（中心）生活和后来的贵族生活主要建立在宗教性的道德沟通的基础上，是一种伦理衍生的结果。到了欧洲近代，功能分化才逐渐占据了主导地位。18 世纪以来，社会中出现了一种新的问题意识。这时，社会对环境问题的反应已经不再由全社会统一的或者上层社会特有的伦理来调控，而是由具有特定功能的密码来决定。当然，在功能分化的早期，密码之间的配合还不协调，因为一种密码中的正面评估（如真实）往往还不能引起其他密码的积极回应（如相应法律措施的制定或经济行动的采取）。

① 崔伟中等：“松花江和沱江等重大水污染事件的反思”，《水资源保护》2006 年第 1 期。

2. 操作标准与纲领

在强调密码的系统分化功能时，卢曼对密码的功能也作了一系列限制。如前文所述，他认为，并不是社会中的所有沟通都可以指派给一个密码，从而被某一个系统所加工。卢曼强调，密码只是一些高度抽象的相互区分的图式，它们并不能表明社会中的操作实际上是怎样得到调控的。本来，密码是对一些优先选择的编码，比如在科学中真理比非真理要好，但是在实际操作中真理并不总是被优先选择。比如，一个试图证明"所有乌鸦都是黑色的"这一命题的科研项目就没有一个旨在证明某一现存的物理学理论错误的研究计划重要。在经济系统中，经常有一些企业认为自己占有的某一工厂对自己来说是一个包袱，认为占有它不如不占有它，等等。

系统所面对的这一实际状况使卢曼在分析系统结构时区分了两个层面：编码层面和操作标准层面。判断操作正确性的标准与二值编码有关系，但是这一标准并不是密码中的一极（如"合法"）。标准的制定被卢曼称为"编程"。如前所述，密码会使系统变成封闭的系统，因为在一个系统中，一种操作只能从一个值移向另一个值，即只能在系统的密码中运动。比如，在科学系统中操作就只能在"真实"和"不真实"之间运动，而不能在"真实"和"丑"之间运动。编程的结果即系统的"纲领"则构成了正确选择操作的条件。一方面，纲领能够使外部环境对系统的要求得以操作化；另一方面，由于这些要求的作用，纲领本身又应该是可以改变的。比如，每一届美国政府都既有旨在满足一些重大的社会要求的行动纲领，又经常在自己的执政期内调整自己的纲领。这样，通过编程，系统又变成了开放的系统。卢曼认为，通过编码（密码化）和编程的分化，系统获得了同时作为封闭系统和开放系统进行操作的可能。这种分化构成了系统的基本特征，也使系统获得了相应的表达能力。因此，这种分化构成了理解社会对环境问题和环境危害作出反应的能力和方式的钥匙。

卢曼进一步指出，编码、由编码导致的功能系统的产生和细分、编程等的演化过程实际上是社会挣脱形而上学的和道德的束缚的过程。发展到今天，这个过程导致的结果是，社会中的主导功能系统，如政治系统、经济系统、法律系统、科学系统等，已经具有很大的自身动力和对环境（包括自然环境）的高度敏感性。因此，这些系统很容易被环境问题所刺激、所干扰。这种干扰可以直接出现（如资源紧缺或者出现各种灾难时，以上系统都会被直接干扰），也可以间接地通过系统间的相互依赖而产生。比如，当政治系统强加给法律系统某种法律规定，而这种法律规定又强迫经济系统做出某种反应时，就会出现这样的情况。

另一方面，功能系统之所以产生强大的自身动力，是因为社会选择了放弃"含糊"和"冗余"。在现代社会中，功能系统无法相互替代，甚至无法互相减轻负荷，所有"等值"只能按照功能的观点在每一相应的系统中得到规整（如涉及环境问题的法律只能由法律部门制定和实施），从而多个系统、多个机构和部门之间分工不明、互相推卸责任和扯皮的“含糊”现象就几乎消失了。在消除含糊的同时，系统所获得的巨大的自身动力又使系统具有强大的抵抗外部刺激和干扰的能力以及对外部刺激做出反应的特定的敏感性。

这样，卢曼发现，要恰当地描写作为现代社会的全社会系统和它对环境问题的反应是很困难的。要实现一目标，必须对社会中的每一个功能系统的特定反应能力进行考察。实际上，在 1986 年出版的研究环境问题的那部著作中，卢曼分别对经济系统、法律系统、科学系统、政治系统、宗教系统、教育系统等对环境问题的反应方式和能力作了详细的分析。在此，我们无法对此一一进行介绍和讨论。值得指出的是，卢曼的研究得出了两个结论，这两个结论对研究中国社会的环境反应方式都具有启发意义。

其一，当现代社会中各功能系统分别具有不同的对环境问题的反应能力，因而对同样的环境问题做出不同的反应时，全社会系统对环境问题做出的反应并不等于各个功能子系统的反应的总和。事实上，子系统之间相互构成环境——经济系统是法律、政治、教育等系统的环境，政治系统是经济、法律、教育等系统的环境，等等。因此，不仅生态环境问题可以刺激和干扰各个子系统，而且子系统之间也互相干扰。比如，当政治系统表现出对环境问题的高度敏感时，经济系统可能要背上更重的支出包袱，科学系统可能会在环境研究方面增加经费，而同时削减其他方面的研究经费，法律系统则可能经历一次“立法潮”和“执法潮”，等等；同时，各系统因政治系统的变化而承受的压力有可能过度。当这种情况反馈给政治系统时，政治系统又可能做出一系列反应，如采取特殊政策减轻一些企业的环保支出，简化法律条文，增加科研经费，等等。

其二，系统间的合作是不可或缺的，或者说，随着系统功能的分化和细分、系统边界的不断清晰化，系统间的相互依赖也在增强。比如，一次旨在减少汽车尾气排放的政策的出台就需要政治系统的发起，科学系统得出相关的研究结果，经济系统做出相应的贡献（多纳税、多支付环境保护费等），法律系统提供相应的法律支持，等等。

基于现代社会的这种功能分化的特征，我们可以确定，在现代社会中，每一个系统对环境破坏的反应是不一样的。由于每一个系统都要基于自己特有的密码和纲领对有关环境损害或破坏的信息进行加工，所以同一个环境问题在不同的系统中已经不可能具有同样的面目。同时，由于系统之间的相互刺激，社会的各个系统有可能对同一个环境问题做出一系列过度反应。

六　讨论

从以上论述中，我们可以发现，卢曼的环境分析实际上没有直接关注人类面临的各类环境问题，而是揭示了不同的社会类型，尤其是现代社会对环境问题做出反应的方式。就现代社会而言，他的分析告诉人们，指望某种跨人群、跨系统的统一的东西的培养（如道德、环境意识、政治中心的作用）来解决环境问题已经变得不现实了。他暗示的方案似乎是，当社会中的各功能系统具有高度自治的能力时，它们会在对环境问题过强和过弱的反应之间找到平衡。因此，“解铃还须系铃人”，功能系统自身动力的培养似乎才是解决环境问题的钥匙。那么，卢曼的分析对中国的环境研究有什么启示呢？我们认为，它至少给我们提供了以下启示。

在社会结构层面，中国目前既有前现代社会的结构特征（即块状或区隔分化的特征），又有现代社会的结构特征（即功能分化的特征）。这种结构混合状态对中国面临的环境问题的解决既有不利的一面，又有有利的一面。基于块状分化的特征，与农村相比，中国的城市在与环境的互动方面具有明显的主动权和优势。城市一方面是环境的主要消费者，另一方面又占有极大部分的环境治理资源。这就使得中国的环境治理局限在相对小的范围内，即城市中。城市的环境治理一旦取得成效，其完美的人与自然共处的图景及兼顾环境、资源、发展的理念就可以有效地向边缘即农村地区扩散。但同时，由于中国社会功能分化的程度相对较低，“含糊放弃”还无法像西方国家那样可以被普遍期待，所以城市社会的环境问题仍然难以引起社会各系统恰当的反应，当然也就更难得到有效解决了。

与卢曼所描写的西方国家的政治系统相比，中国的政治系统作为功能系统正在形成和发育的过程中。其主要特点之一是，它可以在很大（至少比西方国家大得多的）程度上运用法律和经济手段干预社会与环境有关的活动。值得一提的是，在改革实践中，政治系统至今还没有足够地通过与经济、法律、教育等系统的互动来有效地保护环境。基于中国政治系统的特色，它要改善环境状况，也可以“超限”地运用经济、法律等手段。关闭一些耗能高、污染大、产能低的企业，虽然可能影响经济增长速度，并带来就业和社会问题，但政治系统本身因此面临的风险比在西方国家会小得多。

在现代西方国家，各功能系统（政治、经济、法律、宗教、教育、科学系统等）互相刺激，导致社会对环境问题的反应可能过度。在中国，由于各系统进化程度还不高，有些系统（如宗教）基本上缺失，所以社会对环境问题的反应往往过弱、过慢，导致环境问题日趋严重，积重难返。这种现象说明，中国社会要比较有效地解决环境问题，已经存在的功能系统必须强化自己的环境关注。在卢曼的论证逻辑中，基于其封闭性特征，每一个功能系统对环境问题都只能做出有限的反应，但这种有限性是具有弹性空间的。例如，经济系统的行动取向和基础是“获利”，在面对环境问题时，保护环境的态度可能导致企业利润的减少，一般地说，却不至于使企业无法生存。

如果我们接受卢曼的分析，那么我们可以肯定，从长远来看，只有在中国社会的各功能系统具有越来越大的自主权和自身动力时，它们关注环境问题的能量才会增加，社会解决环境问题的可能性也会增加。

第八章　后现代与全球化

一　引言

在刚刚开始建构其系统理论的 20 世纪 60 年代中期，卢曼就申明这一理论会完全不同于以往的、被他称为“事实理论”的社会理论[①]。的确，研读卢曼著作的人一般都会有这样的感觉：他的理论是由一些纯粹抽象思维的概念游戏构成的、或多或少地与世界真实即社会事实脱钩的建构物。这一现象使德国另一位以抽象思维能力著称的哲学家和社会学家哈贝马斯在其 1976 年出版的名著《重建历史唯物主义》中也认为卢曼的思想“超常地抽象”[②]。不过，卢曼在建构高度抽象的理论的时候，并没有抛弃现实关怀。哈贝马斯从 20 世纪 60 年代中期起就开始与卢曼展开学术争论，而他对卢

① Niklas Luhmann, 1991a, *Soziologische Aufklärung*, Bd.1, pp.67, 70–71.

② Jürgen Habermas, 1976, *Zur Rekonstruktion des Historischen Materialismus*, p.141.

曼最尖锐的批判就是指责其社会系统理论在为既存的西方社会秩序的存在合理性和合法性辩护。哈贝马斯的这一批判虽然有些激进，但是他却道出了卢曼理论具有现实关怀这一事实。其实，卢曼在他的许多著作和文章中对一些现实话题都有过直接的分析和讨论，只不过他的讨论总是与他的理论应用缠合在一起，而这一理论由于其抽象程度之高又十分费解，以至于人们容易简单地断定卢曼缺少现实关怀。

在其一生的科学思考中，卢曼关注过很多现实问题——比如经济、政治、科学等系统的功能运作方式问题、生态问题、教育问题等。在对这些单个的社会领域——卢曼称他们为社会的子系统——分析的基础之上，他拓展了他的社会理论。运用这种理论，他就学术界持续争论的一些问题发表了独到的见解。他对后现代和全球化这两个“古老”而又热门话题的发言就属于这类探讨。透过这些讨论，我们不仅可以窥视卢曼理论本身的诸多特性，而且可以获得对相关问题思考的新视点。

二　对后现代理论的批判

20 多年以来，学术界关于西方社会的描写中使用较多的一个词汇是“后现代”。也就是说，许多学者认为，西方社会已经从现代过渡到了后现代时代。

卢曼不赞同这种观点。他认为，整个 20 世纪的西方社会中没有发生过改变西方社会体制（系统）的“划时代的大事”[1]，因而无法证明这里出现了一种时代过渡。现代社会的各个功能领域的标志性成就“依然”保留着。比方说，在基础教育系统中，中小学还是按年龄划分年级；在政治领域，多党制民主仍然是构成西方国家的政治国家的形式；在司法领域，成文（实证）法仍然是西方国家的法律基础；在经济领域，资本和借贷仍然是构成西方经济制度构架的两种重要因素；在私生活领域，婚姻实践仍然处于非调控状态，即人们具有结婚、离婚和择偶的自由；即使在艺术系统中，卢曼也认为不存在可以清晰地分辨现代与后现代的划时代的界线——当然，作为该系统的子系统的建筑是一个例外，这个子系统中还是出现了一些与现代风格迥然不同的风格。

既然西方社会的主要功能系统中没有发生本质性的、改变现代特征的变化[2]，那么关于后现代的话语是怎样形成的呢？卢曼认为，后现代话语的产生是因为人们过低估计了现代社会的动力，同时也因为关于现代社会的描写过于静止。[3]

---

① Niklas Luhmann, 1997, *Die Gesellschaft der Gesellschaft*, p.1143.

② 值得说明的是，卢曼并不否认西方社会发生了和发生着显著的结构变化，尤其是全球化趋势和多个功能系统相互加码带来的变化。但是，在他看来，这些变化并未改变西方社会的现代本质。

③ 卢曼列举了哈贝马斯关于现代性作为一种未完成的工程的论点（Niklas Luhmann, 1997, *Die Gesellschaft der Gesellschaft*, p.1144）。但是，哈贝马斯的这一论点在何种意义上是一种静止的观点？对此，卢曼未加说明。也许他认为，哈贝马斯在将现代社会看作一种未完成的工程时，已经假设了这一项目可以或应该完成，从而将现代性设定为一种可以终结的事件。

因而，他认为有必要将对现代社会的理解以及现代社会的描写动态化。这一尝试正是卢曼关于现代社会理论思考的出发点和目标[①]。卢曼的这种尝试建立在对后现代理论的分解过程之中。

首先，他认为，后现代概念本身包含了一些自相矛盾的因素。

后现代理论的第一个明显的自相矛盾的观点是它断定“大叙事”（récit）已经终结。这种观点的主要代表人物是法国哲学家利奥塔尔[②]。而卢曼认为，这一说法本身就是一种大叙事，而且是一种“元叙事”（metarécit）。[③]一方面认为大叙事已经终结，另一方面本身又作为大叙事出现，这就是自相矛盾。在这种意义上，后现代理论无意中道出了一个事实，即我们这个时代的世界的统一已经不能作为一种原则来看待，而只能作为一种悖论来理解。用卢曼的话说就是：“悖论是我们这个时代的正统观念。”[④]因此，任何一种理论作为一种关于社会或者世界的描写只能是某种悖论的分解。根据这种逻辑，卢曼最多只承认后现代理论是诸多关于我们所处时代的描写中的一种。而卢曼原则上认为，任何一种关于

---

① Niklas Luhmann, 1997, *Die Gesellschaft der Gesellschaft*, p.1144.

② Jean-Francois Lyotard, 1979, *La condition postmoderne: Rapport sur le Savoir*; 也可比较〔德〕贝克、哈贝马斯等主编：《全球化与政治》，王学东等译，中央编译出版社 2000 年版，第 2 页。

③ Niklas Luhmann, 1997, *Die Gesellschaft der Gesellschaft*, p.1144.

④ 同上。

社会或世界的描写实际上是一种社会的自我描写，它是某一种社会真实的反映。在这种意义上，后现代理论是关于我们这个时代的诸多理论中的一种，它所涵盖的真实只是世界真实的一部分。后现代理解无论在理论还是在实践层面都不具备整体有效的要求。

卢曼批判的后现代思考的第二个矛盾的地方是它"解分化"（Entdifferenzierung）的尝试。卢曼认为，解分化的条件是记忆，也就是说，要想解分化，必须记住分化现象。这就意味着，后现代思考中的解分化的尝试同时包含着保留作为分化的结果的差异。这本来就是自相矛盾的。如果将卢曼的思路置于现实历史发展中考察的话，他实际上是认为从传统进入现代的过程就是分化的结果。[①] 而我们在前面已经提到，卢曼不认为近几十年来功能分化这一现代的本质特征有什么变化，因而他认为观察不到时代转变，也就是说观察不到从现代到后现代的过渡。

那么，后现代思考对世界描写的错误到底是怎样产生的呢？卢曼认为，这一错误出在后现代描写中关于过去和将来这一时间区分上。

在卢曼看来，后现代的描写可以理解为在自我生产的不确定性领域的一种操作。而在某一领域的一种操作往往会变

① 他写道："现代思考中从现存的本质区别到分化的变换已经是一种语义学的创新。这种创新在 19 世纪中叶引起了反响。"（Niklas Luhmann, 1997, *Die Gesellschaft der Gesellschaft*, p.1145）相关思想也可参见 Niklas Luhmann, 1988, "*Evolution und Geschichte*", pp.52, 58-59, 150f.

为以后出现的操作的出发点。卢曼称这种现象为系统内部的推移。而时间则是使这种推移成为可能的决定性变量。正是因为时间性，这种操作的重提（Rekursionen）排序中存在一种不可避免的不可预见性。举例来说，在工业生产领域，从单个的机器生产到流水线作业再到全自动化生产这一发展中存在两次推移。每一次推移中的后一次操作均以前一次操作为前提。如果把视焦停留在某一次操作上，那么它的下一次操作是不可预期的。

卢曼继续认为，科学分析意义上的操作过程实际上是一个将某种差异“刻入”（Einkerbung）一个可以容忍这种刻入并且可以使“再切断”（recutting）成为可能的世界。比如，当一个人走进一个长满了西红柿植物的温棚时，发现众多的西红柿植物中夹杂了一棵花椒树。如果这个人对植物学感兴趣——比如他是一个植物学家或者他是一个细致的观察者，他可能会立即将与西红柿植物不同的花椒树刻入他的意识空间，并且开始展开一系列的观察和分析。这棵花椒树有多高？它是否影响周围西红柿植物的生长？它是否受它们的影响？它与西红柿植物所需要的肥料和水分是否相同？等等。能够发现花椒树与西红柿植物的差别并且将它保留在意识中，这本身就是以某种意识状况为前提的，是一个“世界”存在的结果——实际上，我们可以毫无争议地肯定许多进入这个温棚的人是发现不了这棵花椒树，从而不会提出以上假设的相关问题的。因此，发现这一差异的前提是一个

“世界”的存在。而当一个人发现了这一差异并且展开对花椒树的分析后，他的每一个分析——比如对花椒树高度的关注——又只是一个有始有终的段落，是可以被“切断”的。只有能够清晰地界定（切断）自己每一个分析活动的人或者说“意识世界”，才可能展开对“西红柿地里的花椒树”现象的分析。而当我们将这一关系提升到社会层面时，卢曼这里所说的世界实际上指的是具有一定发展水平的社会。而“刻入”是通过文字实现的。因为每次刻入的是一种不可能延续的差异，所以这种刻入必须不断地推移。这就意味着，过去与将来的关系本身在不断地推移。但是，这种推移不能作为现存的本体世界中的“空间–时间”运动来理解。

为什么这么说呢？卢曼没有直接回答这个问题，而是通过引入日常生活的电脑化这一例子来暗示有关答案。

我们知道，电脑中装有看不见的机制。这些机制只有在我们开启电脑、输入相应的命令以后才会显示出工作状态。在此之前，这些机制是不在场的。也就是说，它们只是定位在一定时间和区间的提问作用下才会显示出信息。而这些信息在提问关联中生产出过去和将来的差别[①]。将这一例子应用到后现代思考的批评中，卢曼实际上在暗示，所谓后现代状态实际上不是一种可以和此前状态——即现代状态——截然分割的形态。就像电脑中看不见的难以想象的计算过程与这

① Niklas Luhmann, 1997, *Die Gesellschaft der Gesellschaft*, p.1147.

些过程在旨趣条件下的间或的命令下的（比方说我们让电脑画一个坐标、一个三角形等）显示之间的界线被不断抹去和重新画出一样，社会领域中看得见的和看不见的现象之间的界线也在不停地被消除和重新画出。在这种意义上，所谓后现代现象恐怕只能理解为某些潜在的、不在场的过程的被提出。这些被提出的现象只是诸多未被提出的“事件”中的一部分，它们与其他未被提出的“事件”和已经显示过的现象之间不存在因果关系，因而无从发现这里有某种过去和将来关系或者现代和后现代关系。

卢曼关于现代思考的动态化另一方面是通过引进英国哲学家、逻辑学家和信息理论专家乔治·斯宾塞·布朗的形式理论来实现的。在斯宾塞·布朗看来，形式实际上是一种差异的标出，它是看得见的和看不见的两个面的统一。这两个面中有一个被标示，另一个则没有被标示。进入没有被标示的一面需要一次操作，而这种操作是以时间为条件的。在这种对形式的新的理解中，形式被看成了一种某个观察者的设计和规定。这种规定决定观察者是停留在原处还是过渡到另一面。

电脑或计算机中的这种现象给我们暗示，社会领域中存在的形式和未出现的形式是联结在一起的。它和未出现的形式之间仅仅存在一种时间差别，而不具有本质差别即存在与不存在的差别。也就是说，通过操作，尚未出现的形式会出现，它的后出现仅仅是人的意志的作用，不是必然的因果逻辑现象。在这种意义上，所谓后现代现象只能理解为某些现代现象的时间化的结果。

三　关于全球化的论述

在卢曼看来，世界社会的形成即全球化是不可避免的发展趋势。这一论点的理由建立在一种基本理论假设之上，即所有功能系统都趋向于全球化，并且向功能分化的过渡只能在一种世界社会系统的建立上终结。他认为，对于以普遍主义和专门化为特征的功能系统来说，由主权国家划定的空间界线不具有存在意义。这种空间界线如果具有某种意义，那就只能是它作为功能系统中的一种块状分化的体现，比方说界定了政治国家的活动空间。

也就是说，卢曼视全球化为功能关联作用的结果。功能关联使我们今天生活的世界上频繁地出现领域界线的交叉。这种交叉发生在几乎所有功能领域。① 在大众传媒领域，我们收听、收看外国新闻；在经济领域，我们争取外国公司的投资，借贷外国银行的资金，向国外出口产品和输送劳动力；在政治领域，我们和其他国家合作加强本国的安全防卫，与其他国家或国际组织进行人权、和平、环境保护等方面的对话与交流；在文化教育领域，我们考察和借鉴其他国

① Niklas Luhmann, 1991a, *Soziologische Aufklärung*, Bd.1, p.55; Niklas Luhmann, 1997, *Die Gesellschaft der Gesellschaft*, p.809.

家的经验（对发展中国家来说，尤其是考察和借鉴发达国家的各种教育制度安排），也向其他国家派遣教学和科研交流人才，和其他国家进行多方面的科研合作；在体育领域，我们引进国外教练和运动员，也向国外输送教练和运动员。

基于卢曼的这种描述，全球化是一种不可逆转的世界历史状态。这种不可逆转性主要是因为世界上的一部分国家——即西方发达国家——已经进入了高度功能分化的社会型态，而在卢曼看来，功能分化对于社会形式的实现来说有如自然规律对各种自然存在形式的不可逆转的作用。功能分化具有普世意义。因此，20 世纪下半叶，尤其是 80 年代以来，世界上进化较慢的国家也加快了功能分化的步伐。这就使得全球化成为可能乃至不可逆转。

全球化不仅是不可逆转的，而且趋向于导向一种世界社会的“全面实现”。这是因为全球化的媒体是全球电讯网络，这种网络联系一方面弱化了空间限制，另一方面又使世界系统的各种操作和事件同时实现——华盛顿公布的贴现率信息可以同时在伦敦、东京、北京等世界各地获取。而“同时性”是一种无法控制的现象，因为它不包含因果（或先后）关系——正是因为华盛顿的贴现率变化信息同时传遍世界各地，人们已经很难利用信息传递的时间差来获取利润。这就导致世界系统的各类操作具有高效率，从而能够突破反全球化的障碍而存在。

卢曼列举了苏联解体的例子来说明这一现象。在他看来，苏联曾经尝试摆脱世界社会的影响并建立一个传统意义上的“帝国”。这种尝试失败了，而且是在世界社会的功能分化的压力下失败的。作为社会主义–共产主义帝国，苏联社会一方面无法避免政治、经济、科学、大众传媒等领域的对外交流[①]，也无法避免本国公民比较国内外的发展状况。这种比较的结果作为信息传开以后，苏联社会即陷入了无法维持的局面。

卢曼感兴趣的另一个问题是，功能分化在全世界的渗透是不是意味着地区差别失去了意义？换句话说，地区差别怎样影响功能分化的实现？卢曼认为，这种影响方式是“条件化”（Konditionierung）。也就是说，虽然世界上一些地区作为社会进化的结果处于一种较低的功能分化水平——卢曼称这种现象为“功能分化性进化的不可能性”。但是，这些地区无法摆脱具有支配地位的功能分化原则。它们最多只能给功能分化附加某种条件。这种条件可能会促进功能分化，也可能阻碍功能分化的进展。比方说，在经济领域，一些具有较强的家庭和家族传统的地区就可能利用传统的忠诚促进经济与政治之间的分化。这方面中国是一个较为典型的例子。改革开放以来，大量的港台商人和海外华侨回到自己的家

① 事实上，在其整个存在史上，苏联在这些领域不仅跟社会主义兄弟国家，而且跟西方世界也一直保持着交流与合作关系。本书作者曾经短期在一家瑞士轴承设备制造厂工作。据这个厂家的商务人员介绍，苏联的一些工厂在20世纪60至80年代一直是他们的主要客户。

乡投资，他们这么做一方面是因为他们对家乡具有感情和忠诚，想通过投资促进家乡经济发展；另一方面也因为他们对家乡具有感情，使他们信任家乡的投资环境，并且相信投资回报期望得以实现的可能。这种投资促进了经济和政治的分化。为了提高经济效益，政治退出经济领域并对经济采取间接控制，政治内部也不断分化，以便不断提高自身效率。

“地方性”对功能分化的阻碍可以在一些国家民主选举的不规则性中得以说明。比方说，在泰国一些官方申明的匿名选举中，就有拿钱收买选票的现象。这种做法显然破坏了民主选举程序，阻碍了政治领域功能分化的进程。但是，能够举行选举就说明民主作为一种功能分化的结果是不可逆的。

总之，无论地方性怎样作用于功能分化，都改变不了功能分化的优势模式地位或者说强势话语地位[①]。功能分化在全世界的扩展和在不同地区的不同遭遇使卢曼得出了这么一种结论：功能分化为全世界的发展预制了某些结构，而这些结构又为不同地区的限制或促进功能分化的条件化预定了条件。在这种意义上，卢曼认为，功能分化意义上的全球化实际上是一种“条件化的、复杂的和不稳定的条件化”。这样，“（不同）地区因此与整体社会的平衡相去甚远，从而它们有形成自己命运的机会。这种命运不能被视为功能分化这一形

① 万俊人：“经济全球化与文化多元论”，《中国社会科学》2001 年第 2 期。

式原则的一种微型版本。只是如果没有世界社会层面这一原则的优势，一切都会是另外一种状态。而这一规律是任何地区也无法摆脱的”[①]。比如，在存在花钱买选票的泰国某些地区，竞选者要想“当选”，必须满足选举作为一种民主形式所包含的一个条件，即必须获得或购得一定数量的选票。

四　讨论

卢曼与哈贝马斯、贝克等当代德国社会理论家一样，对后现代思想持批判态度，而认为全球化是一种必然的趋势。[②]这些在德国唯心主义尾水中漂流的思想家之所以怀疑和批评主要由英美法一些思想家所掀起的后现代思潮，是因为这一思潮严重冲击着他们的某种基本世界设想——即对秩序的设想。正如哈贝马斯所指出的那样，“后现代的追随者一再对抽象的普遍性和包容式的总体性持保留态度——这种总体性断然超越差异，铲除小圈子和局部顽固的特殊性。借助这种方式，他们强化对不受监督的庞大官僚体制扩张的不信任感——这种扩张以建立更大的政治共同体的计划甚至以实行世界内部政策的计划相要挟。此外，后现代的启蒙批判家还共同反对启蒙本身，即也反对当时试图以辩证的方式阐释自

① Niklas Luhmann, 1997, *Die Gesellschaft der Gesellschaft*, p.812.

② 关于哈贝马斯和贝克的相关思想可参见〔德〕贝克、哈贝马斯等主编：《全球化与政治》，第 3、7、14、74 页等。

我界限的启蒙……后现代主义的目标在于思维转变，把社会从过于关心未来、关心过早预期的未来状况的集体责任压力下解脱出来。它主张，‘控制的领域’应从不堪重负的个人和政治共同体转向纷乱的偶然性、变化无常和极度复杂的状况及网络化的第二自然；一旦形成对现代性的规范性的自我理解，社会以民主形式组织起来自觉地对自身施加影响的观念便应当（亦将）消亡”[①]。

而无论是对卢曼还是对哈贝马斯和贝克来说，现代社会本身所包含的潜力和价值都会继续保存和发挥作用，并且在全球化给人类带来了许多新秩序要求的情况下，这些潜力和价值会帮助人们应对这些问题和要求、建构新的秩序。因此，在某种意义上说，与其说卢曼、哈贝马斯、贝克等德国思想家具有保守倾向，不如说他们在某种高度的文化自信的支持下对人类未来持乐观主义的态度。

在卢曼将功能扩张解释为引起全球化的动力时，他实际上在张扬西方社会启蒙运动以来所建构的某种实践模式。这种模式之所以在西方未被其他模式所取代，并且在近几十年来被全球性地加以运用，是因为它本身是人类进化的产物和学习的结果。这种模式的内在潜力在于它能够不断地调整、改变、优化自身，以适应不断变化的外部环境，即不断地增加应对、囊括和减少世界复杂性的能力。中国社会 40 年的

① 〔德〕贝克、哈贝马斯等主编：《全球化与政治》，第 86 页。

实践在极大程度上是一个向世界尤其是向在许多方面比我们学习得早、学习得多、取得的成果也比我们多的西方世界学习的过程。这个过程已经给我们带来了许多进步和发展。卢曼的学说对我们再一次认识这种学习的必要性、在许多领域减少功能系统建构的障碍，从而创建一些新的功能系统、改善一些已经存在的系统结构，以应对我们社会内部的复杂性和我们所面临的国际环境的复杂性，具有一定的启发意义。

第九章　个体与社会

一　问题的回顾

个体与社会的关系问题是社会学理论中的一个基本问题，也是中外哲学家、思想家思考的一个核心问题。在社会学的讨论中，学者们往往运用一些不同的学术概念和理论方案解读和翻译先哲们的相关思想，当然也经常发展了他们的思想。本章主要讨论的是卢曼所发展的社会系统理论中个人与社会的关系问题，所以首先要回顾一下与这一理论有关的思想。

在社会系统理论中，帕森斯首先将社会看成一些相互独立的子系统，并试图解决这些系统之间的整合关系[①]。在将社会定义为最一般的社会行动系统以后，他提炼出了社会的维

① 以下综述基于 Talcott Parsons, 1966, *The Social System*, pp.24ff.; Talcott Parsons, 1968, *Sozialstruktur und Persönlichkeit*, pp.5ff, 39ff.

系和运行所需要满足的四种功能。一是适应（adaptation），指系统必须拥有从外部环境中获取所需资源的手段。二是目标实现（goal attainment），指系统必须确定自己的目标次序和调动系统内部的能量以集中实现系统目标。三是整合（integration），指系统必须将各个部分联系在一起，使他们之间协调一致，不致出现游离、脱节和断裂的情况。四是维模（latency pattern maintenance），指系统必须拥有特定机制，用于经常维护处于潜在状态的模式。

同时，他认为，社会需要以下四个子系统来满足其功能需求。一是行动有机体，它主要为社会的适应功能提供能量。二是人格系统，由个体的动机、欲望和目标构成，而个人目标的聚合和调节可以满足社会目标的实现要求。三是社会性的系统，由各个行动单位通过制度化的关系连接而成，满足着行动系统的整合要求。四是文化系统，主要由价值规范构成，为社会中的行动提供着基本模式，发挥维模，即维护既存的社会秩序模式的功能。

帕森斯将文化与社会系统之间的关系描写为制度化（Institutionalisierung），将社会性系统与人格系统——即社会与个体之间的关系描写为内化（Internalisierung），将人格系统与有机系统——即个性与身体之间的关系描写为学习（Lernen）。[①] 但是，作为这三个过程的总体（高级）概念，

① Talcott Parsons, 1966, *The Social System*, p.24.

帕森斯又提出了交互渗透（Interpenetration）概念。交互渗透指的是这么一种情况，即系统被推向了一种二值的图示论（binärer Schematismus），以至于总体系统即一般行动系统为其在一致性和偏离之间的选择设定了条件。二值图示论指的是对一些核心价值的认同或者反对[①]。

至此可以看出，对帕森斯来说，社会（society）并不是一个统括的社会性的共同体，而是一个分化的取向整体。个体也不是社会性系统中的部分，而是外在于社会性系统的独立系统；同时，个体却是一般行动系统（general action system）中的亚系统或部分系统。作为部分系统，个体肯定受到许多限制，但他们不是全社会系统的部分。一般行动系统也只是通过一些行动的分析特征得以构造的，其统一完全由分化构成。因此，帕森斯眼中的统一是以兼容性（Kompatibilität）为条件的。比如，个人只有在认同某种文化价值时，才能与一种文化系统相互渗透、构成一个整体。

因此，对帕森斯来说，交互渗透意味着环境系统的自身复杂性被作为不确定性和或然性为另一个系统的建构而激活。而后一个系统与前面的系统是不同一的。个人与社会是完全不同的、相互独立的系统，它们互为环境并交互渗透着。[②]

---

① Niklas Luhmann, 1986, *Ökologische Kommunikation*, pp.75–88.

② Talcott Parsons, 1966, *The Social System*, p.6.

二　卢曼系统理论中的个体与社会

在帕森斯的思想基础上，卢曼提出了一些关于个体与社会的关系的新观点。

首先，他将系统定义为自我指涉和自我生产的操作网络，而操作指的是设定差异和标示差异两个行动构成的一个过程。系统总是封闭地、自我指涉地自我生产的系统[①]。

然后，他区分了四种系统：机器、有机体、社会系统、心理系统（或意识系统）；而社会系统又包括互动、组织和社会。心理系统即为个体。这样，卢曼对个体与社会的关系的解释就包含在他对系统间关系的一般解释模式中。而这种解释模式建立在他扩充的“交互渗透”概念基础之上。他的相关论点为以下三个。① 系统与系统互为环境。对一个参照系统（Bezugssystem）——比如对作为心理系统的个体来说，所有其他系统的总和与他们之间的相互依存构成了其环境。② 环境总是比参照系统复杂，所以系统与环境的关系总是减少复杂性的关系。③ 交互渗透是这一规则中的一个特例。在交互渗透中，环境的复杂性不是简单地被吸收，而是被内化。

因此，对卢曼来说，作为心理系统的个体与社会的关系是，个体是渗透的系统（interpenetrierende Systeme），社会系

① Niklas Luhmann, 1985, *Soziale Systeme. Grundriss einer allgemeiner Theorie*, p.25；Niklas Luhmann, 1997, *Die Gesellschaft der Gesellschaft*, pp.57, 72, 75, 93.

统是通过个体的渗透而构造成的系统。因此，社会系统（社会）不是由个体构成的，个体不是社会的部分。

由于心理系统具有高度的复杂性，所以对社会系统的建构来说，它们意味着不确定性和或然性，社会系统的建构必然是选择行动（Selektion von Handlungen）的过程。

那么，除了具有系统的一般特征，即封闭的、自我指涉地自我生产的特征以外，个体即心理系统还具有哪些独特性呢？回答了这个问题，才能弄清个体与社会的具体关系。

首先，心理系统是一种意识系统。对卢曼来说，意识并不是某种实质存在的东西，而是心理系统特有的操作模式。心理系统在通过意识生产意识，并且在这种自我生产的过程中，它既不会从外部获得意识，也不会将意识向外输出。

心理系统的这种封闭性也可以从其与环境的区别上看出。卢曼认为，心理系统的直接环境是神经系统。而神经系统自身是一个封闭的系统，它有自己的构成要素，并且在这种要素的基础上不停地再生产着这些要素，不停地自我生产。这样，心理系统只能是完全独立于神经系统的一种系统[①]。

在卢曼看来，心理系统的构成要素可以概括为想象，而想象可以被理解为内在图像。对心理系统来说，想象是必要的，因为只有想象才能生产出想象。

---

① Niklas Luhmann, 1995, *Soziologische Aufklärung*, Bd.6, pp.30ff.

与胡塞尔相同，卢曼强调，只有不停地生产想象、不停地自我生产，心理系统才能延续，才能存在。这一特性是由意识的时间性（Zeitlichkeit）所决定的，意识可以有回忆（Retentionen），也可以有前瞻（Protentionen），但它的操作总是在当下进行的；而意识在当下是不可能停留的、是没有延续的；这样，意识必须不停地进行操作，必须自我延续（selbst kontinuieren）。[①]

由此，卢曼得出结论，心理系统即个体的个体性只能是其自我指涉的再生产所呈现的循环封闭性[②]。他强调，这种封闭性使得心理系统具有某种在其环境中无法找到的否定性，它不知其所不知、不见其所不见、不指其所不指，等等。这样，对心理系统来说，现实不会以其自身的形态而存在，而只能被心理系统按自身的方式所涉及、所操作。在此意义上，反思也是意识过程的一部分；在人进行反思的时候，他总是以其自己的意识为前提的，但反思只是一种特殊的意识活动，它只是偶尔被启动。

在社会学的想象中，个体总是与目标追求相联系。具体地说，就是一些社会学家认为，对各种目标的追求体现着个体的独特性[③]。这个问题也被卢曼纳入其系统理论作了分析。他的观点是，目的设定发生在意识中，它们以意识自我

① Niklas Luhmann, 1985, *Soziale Systeme. Grundriss einer allgemeiner Theorie*, p.356.

② 同上书，第 357 页。

③ Max Weber, 1980, *Wirtschaft und Gesellschaft*, pp.10ff.

指涉的自我生产为前提，而意识不可能将自身的自我生产当作目标。他指出，每一个目的都意味着意识中某种旧次序的终结、新次序的出现，这种情况要求意识的自我存续不被终断。尤其是当目的实现要求意识对许多复杂的情况或然地进行组合时，意识的这种稳定性——用通俗的话说即个体的意志——显然更加不可或缺。通过分析意识的目的设定情况，卢曼再一次将个体性定义为意识的循环封闭性①。

对卢曼来说，恰恰是心理系统封闭的生动性和流动性使得它以一个不可分的整体即个体的形式得以呈现，这种封闭性使个体的个体性显得不可形变；相反，其僵化和必要性是意识得以延续的条件。但是，意识本身又是灵活和善变的，这一特性主要表现在两方面，即区分和限制的能力。区分能力指的是意识能够区分正在被生产出的想象和紧接着要生产的想象；限制指的则是意识对自己生产的、可能被采用的后续想象的数量控制，否则，如果同时什么都是可能的，意识将无法持续自己的活动。

正是通过区分和限制能力，心理系统建构着自己与其环境的关系。通过这一特性的发现，卢曼也提出了这一系统的另一特征，即开放性。卢曼认为，与其他系统一样，心理系统也与其环境有接触。在此过程中，心理系统会接受环境的刺激而生产出信息并用于形成后续想象。但他强调，这些

① Niklas Luhmann, 1985, *Soziale Systeme. Grundriss einer allgemeiner Theorie*, p.358.

信息并不会将某种想象强加给心理系统，而只是提示它哪些后续想象是可能的。这样，卢曼推论心理系统的封闭性、其区分和限制能力迫使其具有开放性[①]。他强调，心理系统对区分和限制的依赖更多地只是意味着，它总是处于接受环境刺激的状况中，同时也能接受这种考验。在此意义上，区分和限制能力是心理系统即个体面对环境所形成的一种生存能力。

尽管卢曼将封闭性理解为个体的第一属性，而将开放性即与环境（尤其是社会）的接触和关系——更确切地说将后者对前者的影响——看作次要的，但他在揭示心理系统的开放性特征时已经在承认社会对个体的影响了。在此，他已经未再像哈贝马斯所指责的那样，将个体描写成一个独白的、与社会无任何联系的人。[②]

沿着强调个体的独特性、淡化社会对个体形构和存在影响的逻辑线索，卢曼从另一个侧面分析了个体与社会的关系，即心理系统的观察（Beobachtung）和描写（Beschreibung）[③]。他指出，像所有其他自我生产的系统一样，

① Niklas Luhmann, 1967, "*Soziologische Aufklärung*", pp.72ff.; Jürgen Habermas, 1985(1981), *Theorie des kommunikativen Handelns*, Bd.1, p.530; Niklas Luhmann, 1985, *Soziale Systeme. Grundriss einer allgemeiner Theorie*, p.359.

② Jürgen Habermas, 1985(1981), *Theorie des kommunikativen Handelns*, Bd.2, pp.197, 257.

③ Niklas Luhmann, 1997, *Die Gesellschaft der Gesellschaft*, pp.879ff.; Niklas Luhmann, 1985, *Soziale Systeme. Grundriss einer allgemeiner Theorie*, p.359.

心理系统既可以被其他系统所观察和描写，也可以自己观察自己、描写自己。而在他看来，观察和描写实际上就是弄清心理系统自身在限制性的前提下所做出的区分。他强调，一个心理系统只要能够区分和限制，甚至只要能在某个方面生产出某种单个的想象，它就会同时将某种其他的可能性纳入自己的视野，从而进行自我观察和描写。比如，一个人知道自己是黄种人，就会知道自己不是白种人或黑种人，知道他与他们的一些区别，等等。

但是，卢曼认为，作为心理系统的个体要描写自身，却会显得有些多余。个体要描写自身，就只能确认自己的个体性，即不依赖于环境而自我生产的特性。既然自我生产就是心理系统即个体的特性，而个体在自我观察和自我描写时又只能确认这一特性，即复制自身。那么，如果没有某种外在因素驱使个体进行自我观察和描写，这种做法就是无意义的。

卢曼从社会演化的角度分析了促使个体进行自我描写的社会因素[①]。他认为，与个体、个体性和个体主义有关的概念历史反映了个体得以凸显、能够自我描写的过程。在他看来，主要是四个时期的一些相关概念反映了这一过程。一是古希腊和古罗马时期的英雄主义概念，这一概念将一小部分人描写成与众不同的、完美的人。二是中世纪盛行的天才

① Niklas Luhmann, 1985, *Soziale Systeme. Grundriss einer allgemeiner Theorie*, p.361.

崇拜。在此实践中，个体的成就和表述或表现已经不是判断当选者的唯一标准，个体取得成就的独特方式和创新性以及其社会品位也成了判断标准。三是启蒙运动时期普遍的人（homme universel）的概念，它关注和张扬人的普遍性和普遍权利，强调它们得以实现的文化社会条件，并且确信，当这些条件得到满足时，个体就会在普遍性中自我实现。在这种普遍性的信仰驱使下，一些个体开始运用一些“偏离”的手段——如先锋主义、革命、对既存秩序的批判——实现自身的个体性。四是现代社会即功能分化社会中的个体概念。在此，作为封闭地自我生产的个体通过期待和要求在定义和描写着自我。由于卢曼主要关注的是这一时期的个体与社会的关系问题，所以在下文中我们再详细了解一下他的相关分析。

首先，卢曼认为，作为心理系统的个体与其环境即社会建立联系的方式是形成期待（Erwartung）。我们知道，期待可以是个体对他者或社会的期待，也可以是他者或社会对个体的期待。但卢曼这里所说的期待是个体对社会的期待。他对这种期待的理解是“某种取向形式，运用它，系统摸索着与自身相关的环境或然性并将其作为自身的确定性纳入自我生产的过程”[①]。每一种期待都会隔离出一片不确定的区域，而这片区域与其他区域的区别可以由这一期待本身而看出，

① Niklas Luhmann, 1985, *Soziale Systeme. Grundriss einer allgemeiner Theorie*, p.362.

即由其结局——或实现或落空所划定。这样，在期待的基础上，意识流程中就出现了一系列的事件。

在对期待的描写中，卢曼强调的是个体相对于环境（社会）的能动性和主导地位。通过以上描写和定义，他认为，环境本身在纯粹自我生产的心理系统的封闭操作中并未出现。通过期待，心理系统使环境以其自身希望和熟悉的方式表现出来，以便操作性地使用它。

心理系统的这种主导作用还表现在设定期待的前提下。卢曼认为，设定期待只有一个前提，即所设定的期待能够被系统的自我生产所使用、能够对后续想象的进入进行预结构化。由于只有这一个前提，卢曼认为，形成期待是心理系统的一种原始技术；个体不需要了解自身，也不需要认识自身所处的环境，仅仅以碰运气的态度就可以设定期待。比如，任何人生病后都可以不考虑自己的性别、地位、年龄等因素而去医院看病，并期待能在那里得到医治。

当然，既然个体面对社会具有自主权和自主能力，他也就具有学习能力。卢曼强调，随着个体有意识地安排自己生活的机会增加，并且在生活中不断积累经验，它会避免随意地设定期待，会以自己的意识历史为取向，以刚刚过去的经历的确定性为基础形成期待。在此，个体可以使用一些社会性的、标准化的期待类型，以此为取向来确定自己的期待。

如果说通过期待的形成，个体已经在与社会发生着广泛的联系，那么在卢曼的思想中，要求的提出则使个体与社会的关系更加紧密和清晰。他认为，要求来自期待，是由期待压缩而成的。期待转变成要求需要两个条件，一是自我约束（Selbstbeschränkung）的强化，二是在期待实现或落空时，个体的相关感觉——主要是吃惊感的强化。当个体对某种事物具有要求时，他会冒着更大的风险去实现这一要求，也会在要求得以实现或要求落空时投入更多的情感。

卢曼指出，在现代社会中个人主义或个体性比以往任何时代都更加凸显。这一点也反映在社会秩序对个体所具有的要求的态度上。他认为，在当今社会中（或者更确切地说，在当今西方社会中）社会不仅承认个体的要求，而且鼓励个体提出要求并以此代表自己的个体性，社会希望个体具有获得承认的要求和自己的利益获得社会支持的要求。

显然，这一现象也是社会演化的结果。卢曼认为，无论是在前现代社会还是在现代社会中，要求总是与功绩相对应的；只有当相应的功绩存在时，要求才会得到社会认可。在前现代社会，人们已经在宣称要求与功绩之间的关系，认为社会上层的要求与其功绩是相对应的，甚至认为他们所享有的高贵生活本身就是一种功绩。而随着社会上层的这种特权逐渐失去合法性，高贵与卑下之间的区别已不再构成功绩确认的基础，全社会层面的要求和功绩平衡即被打破。此时，围绕货币形成的机制会导致一种新的平衡出现，它使得功绩能转换成其他要求（如富人在出行时要求享受更好的待遇），功绩和要求在收入中得以综合——有功绩，就有收入；有了收入，个体就可以根据自己的愿望、想象、目标和利益提出要求（如按自己的想法买车、建房、度假等）。这些现象表明，在现代社会中，个体自我实现的要求已经得以合法化。卢曼认为，个体这种独特的地位与其在现代社会中的“边缘地位”（Aussenstellung）是相对应的。在现代社会中，个体不属于社会的任何一个子系统，或者反过来说，没有一个子系统（就像中国计划经济时期“单位”实现个体的所有要求那样）能够完全接纳个体和满足个体的所有要求[①]。因此，个体必须通过功绩而获得收入，以便以此实现自己的所有要求和实现自我。

这种转变对个体和社会都具有后果。卢曼主要看到了两个后果。其一，当个体的要求得不到满足时，他在感情上难以接受，因为要求实际上能够将心理系统中由期待导致的短期事件重新整合在一起，能够使一个期待过去后有后续期待出现，也就是我们通常所说的维持心态平衡；而当要求本身得不到满足时，心理系统将无法平稳地向社会提出期待，个体会消沉、烦恼、情绪化等。在此意义上，卢曼认为，现代社会比以往任何社会都更加受到情感的威胁。其二，由于个体在现代社会中必须自我实现、必须具有要求，而且他必须具有自己的而不是照搬他人的要求，所以他必须自我描写、

① Hanlin Li, 1991, *Die Grundstruktur der chinesischen Gesellschaft*, pp.105ff.

必须弄清自己与他人的区别、必须反思自身。而个体经常难以承受这个压力，以至于它必须在社会中寻找帮助，甚至对社会提出附加要求——要求社会理解他的要求、诊疗性地对待他的要求等。而当社会拒绝满足这种要求时，个体可能会将社会描写成不正常的、不健康的社会，从而采取无政府主义的、恐怖主义的、沮丧的保留对社会进行抗议。①

三　讨论

可以说，运用其所发展出的一般系统理论，卢曼通过对个体与社会关系的分析对一个古老的社会学话题提出了全新的见解。在将个体定义为封闭的、自我指涉地自我生产的心理系统以后，他强调了个体在建构与社会（环境）的关系时所具有的主动和能动作用。通过对社会提出期待乃至要求，心理系统持续地生产着自己的要素，也建构和维持着与社会的各类关系。随着社会本身的演化，个体的要求变得越来越重要、越来越具有合法性，以至于在现代社会中，各社会子系统的正常运作在某种程度上都以个体能够提出和实现自己的要求，即具有个体性为前提和基础。

但是，在强调个体性、个体的主动性和能动性的同时，卢曼遇到了一个他自己未解释但在现代社会中具有重要意义

① Niklas Luhmann, 1985, *Soziale Systeme. Grundriss einer allgemeiner Theorie*, p.365.

的问题：个体的主动性和能动性何来？如果它们是在社会（家庭、学校、社交场所等）中形成的，那么当一些处于劣势的社会位置上的人形成不了社会所要求的主动性和能动性时，社会是否会遭遇“动力危机”？社会是否应更多地关注这些弱动力个体？

总结讨论

如果反复被阅读即构成了某个文本的经典性特征，那么卢曼在世时，他的几乎所有著作都已经是经典著作，因为它们已经在再版、在被许多人反复研读，即使卢曼本人在其持续不辍的写作过程中只是将这些著作看作中期成果。尽管如此，对卢曼思想和著作的接纳在全球范围内是分布不匀的。在德语国家，在卢曼去世前的30年间，其思想和理论已经被广泛和高强度地传播和研究。在他去世后，其影响持续扩大。学者们对卢曼的社会学理论进行了全方位的、专门和深入的研究。其中既有概括性地介绍其理论要点的成果①，也有从专门问题如主体性、逻辑问题、认识论问题、功能问题、世界社会问题、悖论问题、观察及观察盲点问题等入手探讨

① Helga Gripp-Hagelstange, 1997, *Niklas Luhmann. Eine Einführung*; Georg Kneer & Armin Nassehi, 2000, *Niklas Luhmanns Theorie sozialer Systeme*; Detlef Horster, 1997, *Niklas Luhmann*; Walter Reese-Schäfer, 1999, *Niklas Luhmann zur Einführung*; Norbert Bolz, 2012, *Ratten im Labyrinth. Niklas Luhmann und die Grenzen der Aufklärung*.

和批判其思想的研究成果[①]。

本书作者近几年多次赴德访学期间，比较系统地关注了德语社会科学期刊上的文章所呈现出的研究趋势。在此过程中，笔者发现，在社会（学）理论研究方面，卢曼的理论被研究和引用的频次远高于任何其他社会理论家（包括韦伯、涂尔干、帕森斯、哈贝马斯等）。在德语学术界和舆论界，"系统理论"这一概念虽然并不受喜爱，但对德语社会学专家和学者的思考和世界观形成来说，卢曼思想领域的一些范畴都发挥过或发挥着一定的影响。

在中国，已有多部卢曼的著作被翻译成汉语，一些学者尝试过概略性地介绍卢曼的理论要点或者对他的思想进行专题研究。比如，高宣扬的著作《鲁曼社会系统理论与现代性》就比较详细地介绍了卢曼系统理论的主要观点[②]。青年学者宾凯等人在译介卢曼的法社会学著作的同时，也尝试了比较系统地探讨其法社会学的主要思想[③]。

---

① Peter Ulrich Merz-Benz (Hrsg.), 2000, *Die Logik der Systeme. Zur Kritik der systemtheoretischen Soziologie Niklas Luhmanns*; Johannes F. K. Schmidt, 2014, "Der Nachlass Niklas Luhmanns – eine erste Sichtung: Zettelkasten und Manuskripte," pp.167–183; Wolfgang Knöbl, 2007, *Die Kontingenz der Moderne. Wege in Europa, Asien und Amerika*, pp.45–60; Helga Gripp-Hagelstange, 2000, *Niklas Luhmanns Denken. Interdisziplinäre Einflüsse und Wirkungen*; Karl-Heinrich Bette, 1999, *Sysemtheorie und Sport.*

② 高宣扬：《鲁曼社会系统理论与现代性》，中国人民大学出版社 2005 年版。

③ 宾凯："作为观察者的法哲学和法律社会学（代译序）"，载尼克拉斯·卢曼：《法社会学》，宾凯、赵春燕译，上海世纪出版集团 2013 年版，第 1—38 页。

正如一些学者所指出的那样，卢曼的著作虽然至今尚未得到全球范围内学界应有的重视，但是，已经出现的相关研究对他的理论的评价已经多彩多样。有人认为他是韦伯以来德国乃至世界上最富创见的社会学家，他的理论中蕴含着某种“世界公式”，运用它可以描写一切社会现象。而有人认为他误解了传统西方哲学中的一些根本思想，歪曲了他所涉猎的同时代的一些重要理论，从而导致他的理论赖以存在的基础十分脆弱。有人认为他实现了他的理论思考的初衷，即克服了旧欧洲的思想传统，创建了一种全新的理论，即自我指涉地自我生产的社会系统理论。也有人认为他的整个理论建构无异于一个由纸张构成的拼凑体，其中已经出现的一些理论建构物被转经筒式地重复着，等等。

从表面上看，本书给读者的一个印象可能是，卢曼的理论并不具有太大的实用价值，因为他只是在很大程度上提供了某种概念系统的自我描写，在这个框架内自己生产出了一些问题，并通过解悖论化的方法成功解决了这些问题；而对学术世界以外的社会现实问题，卢曼则并不关心。但是，实际上不可否认的是，卢曼在认识论、方法论、一般社会系统理论等方面的创建，以及对一些社会系统如政治、经济、法律、教育、宗教系统的研究具有很大的学术价值。

但是，必须承认的是，卢曼的理论中也包含一些缺陷和未解决的问题。有学者指责卢曼，认为其理论有一些盲点。比如，他的观察理论虽然主张对一切行动——包括观察的行动——进行观察，但在需要做决定和行动的情境中，它似乎无能为力。这一弱点存在的原因在于，观察的行动只是一种行动形式，而且是局限性比较大的一种行动形式。在这一语境中，在谈到如何解决环境问题时，卢曼对科学系统的建议是，准确地观察相关情况、弄清问题。对此，可以质疑的是，在确定的知识尚未被生产出来时，是否应采取措施预防和规避风险与危险？欧洲国家的很多实践显然与卢曼的理论相悖，在缺少确定知识的情况下按"安全第一"的保守原则在进行操作。比如，在转基因食品被怀疑但未被证实对人体有害的情况下，欧盟国家就早已立法禁止种植和销售转基因食物。而在中国，这种食品却早已大量被食用。再比如，磁悬浮高铁被德国人发明后，因其潜在的风险——尤其是安全风险尚未确认，一直未在德国建设，而中国却早已引进了这项技术并在上海等地将其投入使用。在这类决策过程中，是否应参照卢曼的理论进行操作，实难一概而论。

卢曼论及但未能解决的另一个问题是，在系统分化愈趋细致的情况下，跨越（grossing）系统的可能性在同时减小，以至于社会的整体调控变得愈加困难。因此，值得担忧的是，如果理论上没有解决这一问题的方案，简单的、复杂性程度低的方式（比如果断的决定、对命令的神化、对判断力的赞美等）就会盛行。而这些方式恰恰是前现代社会所崇尚的、曾给人类带来过不幸和灾难的方式。

因此，卢曼所开创的社会理论研究方向亟待拓展。

参考文献

Abels, Heinz: *Einführung in die Soziologie*, Opladen: Westdeutscher Verlag,Bd.1., 2001.

Bateson, G.: *Steps to an Ecology of Mind. Collected Essays in Anthropology, Psychiatry, Evolution and Epistemology*, London: Jason Aronson Inc., 1973.

Baurmann, Michael: "Warum wollen wir Freiheit?" *Universitas*, Nr. 641, Jg.54, 1999.

Baurmann, Michael: "Majority without Morality?—Why Democratic Decisions demand Ethical Principles" , *The Future of Democracy*, Keuruu: Otavan Kirjapaino Oy, 2003.

Beck, Ulrich: "Jenseits von Stand und Klasse? Soziale Ungleichheit, gesellschaftliche Individualisierungstendenzen und die Entstehung neuer sozialer Formationen und Identitäten" , *Soziale Welt, Sonderband* 2, Opladen: Westdeutscher Verlag, 1983.

Beck, Ulrich: *Risikogesellschaft. Auf dem Weg in eine andere Moderne*, Frankfurt a. M.: Suhrkamp Verlag, 1986.

Beck, Ulrich: "Der Konflikt der zwei Modernen" , in: Zapf, Wolfgang, Hrsg.: *Die Modernisierung moderner Gesellschaften: Verhandlungen des 25. Deutschen Soziologentages in Frankfurt am Main 1990*, Frankfurt a. M. & New York: Campus Verlag, 1990.

Beck, Ulrich & Beck-Gernsheim, Elisabeth: *Das ganz normale Chaos der Liebe*, Frankfurt am Main: Suhrkamp Verlag, 1990.

Beck, Ulrich: *Die Erfindung des Politischen*, Frankfurt a. M.: Suhrkamp Verlag 1993.

Beck, Ulrich: *Die feindlose Demokratie. Ausgewählte Aufsätze*, Stuttgart: Reclam Verlag, 1995.

Bette, Karl-Heinrich: *Sysemtheorie und Sport*, Frankfurt a. M.: Suhrkamp Verlag 1999.

Bolz, Norbert: *Ratten im Labyrinth. Niklas Luhmann und die Grenzen der Aufklärung*, München: Wilhelm Fink Verlag, 2012.

Bourricaud, F.: *L'individualisme institutionel. Essai sur la sociologie de Talcott Parsons*, Paris: Presses Universitaires de France, 1977.

Boulding, Kenneth E.: "The Economics of the Coming Spaceship Earth", in: Jarett, Henry, ed.: *Environmental Quality in a Growing Economy*, Baltimore: Brows Book, 1966.

Bühler, Karl: *Sprachtheorie: Die Darstellungsfunktion der Sprache*, Stuttgart: Lucius & Lucius, 1999.

Carson, Rachel: *Silent Spring*, Boston, MA: Houdhton and Mifflin, 1962.

Comte, Auguste: *Die Soziologie. Die positive Philosophie im Auszug*, 2. Aufl., Stuttgart: Kröner Verlag, 1974.

Coser, Lewis A.: *Theorie sozialer Konflikte*, Neuwied am Rhein: Luchterhand Verlag, 1965.

Cross, Llewellin, ed.: *Symposium on Sociological Theory*, Everston Ill. & White Plains, N. Y.: Row Peterson and Company, 1959.

Dahrendorf, Ralf: *Soziale Klassen und Klassenkonflikt*, Stuttgart: Enke Verlag, 1957.

Dahrendorf, Ralf: *Gesellschaft und Freiheit*, München: Piper Verlag, 1965.

Dahrendorf, Ralf: *Pfade aus Utopia*, München: Piper Verlag, 1967.

Dallmann, Hans Ulrich: *Die Systemtheorie Niklas Luhmanns und ihre theologische Rezeption*, Stuttgart: Kohlhammer Verlag, 1994.

Dallmann, Hans Ulrich: "Immanenz, Transzendenz, Kontingenz: Niklas Luhmann und die Theologie", in: Gripp-Hagelstange, Helga, Hrsg.: *Niklas*

Luhmanns Denken: Interdisziplinäre Einflüsse und Wirkungen, Konstanz: UVK, 2000.

Davis, Kingsley: "The Myth of Functional Analysis as a Special Method in Sociology and Anthropology" , *Sociological Review*, Vol. 24, 1959.

Defarges, Philippe Moreau: *La mondialisation, Paris:* Presses Universitaires de France, 2001.

Dieffenbacher, Christoph: "Lofanga oder die Kultur des Teilens" , *Horizonte, Schweizer Forschungsmagazin*, no. 45, 2000.

Dollfus, Olivier: *La mondialisation*, Paris: Presse de Science Po, 2001.

Dobbelaere, Karel & Lauwers, Jan: "Definition of Religion – A Sociological Critique" , *Social Compass* 20, 1974.

Durkheim, Emile: *Über soziale Arbeitsteilung*, Frankfurt a. M.: Suhrkamp Verlag, 1992.

Dux, Günter: "Religion, Geschichte und sozialer Wandel in Max Webers Religionssoziologie" , in: Seyfarth, Constans & Sprondel, Walter M., Hrsg.: *Seminar: Religion und gesellschaftliche Entwicklung. Studien zur Protestantismus-Kapitalismus-These Max Webers*, Frankfurt a. M.: Suhrkamp Verlag, 1973.

Ferrandery, Jean Luc: *Le poin sur la mondialisation*, Paris: Presses Universitaires de France, 1999.

Ferry, Luc: *L'homme-Dieu ou le sens de la vie: essai*, Paris: Grasset, 1996.

Foerster, Heinz von: "Entdecken oder Erfinden: Wie lässt sich Verstehen verstehen?" In: Gumin, Heinz & Mohler, Armin, Hrsg.: *Einführung in den Konstruktivismus*, München: Pieper Verlag, 1985.

Giddens, Anthony: "The 'Individual' in the Writings of Emile Durkheim" , *Europäisches Archiv für Soziologie*, Vol. 12, 1971.

Giddens, Anthony: *New Rules of Sociological Method*, New York: Basic Books, 1976.

Giddens, Anthony: *Central Problems in Social Theory: Action, Structure and Contradiction in Social Analysis*, Berkeley & Los Angeles : University of California Press, 1979.

Gouldner, W.: "The Norm Reciprocity: A Preliminary Statement" , *American Sociological Review*, Vol. 25, 1960.

Gouldner, W.: *The Coming Crisis of Western Sociology*, London: Heinemann Educational Books, 1971.

Gripp-Hagelstange, Helga: *Niklas Luhmann. Eine Einführung*, München: F. Fink Verlag, 1997.

Gripp-Hagelstange, Helga: *Niklas Luhmanns Denken. Interdisziplinäre Einflüsse und Wirkungen*, Konstanz: UVK, 2000.

Gumin, Heinz & Mohler, Armin, Hrsg.: *Einführung in den Konstruktivismus*, München: Pieper Verlag, 1985.

Günther, Gotthard: "Das Problem einer transklassischen Logik" , *Sprache im technischen Zeitalter*, Heft 16, 1965.

Günther, Gotthard: *Beiträge zur Grundlegung einer operationsfähigen Dialektik*, Hamburg: Felix Meiner Verlag, Bd.1, 1976.

Gurvitch, Georges: *La vocation actuelle de la sociologie*, Paris: Presses Universitaires de France, 1950.

Habermas, Jürgen: "Dialektik der Rationalisierung" , *Merkur*, VIII.Jahrgang, 1954.

Habermas, Jürgen & Luhmann, Niklas: *Theorie der Gesellschaft oder Sozialtechnologie – Was leistet die Systemforschung?* Frankfurt a. M.: Suhrkamp Verlag, 1971.

Habermas, Jürgen: *Erkenntnis und Interesse*, Frankfurt a. M.: Suhrkamp Verlag, 1973.

Habermas, Jürgen: *Legitimationsprobleme im Spätkapitalismus*, Frankfurt a. M.: Suhrkamp Verlag, 1973a.

Habermas, Jürgen: *Zur Rekonstruktion des Historischen Materialismus*, Frankfurt a. M.: Suhrkamp Verlag, 1976.

Habermas, Jürgen: *Theorie des kommunikativen Handelns*, Frankfurt a. M: Suhrkamp Verlag, 2 Bde., 1985 (1981).

Hahn, Alois: "Ein Nachruf" , *Zeitschrift für Soziologie*, Jg. 27, Heft 6, Dezember 1998.

Hardin, Garrett: "The Tragedy of the Commons" , *Science*, Vol. 162, 1968.

Heider, Fritz: *Ding und Medium*, Berlin: Kulturverlag Kadmos, 2005.

Hempel, Carl: "The Logic of Functional Analysis" , in: Cross, Llewellin, ed.:

Symposium on Sociological Theory, Everston Ill. & White Plains, N. Y.: Row Peterson and Company, 1959.

Herbers, Klaus: "Alte Welten-Neue Welten. Grenzerfahrungen und Entgrenzungen durch die Europäische Expansion", *Zur Debatte. Themen der katholischen Akademie in Bayern*, Sonderheft I, Freiburg i. Br., 2014.

Hoesterey, Ingeborg: *Zeitgeist in Babylon: The Postmodernist Controversy*, Bloomington: University of Indiana Press, 1991.

Horkheimer, Max: *Traditionelle und kritische Theorie. Vier Aufsätze*, Frankfurt a. M.: Fischer Verlag, 1981.

Horkheimer, Max & Adorno, Theodor W.: *Dialektik der Aufklärung*, Frankfurt a. M.: Fischer Verlag, 1985.

Horster, Detlef: *Niklas Luhmann*, München: C. H. Beck Verlag, 1997.

Humboldt, Wilhelm von: *Theorie der Bildung des Menschen*, Werke Bd.I, Darmstadt: Wissenschaftliche Buchgesellschaft, 2.Auflage, 1969.

Janne, Henri: "Fonction et finalité en sociologie", *Cahier internationaux de Sociologie*, 16, 1954.

Joas, Hans & Knöbl, Wolfgang: *Sozialtheorie. Zwanzig einführende Vorlesungen*, Frankfurt a. M.: Suhrkamp Verlag, 2004.

Joas, Hans: "Die Sakralität der Person," 北京大学报告, 2011 年 1 月 5 日.

Kaulbach, Friedrich: *Ethik und Metaethik: Darstellung und Kritik metaethischer Argumente*, Darmstadt: Wissenchaftliche Buchgesellschaft, 1974.

Kneer, Georg & Nassehi, Armin: *Niklas Luhmanns Theorie sozialer Systeme*, München: Fink Verlag, 2000.

Knöbl, Wolfgang: *Die Kontingenz der Moderne. Wege in Europa, Asien und Amerika*, Frankfurt & New York: Campus Verlag, 2007.

Krech, Volkhard: "'Missionarische Gemeinde': Bedingungen und Möglichkeiten aus soziologischer Sicht", *Evangelische Theologie*, 58, 1998.

Kreeb, Karl Heinz: *Ökologie und menschliche Umwelt: Geschichte—Bedeutung—Zukunftsaspekte*, Stuttgart: Fischer Verlag, 1979.

Li, Hanlin: *Die Grundstruktur der chinesischen Gesellschaft*, Opladen: Westdeutscher Verlag, 1991.

Luckmann, Thomas: *Lebenswelt und Gesellschaft: Grundstruktur und geschichtliche*

Wandlungen, Paderborn: Schöningh Verlag, 1980.

Luckmann, Thomas: "The New and the Old Religion" , in: Bourdieu, Pierre & Colemann, James S.; ed.: *Social Theory for a Changing Society*, Boulder & New York: Westview Press, 1991.

Luhmann, Niklas: "Kann die Verwaltung wirtschftlich handeln?" *Verwaltungs-archiv*, 51, 1960.

Luhmann, Niklas: "Funktion und Kausalität" , in: Luhmann, Niklas: *Sozio-Logische Aufklärung*, Opladen: Westdeutscher Verlag, Bd.1, (1962a)1991a.

Luhmann, Niklas: "Wahrheit und Ideologie. Vorschläge zur Wiederaufnahme der Diskussion" , in: Luhmann, Niklas: *Soziologische Aufklärung*, Opladen: Westdeutscher Verlag, Bd.1, (1962b)1991a.

Luhmann, Niklas: "Funktionale Methode und Systemtheorie" , in: Luhmann, Niklas: *Soziologische Aufklärung*, Opladen: Westdeutscher Verlag, Bd.1, (1964)1991a.

Luhmann, Niklas: "Soziologische Aufklärung" , in: Luhmann, Niklas: *Sozio-logische Aufklärung*, Opladen: Westdeutscher Verlag, Bd.1, (1967)1991a.

Luhmann, Niklas: "Soziologie als Theorie sozialer Systeme" , in: Luhmann, Niklas: *Soziologische Aufklärung*, Opladen: Westdeutscher Verlag, Bd.1, (1967a)1991a.

Luhmann, Niklas: "Moderne Systemtheorie als Form gesamtgesellschaftlicher Analyse" . In: Habermas, Jürgen & Luhmann, Niklas: *Theorie der Gesellschaft oder Sozialtechnologie – Was leistet die Systemforschung?* Frankfurt a. M.: Suhrkamp Verlag, 1971.

Luhmann, Niklas: "Knappheit, Geld und die bürgerliche Gesellschaft" , *Jahrbuch für Sozialwissenschaft*, 23, 1972.

Luhmann, Niklas: "Interaktion, Organisation, Gesellschaft" , in: Luhmann, Niklas: *Soziologische Aufklärung*, Opladen: Westdeutscher Verlag, Bd.2, (1975)1991b.

Luhmann, Niklas: "Grundwerte als Zivilreligion" , in: Luhmann, Niklas: *Soziologische Aufklärung*, Opladen: Westdeutscher Verlag, Bd.3, (1978)1993b.

Luhmann, Niklas: *The Differentiation of Society*, translated by Holmes, Stephen and Larmore, Charles, New York: Columbia University Press, 1982.

Luhmann, Niklas: *Soziale Systeme. Grundriss einer allgemeinen Theorie*, Frankfurt a. M.: Suhrkamp Verlag, 1985.

Luhmann, Niklas: *Ökologische Kommunikation. Kann die moderne Gesellschaft sich auf ökologische Gefährdungen einstellen?* Opladen: Westdeutscher Verlag, 1986.

Luhmann, Niklas: *Archimedes und Wir*, Berlin: Merve Verlag, 1987a.

Luhmann, Niklas: *Die Richtigkeit soziologischer Theorie*, Merkur, Jg. 41, Heft 41, 1987b.

Luhmann, Niklas: *Rechtssoziologie*, Opladen: Westdeutscher Verlag, 1987c.

Luhmann, Niklas: "Erkenntnis als Konstruktion" , in: Luhmann, Niklas: *Aufsätze und Reden*, Stuttgart: Philipp Reclam jun., (1988)2001.

Luhmann, Niklas: "Evolution und Geschichte" , in: Luhmann, Niklas: *Soziologische Aufklärung*, Opladen: Westdeutscher Verlag, Bd.2, (1988a)1991b.

Luhmann, Niklas: "Die Weisung Gottes als Form der Freiheit" , in: Luhmann, Niklas: *Soziologische Aufklärung*, Opladen: Westdeutscher Verlag, Bd.5, (1990)1993c.

Luhmann, Niklas: *Soziologische Aufklärung*, Opladen: Westdeutscher Verlag, Bd.1, 1991a.

Luhmann, Niklas: *Soziologische Aufklärung*, Opladen: Westdeutscher Verlag, Bd.2, 1991b.

Luhmann, Niklas, *Beobachtungen der Moderne*. Opladen: Westdeutscher Verlag, 1992.

Luhmann, Niklas: *Gesellschaftsstruktur und Semantik*, Frankfurt a. M.: Suhrkamp Verlag, Bd.2, 1993a.

Luhmann, Niklas, *Soziologische Aufklärung*, Opladen: Westdeutscher Verlag, Bd.3, 1993b.

Luhmann, Niklas: *Soziologische Aufklärung*, Opladen: Westdeutscher Verlag, Bd.5, 1993c(1990).

Luhmann, Niklas: "Was ist der Fall? Was steckt dahinter?" *Zeitschrift für Soziologie*, Jahrgang 22, Heft 4, August 1993d.

Luhmann, Niklas: *Gesellschaftsstruktur und Semantik*, Frankfurt a. M.: Suhrkamp Verlag, Bd.3, 1993e.

Luhmann, Niklas: *Soziologische Aufklärung*, Opladen: Westdeutscher Verlag,

Bd.4, 1994.

Luhmann, Niklas: *Liebe als Passion. Zur Codierung von Intimität*, Frankfurt a. M.: Suhrkamp Verlag, 1994a.

Luhmann, Niklas: *Soziologische Aufklärung*, Opladen: Westdeutscher Verlag, Bd.6, 1995.

Luhmann, Niklas: *Die neuzeitlichen Wissenschaften und die Phänomenologie*, Wien: Picus Verlag, 1996.

Luhmann, Niklas: *Die Gesellschaft der Gesellschaft*, Frankfurt a. M.: Suhrkamp Verlag, 2 Bde., 1997.

Luhmann, Niklas: *Funktion der Religion*, Frankfurt a. M.: Suhrkamp Verlag, 1999 (1982).

Luhmann, Niklas: *Die Wirtschaft der Gesellschaft*, Frankfurt a. M.: Suhrkamp Verlag, 1999a.

Luhmann, Niklas: *Die Religion der Gesellschaft*, Frankfurt a. M.: Suhrkamp Verlag, 2000a.

Luhmann, Niklas: *Die Politik der Gesellschaft*, Frankfurt a. M.: Suhrkamp Verlag, 2000b.

Luhmann, Niklas: *Vertrauen*, Stuttgart: Lucius & Lucius Verlag, 2000c.

Luhmann, Niklas: *Aufsätze und Reden*, Stuttgart: Philipp Reclam jun., 2001.

Luhmann, Niklas: *Short Cuts*, hrsg. von Gente, Peter & Paris, Heidi & Weinmann, Martin, Frankfurt a. M: Zweitausendeins, 2001a.

Luhmann, Niklas: *Die Moral der Gesellschaft*, Frankfurt a. M.: Suhrkamp Verlag, 2012

Lynd, Robert S.: *Knowledge for What?* N. J.: Princeton University Press, 1939.

Lyotard, Jean-Francois: *La condition postmoderne: Rapport sur le savoir*, Paris: édition de Minuit, 1979.

Malinowski, Bronislaw: *Eine wissenschaftliche Theorie der Kultur*, Frankfurt a. M.: Suhrkamp Verlag, 1975.

Malinowski, Bronislaw: *Magie, Wissenschaft und Religion. Und andere Schriften*, Frankfurt a. M.: Fischer Verlag, 1983.

Marx, Karl: *Grundriss der Kritik der politischen Ökonomie*, Moskau, 1939.

Merz-Benz, Peter Ulrich u. a., Hrsg.: *Die Logik der Systeme. Zur Kritik der systemtheoretischen Soziologie Niklas Luhmanns*, Konstanz: UVK, 2000.

Meyers Grosses Taschenlexikon, Mannheim & Wien & Zürich: B. I. Taschenbuchverlag, Bd.19, 1987.

Münch, Richard: "Talcott Parsons (1902—1979)" . In: Käsler, Dirk, Hrsg.: *Klassiker der Soziologie*, München: C. H. Beck Verlag, Band 2, 2002.

Murphy, Raymond: *Sociology and Nature*, Boulder: Westview Press, 1997.

Nadel, Siegfried F.: *The Foundations of Social Anthropology*, Glencoe, Illinois: Free Press, 1951.

Nagel, Ernst: "Teleological Explanation and Teleological Systems" , in: Ratner, Sidney, ed.: *Vision and Action*, New Brunswick, N. J.: Rutgers University Press, 1953.

Nagel, Ernst: *Logic without Metaphysics*, Glencoe, Ill.: Free Press, 1956.

Ostrom, Elinor: *Governing the Commons: The Evolution of Institutions for Collective Action*, Cambridge (Mass.): Cambridge University Press, 1990.

Parsons, Talcott: Beirtäge zur soziologischen Theorie, Neuwied: Luchterhand Verlag, 1964a.

Parsons, Talcott: *Zur Theorie sozialer Systeme*, Opladen: Westdeutscher Verlag, 1964b.

Parsons, Talcott: *Social Structure and Personality*, New York: Free Press, 1964c.

Parsons, Talcott: *The Social System*, New York & London: Free Press, 1966.

Parsons, Talcott: *Sociological Theory and Modern Society*, New York: Free Press, 1967.

Parsons, Talcott: Sozialstruktur und Persönlichkeit, Frankfurt a. M.: Suhrkamp Verlag, 1968.

Parsons, Talcott: "The Position of Identity in the General Theory of Action" , in: Gordon, Chad & Gergen, Kenneth J., ed.: *The Self in Social Action*, Vol. I, New York: John Wiley, 1968a.

Parsons, Talcott: "Interaction: Social Interaction" , *International Encyclopedia of the Social Sciences*, New York: Macmillan, Vol. 7, 1968b.

Parsons, Talcott: *The System of Modern Societies*, N. J.: Englewood Cliffs, 1971.

Paul, Jean: *Sämtliche Werke*, hrsg. von der Preussischen Akademie der Wissenschaften, 1. Abteilung, Weimar: Böhlau Verlag, Bd.5, 1930.

Pollack, Detlef: "Möglichkeiten und Grenzen einer funktionalen Religionsanalyse. Zum religionssoziologischen Ansatz Niklas Luhmanns," *DZPh.*, Heft 39, 1991.

Pollack, Detlef: "Was ist Religion: Problem der Definition," *Zeitschrift für Religionswissenschaft*, Vol. 3, 1996.

Pollack, Detlef & Pickel, Gert: "Individualisierung und religiöser Wandel in der Bundesrepublik Deutschland" , *Zeitschrift für Soziologie*, Jahrgang 28, Heft 6, 1999.

Ratner, Sidney, ed.: *Vision and Action*, New Brunswick, N. J.: Rutgers University Press, 1953.

Reese-Schäfer, Walter: *Niklas Luhmann zur Einführung*, Hamburg: Junius Verlag, 1999.

Rommetveit, Ragnar: *Social Norms and Rules: Explorations in the Psychology of Induring Social Pressures*, Oslo: Mineapolis, 1955.

Ruesch, Jürgen & Bateson, G.: Communication: The Social Matrix of Psychiatry, New York: W.W. Norton & Co. Inc., 1968.

Schanck, Richard L.: "A Study of a Community and Its Groups and Institutions Conceived of as Behaviors of Individuals" , *Psychological Review Company*, Vol. 43, Issue 2, 1932.

Schmid, Hans Bernhard: "Subjektivität ohne Interität. Zur systemtheoretischen 〈Überbietung〉der transzendentalphänomenologischen Subjekttheorie" , in: Merz-Benz, Peter Ulrich u. a., Hrsg.: *Die Logik der Systeme. Zur Kritik der systemtheoretischen Soziologie Niklas Luhmanns*, Konstanz: UVK, 2000.

Schmidt, Johannes F. K.: "Der Nachlass Niklas Luhmanns–eine erste Sichtung: Zettelkasten und Manuskripte" , *Soziale Systeme*, 19, (2013 & 2014), Heft 1, 2014.

Searle, J. R.: Sprechakte. Ein Sprachphilosophischer Essay, Frankfurt a. M.: Suhrkamp Verlag, 1971.

Seyfarth, Constans & Sprondel, Walter M., Hrsg.: *Seminar: Religion und gesellschaftliche Entwicklung. Studien zur Protestantismus-Kapitalismus-These Max Webers*, Frankfurt a. M.: Suhrkamp Verlag, 1973.

Simmel, Georg: *Soziologie. Untersuchungen über die Formen der Vergesellschaftung*, Frankfurt a. M.: Suhrkamp Verlag, 1992.

Simmel, Georg: *Aufsätze und Abhandlungen 1901—1908*, Frankfurt a. M: Suhrkamp Verlag, Gesamtausgabe Bd.8, 1993.

Simous, C. H. & Lerner, Melvin J.: "Altruism as a Search for Justice" , *Journals of Personality and Social Psychology*, Vol. 9, 1968.

Sprondel, Walter M.: "Sozialer Wandel, Ideen und Interessen: Systematisierung zu Max Webers protestantischer Ethik" , in: Seyfarth, Constans & Sprondel, Walter M., Hrsg.: *Seminar: Religion und gesellschaftliche Entwicklung. Studien zur Protestantismus-Kapitalismus-These Max Webers*, Frankfurt a. M.: Suhrkamp Verlag, 1973.

Starnitzke, Dierk: *Diakonie als soziales System. Eine theologische Grundlegung diakonischer Arbeit in Auseinandersetzung mit Niklas Luhmann*, Stuttgart: Kohlhammer Verlag, 1996.

Stephani, Heinrich: *System der öffentlichen Erziehung*, Berlin: Frölich Verlag, 1805.

Taylor, Charles: "Interpretation and the Science of Man" , *Philosophy and Human Sciences: Philosophical Papers*, Vol. II, London: Cambridge, 1985.

Tenbruck, Friedrich Heinrich: "Zu einer Theorie der Planung" , in: *Wissenschaft und Praxis. Festschrift zum zwanzigjährigen Bestehen des Westdeutschen Verlages*, Köln-Opladen: Westdeutscher Verlag, 1967.

Tocqueville, Alexis de: *Der alte Staat und die Revolution*, München: Deutscher Taschenbuch Verlag, 1978.

Weber, Max: *Gesammelte Aufsätze zur Wissenschaftslehre*, Tübingen: Kröner Verlag, 1968.

Weber, Max: *Soziologie. Universalgeschichtliche Analysen. Politik*, Stuttgart: Kröner Verlag, 1973.

Weber, Max: *Wirtschaft und Gesellschaft. Grundriss der verstehenden Soziologie*, Tübingen: J. C. B. Mohr (Paul Siebeck), 1980.

Weber, Max: *Die protestantische Ethik,* Gütersloh: Gütersloher Verlagshaus Mohn, 7. Auflage, Bd.1, 1984.

Weizsäcker, C. Christian von: *Logik der Globalisierung, Göttingen: Vandenhoeck* &

Ruprecht, 2000.

Went, Robert: *Ein Gespenst geht um … Globalisierung*! Zürich: Orell Füssli Verlag, 1997.

Welker, Michael, Hrsg.: *Theologie und funktionale Systemtheorie. Niklas Luhmanns Religionssoziologie in theologischer Diskussion*, Frankfurt a. M.: Suhrkamp Verlag, 1985.

Welker, Michael: "Einfache oder multiple doppelte Kontingenz? Minimal-Bedingungen der Beschreibung von Religion und emergenten Strukturen sozialer Systeme", in: Krawietz, W. & Welker, M., Hrsg.: *Kritik der Theorie sozialer Systeme. Auseinandersetzung mit Luhmanns Hauptwerk*, Frankfurt a. M.: Suhrkamp Verlag, 1992.

Wiese, Leopold von & Becker, Howard: *Systematic Sociology*, New York: J. Wiley & Sons, 1932.

Wilson, Bryan R.: *Religion in Secular Society: A Sociological Comment*, London: Watts, 1966.

Zapf, Wolfgang: *Die Modernisierung moderner Gesellschaften*, Frankfurt a. M.: Suhrkamp Verlag, 1991.

〔德〕贝克、哈贝马斯等主编:《全球化与政治》，王学东等译，中央编译出版社 2000 年版。

宾凯:"作为观察者的法哲学和法律社会学（代译序）"，载尼克拉斯・卢曼:《法社会学》，宾凯、赵春燕译，上海世纪出版集团 2013 年版。

崔伟中等:"松花江和沱江等重大水污染事件的反思",《水资源保护》2006 年第 1 期。

邓聿文:"推进更大改革应对经济减速",《北京青年报》2013 年 6 月 22 日。

费孝通:《论文化与文化自觉》，群言出版社 2005 年版。

高宣扬:《鲁曼社会系统理论与现代性》，中国人民大学出版社 2005 年版。

〔德〕哈贝马斯，尤尔根:《作为未来的过去——与著名哲学家哈贝马斯对话》，章国锋译，浙江人民出版社 2001 年版。

胡适:“历史科学的方法”,《胡适文集》(第四卷),花城出版社 2013 年版。
黄瑞琪主编:《当代欧洲社会理论》,浙江大学出版社 2008 年版。
季羡林:“留德十年”,载欧美同学会德奥分会主编:《旅德追忆:二十世纪几代中国留德学者回忆录》,商务印书馆 2000 年版。
贾平凹:《高老庄》,安徽文艺出版社 2010 年版。
江弱水:“圣卢梭:对人民开讲”,《读书》2012 年第 11 期。
李泽厚:“伦理学答问补”,《读书》2012 年第 11 期。
梁漱溟:《中国文化要义》,上海世纪出版集团 2003 年版。
〔德〕卢曼:《宗教教义与社会演化》,刘小枫选编,刘锋、李秋零译,香港汉语基督教文化研究所 1998 年版。
卢周来:“资本之‘恶’与人性之‘善’”,《北京青年报》2014 年 5 月 9 日。
〔美〕罗伯森,罗兰:《全球化——社会理论和全球文化》,梁光严译,上海人民出版社 2000 年版。
吕涛:“环境社会学研究综述——对环境社会学学科定位的讨论”,《社会学研究》2004 年第 4 期。
苗东升:“复杂性研究的现状与展望”,《系统辩证学学报》2001 年第 1 期。
牟宗三:《中国哲学十九讲》,上海古籍出版社 2005 年版。
〔美〕帕森斯,塔尔科特:《社会行动的结构》,张明德、夏遇南、彭刚译,译林出版社 2003 年版。
戚建刚等:“‘松花江水污染事件’凸显我国环境应急机制的六大弊端”,《法学》2006 年第 1 期。
秦晖:“‘道德共同体’还是‘共同的底线’?”《北京青年报》2014 年 7 月 25 日。
〔英〕斯宾塞,赫伯特:《社会学研究》,张宏晖、胡江波译,华夏出版社 2001 年版。
〔英〕斯马特,尼尼安:《世界宗教》,高师宁等译,北京大学出版社 2004 年版。
苏国勋:《理性化及其限制——韦伯思想引论》,上海人民出版社 1988 年版。

汤志杰：“理论作为革命”，载于黄瑞琪主编：《当代欧洲社会理论》，浙江大学出版社 2008 年版。

〔法〕涂尔干，埃米尔：《社会分工论》，渠东译，三联书店 2000 年版。

万俊人：“经济全球化与文化多元论”，《中国社会科学》2001 年第 2 期。

徐冰：“社会科学方法论脉络中的诠释学进路”（上），《社会理论学报》2005 年第 2 期。

〔古希腊〕亚里士多德：《尼各马科伦理学》，苗力田译，中国人民大学出版社 2003 年版。

俞学明：“大学生宗教信仰研究”，《当代青年研究》2011 年第 12 期。

曾鸣等：“斗法法门寺”，《南方周末》2013 年 5 月 9 日。

郑杭生：《中国特色社会学理论的深化》（上卷），中国人民大学出版社 2010 年版。